Clásicos e...

LOS SUEÑOS
de
Francisco de Quevedo

Quedan rigurosamente prohibidas, sin la autorización escrita de los titulares del copyright, bajo las sanciones establecidas en las leyes, la reproducción total o parcial de esta obra por cualquier método o procedimiento, comprendidos la reprografía y el tratamiento informático, y la distribución de ejemplares de ella mediante alquiler o préstamo públicos.

Editado por: Joaquín Esteban

ISBN-13: 978-1503023857
ISBN-10: 1503023850

Primera edición: 2014

INDICE:

EL SUEÑO DE LAS CALAVERAS 9
EL ALGUACIL ALGUACILADO 20
LAS ZAHURDAS DE PLUTON 31
VISITA DE LOS CHISTES 67
EL MUNDO POR DE DENTRO 106
LA HORA DE TODOS Y LA FORTUNA CON SESO.............122

DEDICATORIA

A NINGUNA PERSONA DE TODAS
CUANTAS DIOS CRIO EN EL MUNDO

Habiendo considerado que todos dedican sus libros con dos fines, que pocas veces se apartan: el uno, para que la tal persona ayude a la impresión con su bendita limosna; el otro, que ampare la obra de los murmuradores, y considerando, por haber sido yo murmurador muchos años, que esto no sirve sino para tener dos de quien murmurar: del necio, que se persuade que hay autoridad de que los maldicientes hagan caso, y del presumido, que paga con su dinero esta lisonja, me he determinado a escribille a trochimoche y a dedicarle a tontas y a locas, y suceda lo que sucediere. Quien le compra y murmura, primero hace burla de sí, que gastó mal el dinero, y luego del autor, que se le hizo gastar mal y digan y hagan lo que quisieren los Mecenas, que, como nunca los he visto andar a cachetes con los murmuradores sobre si dijo o no dijo, y los veo muy pacíficos de amparo, desmentidos de todas las calumnias que hacen a sus encomendados, sin acordarse del libro del duelo, más he querido atreverme que engañarme. Hagan lo que quisieren de mi libro, pues yo he dicho lo que he querido de todos. Adiós, Mecenas, que me despido de dedicatoria.- Yo.

EL SUEÑO DE LAS CALAVERAS

Al conde Lemas, presidente de Indias.

A manos de vuesa excelencia van estas desnudas verdades, que buscan, no quien las vista, sino quien las consienta. Que a tal tiempo hemos venido, que, con ser tan sumo bien, hemos de rogar con él. Prométese seguridad en ellas solas. Viva vuesa excelencia para honra de nuestra edad.

DON FRANCISCO DE QUEVEDO VILLEGAS

DISCURSO

Los sueños dice Homero que son de Júpiter y que él los envía, y en otro lugar, que se han de creer. Es así, cuando tocan en cosas importantes y piadosas o las sueñan reyes y grandes señores, como se colige del doctísimo y admirable Propercio en estos versos:

Nec tu sperne piis venientia somnia portis:
Quum pia venerunt somnia, pondus habent.

Dígolo a propósito que tengo por caído del cielo uno que yo tuve estas noches pasadas, habiendo cerrado los ojos con el libro del Dante, lo cual fue causa de soñar que veía un tropel de visiones. Y aun que en casa de un poeta es cosa dificultosa creer que haya cosa de juicio, aun por sueños, le hube en mí por la razón que da Claudiano en la prefación al libro segundo del *Rapto*, diciendo que todos los animales sueñan de noche como sombras de lo que trataron de día. Y Petronio Arbitro dice:

Et canis in somnis leporis vestigia latrat.

Y hablando de los jueces:

Et pavido cernit inclusum corde tribunal.

Parecióme, pues, que veía un mancebo que, discurriendo por el aire, daba voz de su aliento a una trompeta, afeando con su fuerza, en parte, su hermosura. Halló el son obediencia en los mármoles y oídos en los muertos, y así, al punto comenzó a moverse toda la tierra y a dar licencia a los huesos que anduviesen unos en busca de otros. Y pasando tiempo, aunque fue breve, vi a los que habían sido soldados y capitanes levantarse de los sepulcros con ira, juzgándola por seña de guerra; a los avarientos, con ansias y congojas recelando algún rebato y los dados a vanidad y gula con ser áspero el son lo tuvieron por cosa de sarao o caza. Esto conocía yo en los semblantes de cada uno y no vi que llegase el ruido de la trompeta a oreja que se persuadiese a lo que era.

Después noté de la manera que algunas almas huían, unas con asco y otras con miedo, de sus antiguos cuerpos: a cuál faltaba un brazo, a cuál un ojo. Y diome risa ver la diversidad de figuras y admiróme la Providencia en que, estando barajados unos con otros, nadie por yerro de cuenta se ponía las piernas ni los miembros de los vecinos. Sólo en un cementerio me pareció que andaban destrocando cabezas y que vi a un escribano que no le venía bien el alma y quiso decir que no era suya, por descartarse della.

Después, ya que a noticia de todos llegó que era el día del juicio, fue de ver cómo los lujuriosos no querían que los hallasen sus ojos, por no llevar al tribunal testigos contra sí; los maldicientes, las lenguas; los ladrones y matadores gastaban los pies en huir de sus mismas manos.

Y volviéndome a un lado, vi a un avariento que estaba preguntando a uno que, por haber sido embalsamado y estar lejos sus tripas, no hablaba porque no habían llegado, si habían de resucitar aquel día todos los enterrados, si resucitarían unos bolsones suyos.

Riérame si no me lastimara a otra parte el afán con que una gran chusma de escribanos andaban huyendo de sus orejas, deseando no las llevar por no oír lo que esperaban; mas solos fueron sin ellas los que acá las habían perdido por ladrones: que por descuido no fueron los más.

Pero lo que más me espantó fue ver los cuerpos de dos o tres mercaderes, que se habían vestido las almas del revés y tenían todos los cinco sentidos en las uñas de la mano derecha.

Yo veía todo esto de una cuesta muy alta, cuando oí dar voces a mis pies que me apartase. Y no bien lo hice, cuando comenzaron a sacar las cabezas muchas mujeres hermosas, llamándome descortés y grosero, porque no había tenido más respeto a las damas. Que aun en el infierno están las tales y no pierden esta locura. Salieron fuera muy alegres de verse gallardas y desnudas entre tanta gente que las mirase; aunque luego, conociendo que era el día de la ira y que la hermosura las estaba acusando de secreto, comenzaron a caminar al valle con pasos más entretenidos.

Una, que había sido casada siete veces, iba trazando disculpas para todos los maridos. Otra dellas, que había sido pública ramera, por no llegar al valle no hacía sino decir que se le habían olvidado las muelas y una ceja, y volvía y deteníase; pero, al fin, llegó a vista del teatro, y fue tanta la gente de los que había ayudado a perder y que señalándola daban gritos contra ella, que se quiso esconder entre una caterva de corchetes, pareciéndole que aquella no era gente de cuenta aun en aquel día.

Divirtióme desto un gran ruido que por la orilla de un río venía de gente en cantidad aras un médico, que después supe que lo era en la sentencia. Eran hombres que había despachado sin razón antes de tiempo y venían por hacerle que pareciese, y, al fin, por fuerza, le pusieron delante del trono.

A mi lado izquierdo oí como ruido de alguno que nadaba, y vi un juez, que lo había sido, que estaba en medio de un arroyo lavándose las manos, y esto hacía muchas veces. Lleguéme a preguntarle por qué se lavaba tanto, y díjome que en vida sobre ciertos negocios se las habían untado y que estaba porfiando allí por no parecer con ellas de aquella suerte delante de la universal residencia.

Era de ver una legión de verdugos con azotes, palos y otros instrumentos, cómo traían a la audiencia una muchedumbre de taberneros, sastres y zapateros, que de miedo se hacían sordos, y, aunque habían resucitado, no querían salir de la sepultura.

En el camino por donde pasaban, al ruido sacó un abogado la cabeza y preguntóles que adónde iban. Y respondiéronle:

-Al tribunal de Radamanto.

A lo cual metiéndose más adentro, dijo:

-Esto me ahorraré de andar después si he de ir más abajo.

Iba sudando un tabernero de congoja, tanto, que, cansado, se dejaba caer a cada paso, y a mí me pareció que le dijo un verdugo:

-Harto es que sudéis el agua y no nos la vendáis por vino.

Uno de los sastres, pequeño de cuerpo, redondo de cara, malas barbas y peores hechos, no hacía sino decir:

-¿Qué pude hurtar yo, si andaba siempre muriéndome de hambre?

Y los otros le decían, viendo que negaba haber sido ladrón, qué cosa era despreciarse de su oficio.

Toparon con unos salteadores y capeadores públicos que andaban huyendo unos de otros, y luego los verdugos cerraron con ellos, diciendo que los salteadores bien podían entrar en el número, porque eran a su modo sastres silvestres y monteses, como gatos del campo. Hubo pendencia entre ellos sobre afrentarse los unos de ir con los otros, y, al fin, juntos llegaron al valle.

Tras ellos venía la locura en una tropa, con sus cuatro costados, poetas, músicos, enamorados y valientes, gente en todo ajena deste día. Pusiéronse a un lado. Andaban contándose dos o tres procuradores las caras que tenían, y espantábanse que les sobrasen tantas, habiendo vivido descaradamente. Al fin vi hacer silencio a todos.

El trono era obra donde trabajaron la omnipotencia y el milagro. Júpiter estaba vestido de sí mismo, hermoso para los unos y enojado para los otros. El sol y las estrellas, colgando de su boca; el viento, tullido y mudo; el agua, recostada en sus orillas; suspensa la tierra, temerosa en sus hijos. De los hombres, algunos amenazaban al que les enseñó con su real ejemplo peores costumbres. Todos, en general, pensativos: los piadosos, en qué gracias le darían, cómo rogarían por sí, y los malos, en dar disculpas.

Andaban los procuradores mostrando en sus pasos y colores las cuentas que tenían que dar de sus encomendados, y los verdugos repasando sus copias, tarjas y procesos. Al fin, todos los defensores estaban de la parte de adentro y los acusadores de la de afuera. Estaban guardas a una puerta tan angosta, que los que estaban, a puros ayunos, flacos, aún tenían algo que dejar en la estrechura.

A un lado estaban juntas las desgracias, peste y pesadumbres, dando voces contra los médicos. Decía la peste que ella los había herido; pero que ellos los habían despachado. Las pesadumbres, que no habían muerto ninguno sin ayuda de los doctores. Y las desgracias, que todos los que habían enterrado habían ido por entrambos.

Con eso los médicos quedaron con cargo de dar cuenta de los difuntos. Y así, aunque los necios decían que ellos habían muerto más, se pusieron los médicos con papel y tinta en un alto con su arancel, y, en nombrando la gente, luego salía uno dellos, y en alta voz decía:

-Ante mí pasó a tantos de tal mes, etc.

Pilatos se andaba lavando las manos muy apriesa, para irse con sus manos lavadas al brasero. Era de ver cómo se entraban algunos pobres entre media docena de reyes, que tropezaban con las coronas, viendo entrar las de los sacerdotes tan sin detenerse.

Llegó en esto un hombre desaforado, lleno de ceño, y alargando la mano, dijo:

-Esta es la carta de examen.

Admiráronse todos. Dijeron los porteros que quién era, y él, en altas voces, respondió:

-Maestro de esgrima examinado y de los más diestros del mundo.

Y sacando unos papeles del pecho, dijo que aquellos eran los testimonios de sus hazañas. Cayéronsele en el suelo, por descuido, los testimonios, y fueron a un tiempo a levantarlos dos furias y un alguacil, y él los levantó primero que las furias.

Llegó un abogado y alargó el brazo para asille y metelle dentro, y él, retirándose, alargó el suyo, y dando un salto, dijo:

-Esta de puño es irreparable, y pues enseño a matar, bien puedo pretender que me llamen Galeno. Que si mis heridas anduvieran en mula, pasaran por médicos malos. Si me queréis probar, yo daré buena cuenta.

Riéronse todos, y un oficial algo moreno le preguntó qué nuevas tenía de su alma. Pidiéronle no sé qué cosas y respondió que no sabía tretas contra los enemigos della. Mandáronle que se fuese, y diciendo:

-Entre otro -se arrojó.

Y negaron unos despenseros a cuentas, y no rezándolas, y en el ruido con que venía la trulla, dijo un ministro:

-Despenseros son.

Y otros dijeron:

-No son.

Y otros:

-Sisón.

Y dióles tanta pesadumbre la palabra «sison», que se turbaron mucho. Con todo, pidieron que se les buscase su abogado, y dijo un verdugo:

-Ahí está Judas, que es apóstol descartado.

Cuando ellos oyeron esto, volviéndose a otra furia, que no se daba manos a señalar hojas para leer, dijeron:

-Nadie mire, y vamos a partido y tomamos infinitos siglos de fuego.

El verdugo, como buen jugador, dijo:

-¿Partido pedís? No tenéis buen juego.

Comenzó a descubrir, y ellos, viendo que miraba, se echaron en baraja de su bella gracia.

Pero tales voces, como venían tras de un malaventurado pastelero, no se oyeron jamás de hombres hechos cuartos, y pidiéndole que declarase en qué les había acomodado sus carnes, confesó que en los pasteles. Y mandaron que les fuesen restituidos sus miembros de cualquier estómago en que se hallasen. Dijéronle si quería ser juzgado, y respondió que sí, a Dios y a la ventura. La primera acusación decía no sé qué de gato por liebre, tanto de huesos y no de la misma carne, sino advenedizos, tanto de oveja y cabra, caballo y perro. Y cuando él vio que se les probaba a sus pasteles haberse hallado en ellos más animales que en el arca de Noé, porque en ella no hubo ratones ni moscas, y en ellos sí, volvió las espaldas y dejólos con la palabra en la boca.

Fueron juzgados filósofos, y fue de ver cómo ocupaban sus entendimientos en hacer silogismos contra su salvación. Mas lo de los poetas fue de notar que, de puro locos, querían hacer a Júpiter malilla de todas las cosas. Virgilio andaba con su *Sicelides musae*, diciendo que era el nacimiento; mas saltó un verdugo y dijo no sé qué de Mecenas y Octavia, y que había mil veces adorado unos cuernecillos suyos, que los traía por ser día de más fiesta; contó no sé qué cosas.

Y al fin, llegando Orfeo, como más antiguo, a hablar por todos, le mandaron que se volviese otra vez a hacer el experimento de entrar en el infierno para salir, y a los demás, por hacérseles camino, que le acompañasen.

Llegó tras ellos un avariento a la puerta y fue preguntado qué quería, diciéndole que los preceptos guardaban aquella puerta de quien no los había guardado, y él dijo que en cosas de guardar era imposible que hubiese pecado. Leyó el primero: «Amar a Dios sobre todas las cosas», y dijo que él sólo aguardaba a tenerlas todas para amar a Dios sobre ellas. «No jurar», dijo que, aun jurando falsamente, siempre había sido por muy grande interés, y que así no había sido en vano. «Guardar las fiestas», éstas y aun los días de trabajo, guardaba y escondía. «Honrar padre y madre», siempre les quité el sombrero. «No matar», por guardar esto no comía, por ser matar la hambre comer. «De mujeres», en cosas que cuestan dineros, ya está dicho. «No levantar falso testimonio».

-Aquí -dijo un verdugo- es el negocio, avariento. Que, si confiesas haberle levantado, te condenas, y si no, delante del juez te le levantarás a ti mismo.

Enfadóse el avariento, y dijo:

-Si no he de entrar, no gastemos tiempo.

Que hasta aquello rehusó de gastar. Convencióse con su vida y fue llevado adonde merecía.

Entraron en esto muchos ladrones y salváronse dellos algunos ahorcados. Y fue de manera el ánimo que tomaron los escribanos, que estaban delante de Mahoma, Lutero y Judas, viendo salvar ladrones, que entraron de golpe a ser sentenciados, de que les tomó a los verdugos muy gran risa. Los procuradores comenzaron a esforzarse y a llamar abogados.

Dieron principio a la acusación los verdugos, y no la hacían en los procesos que tenían hechos de sus culpas, sino con los que ellos habían hecho en esta vida. Dijeron lo primero:

-Estos, señor, la mayor culpa suya es ser escribanos.

Y ellos respondieron a voces, pensando que disimularían algo, que no eran sino secretarios. Los abogados comenzaron a dar descargo, que se acabó en:

-Es hombre y no lo hará otra vez, y alcen el dedo.

Al fin se salvaron dos o tres, y a los demás dijeron los verdugos:

-Ya entienden.

Hiciéronles del ojo, diciendo que importaban allí para jurar contra cierta gente. Uno azuzaba testigos y repartía orejas de lo que no se había dicho y ojos de lo que no había sucedido, salpicando de culpas postizas la inocencia.

Estaba engordando la mentira a puros enredos, y vi a Judas y a Mahoma y a Lutero recatar desta vecindad, el uno, la bolsa, y el otro, el zancarrón. Lutero decía:

-Lo mismo hago yo escribiendo.

Sólo se lo estorbó aquel médico que dije que, forzado de los que le habían traído, parecieron él, un boticario y un barbero, a los cuales dijo un verdugo que tenía las copias:

-Ante este doctor han pasado los más difuntos, con ayuda de este boticario y barbero, y a ellos se les debe gran parte deste día.

Alegó un procurador por el boticario que daba de balde a los pobres: pero dijo un verdugo que hallaba por su cuenta que habían sido más dañosos dos botes de su tienda que diez mil de pica en la guerra, porque todas sus medicinas eran espurias, y que con esto había hecho liga con una peste y había destruido dos lagares.

El médico se disculpaba con él, y, al fin, el boticario se desapareció y el médico y el barbero andaban a daca mis muertes y toma las tuyas.

Fue condenado un abogado porque tenía todos los derechos con corcovas, cuando, descubierto un hombre que estaba detrás déste a gatas porque no le viesen, y preguntando quién era, dijo que cómico; pero un verdugo, muy enfadado, replicó:

-Farandulero es, señor, y pudiera haber ahorrado aquesta venida sabiendo lo que hay.

Juró de irse, y fuese sobre su palabra.

En esto dieron con muchos taberneros en el puesto, y fueron acusados de que habían muerto mucha cantidad de sed a traición, vendiendo agua por vino. Estos venían confiados en que habían dado a un hospital siempre vino puro para los sacrificios; pero no les valió, ni a los sastres decir que habían vestido niños. Y así, todos fueron despachados como siempre se esperaba.

Llegaron tres o cuatro extranjeros ricos, pidiendo asientos, y dijo un ministro:

-¿Piensan ganar en ellos? Pues esto es lo que les mata. Esta vez han dado mala cuenta y no hay donde se asienten, porque han quebrado el banco de su crédito.

Y volviéndose a Júpiter, dijo un ministro:

-Todos los demás hombres, señor, dan cuenta de lo que es suyo; mas éstos, de lo ajeno y todo.

Pronuncióse la sentencia contra ellos. Yo no la oí bien; pero ellos desaparecieron.

Vino un caballero tan derecho, que, al parecer, quería competir con la misma justicia que le aguardaba. Hizo muchas reverencias a todos y con la mano una ceremonia, usada de los que beben en charco. Traía un cuello tan grande, que no se le echaba de ver si tenía cabeza. Preguntóle un portero, de parte de Júpiter, si era hombre.
Y él respondió con grandes cortesías que sí y que por más señas se llamaba don Fulano, a fe de caballero. Rióse un ministro y dijo:

-De codicia es el mancebo para el infierno.

Preguntáronle qué pretendía, y respondió:

-Ser salvado.

Y fue remitido a los verdugos para que le moliesen, y él sólo reparó en que le ajarían el cuello.

Entró tras él un hombre dando voces, diciendo:

-Aunque las doy, no tengo mal pleito: que a cuantos simulacros hay, o a los más, he sacudido el polvo.

Todos esperaban ver un Diocleciano o Nerón, por lo de sacudir el polvo, y vino a ser un sacristán que azotaba los retablos. Y se había ya con esto puesto en salvo; sino que dijo un ministro que se bebía el aceite de las lámparas y echaba la culpa a una lechuza, por lo cual habían muerto sin ella; que pellizcaba de los ornamentos para vestirse; que heredaba en vida las vinajeras, y que tomaba alforzas a los oficios. No sé qué descargo se dio, que le enseñaron el camino de la mano izquierda.

Dando lugar unas damas alcorzadas, que comenzaron a hacer melindres de las malas figuras de los verdugos, dijo un procurador a Vesta, que habían sido devotas de su nombre aquéllas: que las amparase. Y replicó un ministro que también fueron enemigas de su castidad.

-Sí, por cierto -dijo una que había sido adúltera.

Y el demonio la acusó de que había tenido un marido en ocho cuerpos; que se había casado de por junto en uno para mil. Condenóse esta sola, y iba diciendo:

-¡Ojalá supiera que me había de condenar, que no hubiera cansádome en hacer buenas obras!

En esto, que era todo acabado, quedaron descubiertos Judas, Mahoma y Martín Lutero. Y preguntando un ministro cuál de los tres era Judas, Lutero y Mahoma, dijeron cada uno que él. Y corrióse Judas tanto, que dijo en altas voces:

-Señor, yo soy Judas, y bien conocéis vos que soy mucho mejor que éstos: porque, si os vendí, remedié al mundo, y éstos, vendiéndose a sí y a vos, lo han destruido todo.

Fueron mandados quitar delante.

Y un abogado que tenía la copia, halló que faltaban por juzgar los malos alguaciles y corchetes. Llamáronlos, y fue de ver que asomaron al puesto muy tristes, y dijeron:

-Aquí lo damos por condenado: no es menester nada.

No bien lo dijeron, cuando, cargado de astrolabios y globos, entró un astrólogo dando voces y diciendo que se habían engañado, que no había de ser aquel día el del juicio, porque Saturno no había acabado sus movimientos ni el de trepidación el suyo. Volvióse un verdugo, y, viéndole tan cargado de madera y papel, le dijo:

-Ya os traéis la leña con vos, como si supiérades que de cuantos cielos habéis tratado en vida, estáis de manera que, por la falta de uno solo en muerte, os iréis al infierno.

-Eso, no iré yo -dijo él.

-Pues llevaros han.

Y así se hizo.

Con esto se acabó la residencia y tribunal. Huyeron las sombras a su lugar, quedó el aire con nuevo aliento, floreció la tierra, rióse el cielo, Júpiter subió consigo a descansar en sí los dichosos y yo me quedé en el valle. Y discurriendo por él oí mucho ruido y quejas en la tierra. Lleguéme por ver lo que había, y vi en una cueva honda, garganta del averno, penar muchos, y, entre otros, un letrado, revolviendo no tanto leyes como caldos; un escribano, comiendo sólo letras, que no había solo querido leer en esta vida; todos ajuares del infierno. Las ropas y tocados de los condenados estaban prendidos, en vez de clavos y alfileres, con alguaciles. Un avariento, contando más duelos que dineros; un médico, pensando en un orinal, y un boticario en una medicina. Diome tanta risa ver esto, que me despertaron las carcajadas, y fue mucho quedar de tan triste sueño más alegre que espantado.

Sueños son éstos que, si se duerme vuesa excelencia sobre ellos, verá que por ver las cosas como las veo, las esperará como las digo,

EL ALGUACIL ALGUACILADO

Al conde Lemas, presidente de Indias.

Bien sé que a los ojos de vuesa excelencia es más endemoniado el autor que el sujeto. Si lo fuere también el discurso, habré dado lo que se esperaba de mis pocas letras, que, amparadas como de dueño de vuesa excelencia y su grandeza, despreciarán cualquier temor. Ofrezco le este discurso del *Alguacil alguacilado*: recíbale vuesa excelencia con la humanidad que hace merced, así yo vea en su casa la sucesión que tanta nobleza y méritos piden.

Esté advertido vuesa excelencia que los seis géneros de demonios que cuentan los supersticiosos y los hechíceros, los cuales por esta orden divide Psello en el capítulo 2.° del *Libro de los demonios*, son los mismos que las órdenes en que se distribuyen los alguaciles malos. Los primeros llaman leliureones, que quiere decir ígneos: los segundos, aéreos; los terceros, terrenos; los cuartos, acuátiles; los quintos, subterráneos; los sextos, lucífugos, que huyen de la luz. Los ígneos son los criminales, que, a sangre y a fuego, persiguen los hombres. Los aéreos son los soplones, que dan viento. Acueos son los porteros, que prenden por si vació o no vació sin decir agua va, fuera de tiempo, y son ácueos, con ser casi todos borrachos y vinosos. Terrenos son los civiles que a puras comisiones y ejecuciones destruyen la tierra. Lucífugos, los rondadores, que huyen de la luz, debiendo la luz huir dellos. Los subterráneos, que están debajo de tierra, son los escudriñadores de vidas y fiscales de honras y levantadores de falsos testimonios, que debajo de tierra sacan qué acusar y andan siempre desenterrando los muertos y enterrando los vivos.

AL PÍO LECTOR

Y si fueres cruel, y no pío, perdona. Que este epíteto natural del pollo has heredado de Eneas, de quien desciendes. Y en agradecimiento de que te hago cortesía en no llamarte benigno lector, advierte que hay tres géneros de hombres en el mundo. Los unos que, por hallarse ignorantes, no escriben, y éstos merecen disculpa por haber callado y alabanza por haberse conocido. Otros, que no comunican lo que saben; a éstos se les ha de tener lástima de la condición y envidia del ingenio, pidiendo a Dios que les perdone lo pasado y les enmiende lo por venir. Los últimos no escriben de miedo de las malas lenguas; éstos merecen reprensión, pues, si la obra llega a manos de hombres sabios, no saben decir mal de nadie; si de ignorantes, ¿cómo pueden decir mal, sabiendo que si lo dicen de lo malo lo dicen de sí mismos? Y si del bueno, no importa, que ya saben todos que no lo entienden. Esta razón me animó a escribir El sueño de las calaveras y me permitió osadía para publicar este discurso. Si le quieres leer, léele, y si no, déjale, que no hay pena para quien no lo leyere. Si le empezares a leer y te enfadare, en tu mano está con que tenga fin donde te fuere enfadoso. Sólo he querido advertirte en la primera hoja que este papel es sólo una reprensión de malos ministros de justicia, guardando el decoro que se debe a muchos, que hay loables por virtud y nobleza, poniendo todo lo que en él hay debajo la corrección de la Iglesia romana y ministros de buenas costumbres.

DISCURSO

Fue el caso que entré en San Pedro a buscar al licenciado Calabrés, hombre de bonete de tres altos, hecho a modo de medio celemín, ojos de espulgo, vivos y bulliciosos, puños de Corinto, asomo de camisa por cuello, mangas en escaramuza y calados de rasgones, los brazos en jarra y las manos en garfio. Habla entre penitente y diciplinante, los ojos bajos y los pensamientos tiples; la color, a partes hendida y a partes quebrada, muy tardón en las respuestas y abreviador en la mesa; gran lanzador de espíritus, tanto, que sustentaba el cuerpo con ellos. Entendíasele de ensalmar, haciendo al bendecir unas cruces mayores que las de los malcasados. Hacía del desaliño humildad, contaba visiones, y, si se descuidaban a creerle, hacía milagros que me cansó.

Este, señor, era uno de los supulcros hermosos, por de fuera blanqueados y llenos de molduras, y por de dentro pudrición y gusanos; fingiendo en lo exterior honestidad, siendo en lo interior del alma disoluto y de muy ancha y rasgada conciencia. Era, en buen romance, hipócrita, embeleco vivo, mentira con alma y fábula

con voz. Halléle solo con un hombre, que, atadas las manos y suelta la lengua, descompuestamente daba voces con frenéticos movimientos.
-¿Qué es esto? -le pregunté espantado.
Respondióme:
-Un hombre endemoniado.
Y, al punto, el espíritu respondió:
-No es hombre, sino alguacil. Mirad cómo habláis, que en la pregunta del uno y en la respuesta del otro se ve que sabéis poco. Y se ha de advertir que los diablos en los alguaciles estamos por fuerza y de mala gana, por lo cual, si queréis acentarme, debéis llamarme a mí demonio enaguacilado, y no a éste alguacil endemoniado, y avenisos mejor los hombres que con ellos, si bien nuestra cárcel es peor; nuestro agarro, perdurable. Verdugos y alguaciles malos parece que tenemos un mismo oficio, pues, bien mirado, nosotros procuramos condenar a los alguaciles también; nosotros, que haya vicios y pecados en el mundo, y los alguaciles lo desean y procuran, al parecer, con más ahinco, porque ellos lo han menester para su sustento y nosotros para nuestra compañía. Y es mucho más de culpar este oficio en los alguaciles que en nosotros, pues ellos hacen mal a hombres como ellos y a los de su género, y nosotros no. Fuera desto, los demonios lo fuimos por querer ser como Dios, y los alguaciles son alguaciles por querer ser menos que todos. Persuádete que alguaciles y nosotros somos de una profesión, sino que ellos son diablos con varilla, como cohetes, y nosotros alguaciles sin vara, que hacemos áspera vida en el infierno.

Admiráronme las sutilezas del diablo. Enojóse Calabrés, revolvió sus conjuros, quísole enmudecer, y no pudo, y al echarle agua bendita comenzó a huir y a dar voces, diciendo:
-Clérigo, cata que no hace estos sentimientos el alguacil por la parte de bendita, sino por ser agua. No hay cosa que tanto aborrezca, pues si en su nombre se llama *alguacil*, es encajada una *l* en medio. Yo no traigo corchetes ni soplones ni escribanito. Quítenme la tara como al carbón y hágase la cuenta entre mí y el agarrador. Y porque acabéis de conocer quién son y cuán poco tienen de cristianos, advertid que de pocos nombres que del tiempo de los moros quedaron en España, llamándose ellos merinos, le han dejado por llamarse alguaciles. Que alguacil es palabra morisca. Y

hacen bien, que conviene el nombre con la vida y ella con sus hechos.

-Eso es muy insolente cosa oírlo -dijo furioso mi licenciado-, y, si le damos licencia a este enredador, dirá otras mil bellaquerías y mucho mal de la justicia, porque corrige el mundo y le quita con su temor y diligencia las almas que tiene negociadas.

-No lo hago por eso -replicó el diablo-, sino por que ese es tu enemigo, que es de tu oficio. Y ten lástima de mí y sácame del cuerpo déste, que soy demonio de prendas y calidad y perderé después mucho en el infierno por haber estado acá con malas compañías.

-Yo te echaré hoy fuera -dijo Calabrés-, de lástima de ese hombre, que aporreas por momentos y maltratas; que tus culpas no merecen piedad ni tu obstinación es capaz della.

-Pídeme albricias -respondió el diablo- si me sacas hoy. Y advierte que estos golpes que le doy y lo que le aporreo, no es sino que yo y él reñimos acá sobre quién ha de estar en mejor lugar y andamos a más diablo es él.

Acabó esto con una gran risada: corrióse mi buen licenciado y determinóse a enmudecerle. Yo, que había comenzado a gustar de las sutilezas del diablo, le pedí que, pues estábamos solos, y él, como mi confidente, sabía mis cosas secretas, y yo, como amigo, las suyas, que le dejase hablar apremiándole sólo a que no maltratase el cuerpo del alguacil. Hízose así, y al punto dijo:

-Donde hay poetas, parientes tenemos en corte los diablos, y todos nos lo debéis por lo que en el infierno os sufrimos: que habéis hallado tan fácil modo de condenaros, que hierve todo él en poetas. Y hemos hecho una ensancha a su cuartel, y son tantos, que compiten en los votos y elecciones con los escribanos. Y no hay cosa tan graciosa como el primer año de noviciado de un poeta en penas, porque hay quien le lleva de acá cartas de favor para ministros, y créese que ha de topar con Radamanto y pregunta por el Cerbero y Aqueronte, y no puede creer sino que se los esconden.

-¿Qué géneros de penas les dan a los poetas? - repliqué yo.

-Muchas -dijo- y propias. Unos se atormentan oyendo alabar las obras de otros, y a los más es la pena el limpiarlos. Hay poeta que tiene mil años de infierno y aún no acaba de leer unas endechíllas a los celos. Otros verás en otra parte aporrearse y darse a tizonazos sobre si dirá faz o cara. Cuál, para hallar un consonante no hay cerco en el infierno que no haya rodado mordiéndose las uñas. Mas los que peor lo pasan y más mal lugar tienen son algunos poetas de comedias, por las muchas reinas que han hecho, las infantas de Bretaña que han deshonrado, los casamientos desiguales que han efectuado en los fines de las comedias y los palos que han dado a muchos hombres honrados por acabar los entremeses. Mas es de advertir que los poetas de comedias no están entre los demás, sino que, por cuanto tratan de hacer enredos y marañas, se ponen entre los procuradores y solicitadores, gente que sólo trata deso.

Y en el infierno están todos aposentados así. Que un artillero que bajó allá el otro día, queriendo que le pusiesen entre la gente de guerra, como al preguntarle del oficio que había tenido dijese que hacer tiros en el mundo, fue remitido al cuartel de los escribanos, pues son los que hacen tiros en el mundo. Un sastre, porque dijo que había vivido de cortar de vestir, fue aposentado con los maldicientes. Un ciego, que quiso encajarse con los poetas, fue llevado a los enamorados, por serlo todos. Los que venían por el camino de los locos, ponemos con los astrólogos, y a los por mentecatos, con los alquimistas. Uno vino por unas muertes, y está con los médicos. Los mercaderes que se condenan por vender, están con Judas. Los malos ministros, por lo que han tomado, alojan con el mal ladrón. Los necios están con los verdugos. Y un aguador, que dijo había vendido agua fría, fue llevado con los taberneros. Llegó un mohatrero tres días ha, y dijo que él se condenaba por haber vendido gato por liebre, y pusímoslo de pies con los venteros, que dan lo mismo. Al fin, el infierno está repartido en estas partes.

-Oíte decir antes de los enamorados, y por ser cosa que a mí me toca, gustaría saber si hay muchos.

-Mancha es la de los enamorados -respondió- que lo torna todo, porque todos lo son de sí mismos: algunos, de sus dineros; otros, de sus palabras; otros, de sus obras, y algunos, de las mujeres. Y destos postreros hay menos que de todos en el infierno, porque las mujeres son tales, que, con ruindades, con malos tratos y peores correspondencias les dan ocasiones de arrepentimiento cada día a los hombres. Como digo, hay pocos déstos; pero buenos y de entretenimiento, si allá cupiera. Algunos hay que en celos y esperanzas amortajados y en deseos, se van por la posta al infierno, sin saber cómo ni cuándo ni de qué manera.

Hay amantes alacayados, que arden llenos de cintas; otros crinitos, como cometas, llenos de cabellos, y otros que en los billetes solos que llevan de sus damas ahorran veinte años de leña a la fábrica de la casa, abrasándose lardeados en ellos.

Son de ver los que han querido doncellas, enamorados de doncellas, con las bocas abiertas y las manos extendidas. Déstos, unos se condenaban por tocar sin tocar pieza, hechos bufones de los otros, siempre en vísperas del contento, sin tener jamás el día y con sólo el título de pretendientes. Otros se condenan por el beso, brujuleando siempre los gustos sin poderíos descubrir.

Detrás de éstos, en una mazmorra, están los adúlteros: éstos son los que mejor viven y peor lo pasan, pues otros les sustentan la cabalgadura y ellos la gozan.

-Gente es ésta -dije yo- cuyos agravios y favores todos son de una manera.

-Abajo, en un apartado muy sucio, lleno de mondaduras de rastro, quiero decir cuernos, están los que acá llamamos cornudos, gente que aun en el infierno no pierde la paciencia. Que, como la llevan hecha a prueba de la mujer que han tenido, ninguna cosa los espanta.

Tras ellos están los que se enamoran de viejas, con cadenas. Que los diablos, de hombres de tan mal gusto aun no pensamos que estamos seguros. Y si no estuviesen con prisiones, Barrabás aún no tendría bien guardadas las asentaderas dellos. Y tales como somos, les parecemos blancos y rubios. Lo primero que con esto se hace es condenarles la lujuria y su herramienta a perpetua cárcel.

Mas, dejando éstos, os quiero decir que estamos muy sentidos de los potajes que hacéis de nosotros, pintándonos con garras sin ser aguiluchos; con colas, habiendo diablos rabones; con cuernos, no siendo casados, y malbarbados siempre, habiendo diablos de nosotros que podemos ser ermitaños y corregidores. Remediad esto. Que poco ha que fue Jerónimo Bosco allá, y, preguntándole por qué había hecho tantos guisados de nosotros en sus sueños, dijo:

-Porque no había creído nunca que había demonios de veras.

Lo otro, y lo que más sentimos, es que, hablando comúnmente, soléis decir:

-Miren el diablo del sastre, o diablo es el sastrecillo.

A sastres nos comparáis, que damos leña con ellos al infierno y aún nos hacemos de rogar para recibirlos. Que, si no es la póliza de quinientos, nunca hacemos recibo, por no malvezarlos y que ellos no aleguen posesión: *Quoniam consuetudo est altera lex*. Y como tienen posesión en el hurtar y quebrantar las fiestas, fundan agravio si no les abrimos las puertas grandes, como si fuesen de casa.

También nos quejamos de que no hay cosa, por mala que sea, que no la deis al diablo, y, en enfadándoos algo, luego decís: «Pues el diablo te lleve.» Pues advertid que son más los que se van allá que los que traemos. Que no de todo hacemos caso. Dais al diablo un maltrapillo y no le toma el diablo porque hay algún maltrapillo que no le tomará el diablo. Dais al diablo un italiano, y no le toma el diablo, porque hay italiano que tomará al diablo. Y advertid que las más veces dais al diablo lo que él ya se tiene, digo, nos tenemos.

-¿Hay reyes en el infierno? -le pregunté yo.

Y satisfizo a mi duda, diciendo:

-Todo el infierno es figuras y hay muchos de los gentiles, porque el poder, libertad y mando les hace sacar a las virtudes de su medio y llegan los vicios a su extremo, y, viéndose en la suma reverencia de sus vasallos y con la grandeza puestos a dioses, quieren valer punto menos y parecerlo, y tienen muchos caminos para condenarse y muchos que los ayudan Porque uno se condena por la crueldad, y, matando y destruyendo, es una guadaña coronada de vicios y una peste real de sus reinos. Otros se pierden por la cudicia, haciendo almacenes de sus villas y ciudades a fuerza de grandes pechos, que, en vez de criar, desustancian, Y otros se van al infierno por terceras personas y se condenan por poderes, fiándose de infames ministros. Y es dolor verlos penar, porque, como bozales en trabajo, se les dobla el dolor con cualquier cosa. Sólo tienen bueno los reyes que, como es gente honrada, nunca vienen solos, sino con punta de dos ó tres privados, y a veces el encaje, y se traen todo el reino tras sí, pues todos se gobiernan por ellos. Aunque privado y reyes más penitencia que oficio y más carga que gozo. Ni hay cosa tan atormentada como la oreja del príncipe y del privado, pues de ella nunca escapan pretendientes quejosos y aduladores, y estos tormentos los califican para el descanso. Los malos reyes se van al infierno por el camino real, y los mercaderes, por el de la plata.

-¿Quién te mete ahora con los mercaderes? -dijo Calabrés.

-Manjar es que nos tiene ya empalagados a los diablos y ahítos, y aun los vomitamos. Vienen allá a millares, condenándose en castellano y en guarismo. Y habéis de saber que en España los ministros de las cuentas de los extranjeros son dolorosos para los millones que vienen de las Indias, y que los cañones de sus plumas son de batería contra las bolsas, y no hay renta que, si la cogen en medio el Tajo de sus plumas y el Jarama de su tinta, no la ahoguen Y, en fin, han hecho entre nosotros, sospechoso este nombre de asientos, que, como significan otra cosa, que me corro en nombrarla, no sabemos cuándo hablan a lo negociante o cuándo a lo deshonesto. Hombre destos ha ido al infierno que, viendo la leña y fuego que se gasta, ha querido hacer estanco de la lumbre. Y otro quiso arrendar los tormentos, pareciéndole que ganará con ellos mucho. Estos tenemos allá junto a los jueces que acá los permitieron.

-¿Luego algunos jueces hay allá?

-¡Pues no! -dijo el espíritu-. Los jueces son nuestros faisanes, nuestros platos regalados y la simiente que más provecho y fruto nos da a los diablos. Porque de cada juez que sembramos, cogemos seis procuradores, dos relatores, cuatro escribanos, cinco letrados y cinco mil negociantes, y esto cada día. De cada escribano cogemos veinte oficiales, de cada oficial, treinta alguaciles; de cada alguacil, diez corchetes. Y si el año es fértil de trampas, no hay trojes en el infierno donde recoger el fruto de un mal ministro.

-¿También querrás decir que no hay justicia en la tierra, rebelde a los dioses?

-Y ¡cómo que no hay justicia! Pues ¿no has sabido que Astrea, que es la justicia, cuando, huyendo de la tierra, se subió al cielo? Pues por si no lo sabes, te lo quiero contar.

Vinieron la verdad y la justicia a la tierra. La una no halló comodidad por desnuda ni la otra por rigurosa. Anduvieron mucho tiempo así, hasta que la verdad, de puro necesitada, asentó con un mudo.

La justicia, desacomodada, anduvo por la tierra rogando a todos, y, viendo que no hacían caso della y que le usurpaban su nombre para honrar tiranías, determinó volverse huyendo al cielo. Salióse de las grandes ciudades y cortes y fuese a las aldeas de villanos, donde por algunos días, escondida en su pobreza, fue hospedada de la simplicidad hasta que envió contra ella requisitorias de malicia. Huyó entonces de todo punto, y fue de casa en casa pidiendo que la recogiesen. Preguntaban todos quién era, y ella, que no sabe mentir, decía que la justicia. Respondíanle todos:

-Justicia, y no por mi casa: vaya por otra.

Y así, no entraba en ninguna. Subióse al cielo y apenas dejó acá pisadas. Los hombres, que esto vieron, bautizaron con su nombre algunas varas, que arden muy bien allá, y acá sólo tienen nombre de justicia ellas y los que las traen. Porque hay muchos déstos en quien la vara hurta más que el ladrón con ganzúa y llave falsa y escala. Y habéis de advertir que la cudicia de los hombres ha hecho instrumento para hurtar todas sus partes, sentidos y potencias, que Dios les dio las unas para vivir y las otras para vivir bien. ¿No hurta la honra de la doncella con la voluntad el enamorado? ¿No hurta con el entendimiento el letrado, que le da malo y torcido a la ley? ¿No hurta con la memoria el representante, que nos lleva el tiempo? ¿No hurta el amor con los ojos, el discreto con la boca, el poderoso con los brazos, pues no medra quien no tiene los suyos; el valiente con las manos, el músico con los dedos, el gitano y cicatero con las uñas, el médico con la muerte, el boticario con la salud, el astrólogo con el cielo? Y, al fin, cada uno hurta con una parte o con otra. Sólo el alguacil hurta con todo el cuerpo, pues acecha con los ojos, sigue con los pies, ase con las manos y atestigua con la boca, y, al fin, son tales los alguaciles, que dellos y de nosotros defienden a los hombres pocas cosas.

-Espántome -dije yo- de ver que entre los ladrones no has metido a las mujeres, pues son de casa.

-No me las nombres –respondió-, pues nos tienen enfadados y cansados, y, a no haber tantas allá, no era muy mala habitación el infierno, y diéramos porque enviudáremos en el infierno mucho. Que, como se urden enredos, y ellas, desde que murió Medusa la hechicera, no platican otro, temo no haya alguna tan atrevida que quiera probar su habilidad con alguno de nosotros, por ver si sabrá dos puntos más. Aunque sola una cosa tienen buena las condenadas, por la cual se puede tratar con ellas, que como están desesperadas, no piden nada.

-¿De cuáles se condenan más: feas o hermosas?

-Feas -dijo al instante-, seis veces más, porque los pecados, para aborrecerlos, no es menester más que cometerlos, y las hermosas, que hallan tantos que las satisfagan el apetito carnal, hártanse y arrepiéntense; pero las feas como no hallan nadie, allá se nos van en ayunas y con la misma hambre rogando a los hombres, y después que se usan ojinegras y cariaguileñas, hierve el infierno en blancas y rubias, y en viejas más que en todo, que, de envidia de las mozas, obstinadas expiran gruñendo. El otro día llevé yo una de setenta años que comía barro y hacía ejercicio para remediar las opilaciones, y se quejaba de dolor de muelas porque pensasen que las tenía. Y con tener ya amortajadas las sienes, con la sábana blanca de sus canas y arada la frente, huía de los ratones y traía galas, pensando agradarnos a nosotros. Pusímosla allá por tormento al lado de un lindo destos que se van allá con zapatos blancos y de puntillas, informados de que es tierra seca y sin lodos.

-En todo esto estoy bien -le dije-; sólo querría saber si hay en el infierno muchos pobres.

-¿Qué es pobres? -replicó.

-El hombre -dije yo- que no tiene nada de cuanto tiene el mundo.

-¡Hablara yo para mañana! -dijo el diablo-. Si lo que condena a los hombres es lo que tienen del mundo, y ésos no tienen nada, ¿cómo se condenan? Por acá los libros nos tienen en blanco. Y no os espantéis, porque aun diablos les faltan a los pobres. Y a veces más diablos sois unos para otros que nosotros mismos. ¿Hay diablo como un adulador, como un envidioso, como un amigo falso y como una mala compañía? Pues todos estos le faltan al pobre, que no le adulan, ni le envidian, ni tiene amigo malo ni bueno, ni le acompaña nadie. Estos son los que verdaderamente vivien bien y mueren mejor. ¿Cuál de vosotros sabe estimar el tiempo y poner precio al día, sabiendo que todo lo que pasó lo tiene la muerte en su poder y gobierna lo presente y aguarda todo lo por venir, como todos ellos?

-Cuando el diablo predica, el mundo se acaba. Pues ¿cómo, siendo tú padre de la mentira -dijo Calabrés-, dices cosas que bastan a convertir una piedra?

-¿Cómo? -respondió-. Por haceros mal y que no podáis decir que faltó quien os lo dijese. Y adviértase que en vuestros ojos veo muchas lágrimas de tristeza y pocas de arrepentimiento, y de las más se deben las gracias al pecado, que os harta o cansa, y no a la voluntad, que por malo le aborrezca.

-Mientes -.dijo Calabrés-. Que muchos buenos hay hoy. Y ahora veo que en todo cuanto has dicho has mentido, y en pena saldrás hoy de este hombre.

Apremióle a que callase, y, si un diablo por sí es malo, mudo es peor que diablo.

Vuesa excelencia, con curiosa atención, mire esto y no mire a quien lo dijo. Que por la boca de una sierpe de piedra sale un caño de agua.

LAS ZAHURDAS DE PLUTON

Carta a un amigo suyo.

Envío a vuesa merced este discurso tercero al *Sueño* y al *Alguacil*, donde puedo decir que he rematado las pocas fuerzas de mi ingenio, no sé si con alguna dicha. Quiera Dios halle algún agradecimiento mi deseo, cuando no merezca alabanza mi trabajo, que con esto tendré algún premio de los que da el vulgo con mano escasa. Que no soy tan soberbio que me precie de tener envidiosos, pues de tenerlos, tuviera por gloria recompensa el merecerlos tener. Vuesa merced, en Zaragoza, comunique este papel, haciéndole la acogida que a todas mis cosas, mientras yo acá esfuerzo la paciencia a maliciosas calumnias, que al parto de mis obras, sea aborto, suelen anticipar mis enemigos. Dé Dios a vuesa merced paz y salud. Del Fresno y mayo 3 de 1608.

DON FRANCISCO DE QUEVEDO VILLEGAS.

PRÓLOGO AL INGRATO Y DESCONOCIDO LECTOR

Eres tan perverso, que ni te obligué llamándote pío, benévolo ni benigno en los más discursos porque no me persiguieses, y, ya desengañado, quiero hablar contigo claramente. Este discurso es del infierno. No me arguyas de maldiciente, porque digo mal de los que hay en él, pues no es posible que haya dentro nadie que bueno sea. Si te parece largo, en tu mano está: toma el infierno que te bastare y calla. Y si algo no te parece bien, o lo disimula piadoso o lo enmienda docto. Que errar es de hombres y ser herrado de bestias o esclavos. Si fuere oscuro, nunca el infierno fue claro; si triste y melancólico, yo no he prometido risa. Sólo te pido, lector, y aun te conjuro por todos los prólogos, que no tuerzas las razones ni ofendas con malicia mi buen celo. Pues, lo primero, guardo el decoro a las personas, y sólo reprendo los vicios, murmuro los descuidos y demasías de algunos oficiales, sin tocar en la pureza de los oficios, y, al fin, si te agradare el discurso, tú te holgarás, y si no, poco importa: que a mí de ti ni de él se me da nada. Vale.

DISCURSO

Yo, que en el *Sueño* vi tantas cosas y en el *Alguacil alguacilado* oí parte de las que no había visto, como sé que los sueños, las más veces, son burla de la fantasía y ocio del alma, y que el malo nunca dijo verdad, por no tener cierta noticia de las cosas que justamente se nos esconden, vi, guiado de mi ingenio, lo que se sigue, por particular providencia, que fue para traerme en el miedo la verdadera paz.

Halléme en un lugar favorecido de naturaleza por el sosiego amable, donde, sin malicia, la hermosura entretenía la vista, muda recreación y sin respuesta humana, platicaban las fuentes entre las guijas y los árboles por las hojas, tal vez contaba el pájaro, ni sé determinadamente si en competencia suya o agradeciéndoles su armonía. Ved cuál es de peregrino nuestro deseo, que no hallo paz en nada desto. Tendí los ojos, codicioso de ver algún camino por buscar compañía, y veo, cosa digna de admiración, dos sendas que nacían de un mismo lugar, y una se iba apartando de la otra, como que huyesen de acompañarse.

Era la mano derecha tan angosta, que no admite encarecimiento, y estaba, de la poca gente que por ella iba, llena de abrojos y asperezas y malos pasos. Con todo, vi algunos que trabajaban en pasarla; pero, por ir descalzos y desnudos, se iban dejando en el camino, unos, el pellejo; otros, los brazos; otros, la cabeza; otros, los pies, y todos iban amarillos y flacos. Pero noté que ninguno de los que iban por aquí miraba atrás, sino todos adelante. Decir que puede ir alguno a caballo es cosa de risa. Uno de los que allí estaban, preguntándole si podría yo caminar aquel desierto a caballo, me dijo:

-Déjese de caballerías y caiga de su asno.

Y miré con todo eso, y no vi huella de bestia ninguna. Y es cosa de admirar que no había señal de rueda de coche ni memoria apenas de que hubiese nadie caminado en él por allí jamás. Pregunté, espantado desto, a un mendigo, que estaba descansando y tomando aliento, si acaso había ventas en aquel camino o mesones en los paraderos. Respondióme:

-Venta aquí, señor, ni mesón, ¿cómo queréis que le haya en este camino, si es el de la virtud? En el camino de la vida -dijo-, el partir es nacer, el vivir es caminar, la venta es el mundo, y, en saliendo della, es una jornada sola y breve desde él a la pena o la gloria.

Diciendo esto, se levantó y dijo:

-Quedaos con Dios, que en el camino de la virtud es perder tiempo el pararse uno y peligroso responder a quien pregunta por curiosidad y no por provecho.

Comenzó a andar dando tropezones y zancadillas y suspirando. Parecía que los ojos, con lágrimas, osaban ablandar los peñascos a los pies y hacer tratables los abrojos.

-¡Pesia tal! -dije yo entre mí-; pues tras ser el camino tan trabajoso, ¿es la gente que en él anda tan seca y poco entretenida? ¡Para mi humor es bueno!

Di un paso atrás y salíme del camino del bien. Que jamás quise retirarme de la virtud que tuviese mucho que desandar ni que descansar. Volvíme a la mano izquierda y vi un acompañamiento tan reverendo, tanto coche, tanta carroza cargada de competencias al sol en humanas hermosuras y gran cantidad de galas y libreas, lindos caballos, mucha gente de capa negra y muchos caballeros. Yo, que siempre oí decir: «Dime con quién andas y diréte quién eres», por ir con buena compañía puse el pie en el umbral del camino y, sin sentirlo, me hallé resbalado en medio de él, como el que se desliza por el hielo, y topé con lo que había menester. Porque aquí todos eran bailes y fiestas, juegos y saraos; y no el otro camino, que, por falta de sastres, iban en él desnudos y rotos, y aquí nos sobraban mercaderes, joyeros y todos oficios. Pues ventas, a cada paso, y bodegones, sin número. No podré encarecer qué contento me hallé en ir en compañía de gente tan honrada, aunque el camino estaba algo embarazado, no tanto con las mulas de los médicos como con las barbas de los letrados, que era terrible la escuadra dellos que iba delante de unos jueces. No digo esto porque fuese menor el batallón de los doctores, a quien nueva elocuencia llama ponzoñas graduadas, pues se sabe que en las universidades estudian para tósigos. Animóme para proseguir mi camino el ver no sólo que iban muchos por él, sino la alegría que llevaban y que del otro se pasaban algunos al nuestro y del nuestro al otro, por sendas secretas.

Otros caían que no se podían tener, y entre ellos fue de ver el cruel resbalón que una lechigada de taberneros dio en las lágrimas, que otros habían derramado en el camino, que, por ser agua, se les fueron los pies y dieron en nuestra senda unos sobre otros. Íbamos dando vaya a los que veíamos por el camino de la virtud más trabajados. Hacíamos burla dellos, llamábamosles heces del mundo y desecho de la tierra. Algunos se tapaban los oídos y pasaban adelante. Otros, que se paraban a escucharnos, dellos desvanecidos de las muchas voces y dellos persuadidos de las razones y corridos de las vayas caían y se bajaban.

Vi una senda por donde iban muchos hombres de la misma suerte que los buenos, y desde lejos parecía que iban con ellos mismos, y, llegado que hube, vi que iban entre nosotros. Estos me dijeron que eran los hipócritas, gente en quien la penitencia, el ayuno, que en otros son mercancía del cielo, es noviciado del infierno. Iban muchas mujeres tras éstos, los cuales, siendo enredo con barba y maraña con ojos y embeleco, andaban salpicando de mentira a todos, siendo estanques donde pescan adrollas los embustidores. Otros se encomiendan a ellos, que es como encomendarse al diablo por tercera persona. Estos hacen oficio la humildad y pretenden honra, yendo de estrado en estrado y de mesa en mesa. Al fin conocí que iban arrebozados para nosotros; mas para los ojos eternos, que abiertos sobre todos juzgan el secreto más oscuro de los retiramientos del alma, no tienen máscara. Bien que hay muchos buenos; mas son diferentes déstos, a quien antes se les ve la disimulación que la cara y alimentan su ambiciosa felicidad de aplauso de los pueblos, y, diciendo que son unos indignos y grandísimos pecadores y los más malos de la tierra, llamándose jumentos, engañan con la verdad, pues siendo hipócritas, lo son al fin. Iban éstos solos aparte, y reputados por más necios que los moros, más zafios que los bárbaros y sin ley, pues aquéllos, ya que no conocieron la vida eterna ni la van a gozar, conocieron la presente y holgáronse en ella; pero los hipócritas, ni la una ni la otra conocen, pues en ésta se atormentan y en la otra son atormentados. Y, en conclusión, déstos se dice con toda verdad que ganan el infierno con trabajos.

Todos íbamos diciendo mal unos de otros: los ricos tras la riqueza, los pobres pidiendo a los ricos lo que Dios les quitó. Van por un camino los discretos, por no dejarse gobernar de otros, y los necios, por no entender a quien los gobierna, aguijan a todo andar. Las justicias llevan tras sí los negociantes; la pasión, a las malgobernadas justicias, y los reyes, desvanecidos y ambiciosos, todas las repúblicas.

Vi algunos soldados, pero pocos, que por la otra senda infinitos iban en hileras ordenadas, honradamente triunfando; pero los pocos que nos cupieron acá eran gente que, si como habían extendido el nombre de Dios jurando, lo hubieran hecho peleando, fueran famosos. Dos corrilleros solos iban muy desnudos, que, por la mayor parte, los tales, que viven por su culpa, traen los golpes en los vestidos y sanos los cuerpos. Andaban contando entre sí las ocasiones en que se habían visto, los malos pasos que habían andado, que nunca éstos andan en buenos pasos. Nada los oíamos; solo, cuando por encarecer sus servicios dijo uno a los otros ¿qué digo, camarada?, ¡qué trances hemos pasado y qué tragos!, lo de los tragos se les creyó. Miraban a estos pocos los muchos capitanes, maestres de campo, generales de ejércitos, que iban por el camino de la mano derecha enternecidos. Y oí decir a uno dellos que no lo pudo sufrir, mirando las hojas de lata llenas de papeles inútiles que llevaban estos ciegos:

-¿Qué digo? ¿Soldados por acá? ¿Esto es de valientes, dejar este camino, de miedo de sus dificultades? Venid, que por aquí de cierto sabemos que sólo coronan al que vence. ¿Qué vana esperanza os arrastra con anticipadas promesas de los reyes? No siempre con almas vendidas es bien que temerosamente suene en vuestros oídos: «Mata o muere». Reprended la hambre del premio, que de buen varón es seguir la virtud sola y de cudiciosos los premios no más, y quien no sosiega en la virtud y la sigue por el interés y mercedes que se siguen, más es mercader que virtuoso, pues la hace a precio de perecederos bienes. Ella es don de sí misma: quietaos en ella.

Y aquí alzó la voz, y dijo:

-Advertid que la vida del hombre es guerra consigo mismo y que toda la vida nos tienen en armas los enemigos del alma, que nos amenazan más dañoso vencimiento. Y advertid que ya los príncipes tienen por deuda nuestra sangre y vida, pues perdiéndolas por ellos, los más dicen que los pagamos y no que los servimos. ¡Volved, volved!

Oyéronlo ellos muy atentamente, y, enternecidos y enseñados, se encaminaron bien con los demás soldados.

Iban las mujeres al infierno tras el dinero de los hombres, y los hombres tras ellas y su dinero, tropezando unos con otros.

Noté cómo, al fin del camino de los buenos, algunos se engañaban y pasaban al de la perdición. Porque, como ellos saben que el camino es angosto y el del infierno ancho, y al acabar veían al suyo ancho y el nuestro angosto, pensando que habían errado o trocado los caminos, se pasaban acá, y de acá allá los que se desengañaban del remate del nuestro.

Vi una mujer que iba a pie, y espantado de que mujer se fuese al infierno sin silla o coche, busqué un escribano que me diera fe dello, y en todo el camino del infierno pude hallar ningún escribano ni alguacil. Y como no los vi en él, luego colegí que era aquél el camino y este otro al revés. Quedé algo consolado y sólo me quedaba duda que cómo yo había oído decir que iban con grandes asperezas y penitencias por el camino dél, y veía que todos se iban holgando, cuando me sacó desta duda una gran parva de casados, que venían con sus mujeres de las manos, y que la mujer era ayuno del marido, ¡pues por darle la perdiz y el capón, no comía, y que era su desnudez, pues por darle galas demasiadas y joyas impertinentes iba en cueros, y, al fin, conocí que un malcasado tiene en su mujer toda la herramienta necesaria para la muerte, y ellos y ellas, a veces el infierno portátil.

Ver esta asperísima penitencia me confirmó de nuevo en que íbamos bien. Mas duróme poco, porque oí decir a mis espaldas:

-Dejen pasar los boticarios.

-¿Boticarios pasan? -dije yo entre mí-: ¡al infierno vamos!

Y fue así, porque al punto nos hallamos dentro por una puerta como de ratonera, fácil de entrar e imposible de salir por ella.

Y fue de ver que nadie en todo el camino dijo: «Al infierno vamos», y todos, estando en él, dijeron muy espantados: «En el infierno estamos.»

-¿En el infierno? -dije yo muy afligido-. No puede ser.

Quíselo poner a pleito. Comencé a lamentar de las cosas que dejaba en el mundo: los parientes, los amigos, los conocidos, las damas. Y estando llorando esto, volví la cara hacia el mundo y vi venir por el mismo camino, despeñándose a todo correr, cuanto había conocido allá, poco menos. Consoléme algo en ver esto, y que, según se daban priesa a llegar al infierno, estarían conmigo presto. Comenzóseme a hacer áspera la morada y desapacibles los zaguanes.

Fui entrando poco a poco entre unos sastres que se me llevaron, que iban medrosos de los diablos. En la primera entrada hallamos siete demonios escribiendo los que íbamos entrando. Preguntáronme mi nombre. Díjele, y pasé. Llegaron a mis compañeros y dijeron que eran remendones, y dijo uno de los diablos:

-Deben entender los remendones en el mundo que no se hizo el infierno sino para ellos, según se vienen por acá.

Preguntó otro diablo cuántos eran. Respondieron que ciento, y replicó un verdugo malbarbado, entrecano:

-¿Ciento y sastres? No pueden ser tan pocos; la menor partida que habemos recibido ha sido de mil y ochocientos. En verdad que estamos por no recibirles.

Afligiéronse ellos, mas, al fin, entraron. Ved cuáles son los malos, que es para ellos amenaza el no dejarlos entrar en el infierno. Entró el primero un negro, chiquito, rubio, de mal pelo. Dio un salto en viéndose allá, y dijo:

-Ahora acá estamos todos.

Salió de un lugar donde estaba aposentado un diablo de marca mayor, corcovado y cojo, y, arrojándolos en una hondura muy grande, dijo:

-Allá va leña.

Por curiosidad, me llegué a él y le pregunté de qué estaba corcovado y cojo, y me dijo que era diablo de pocas palabras:

-Yo era recuero de remendones, iba por ellos al mundo, y de traerlos a cuestas me hice corcovado y cojo. He dado en la cuenta y hallo que se vienen ellos mucho más apriesa que yo los puedo traer.

En esto hizo otro vómito dellos el mundo y hube de entrarme, porque no había donde estar ya allí, y el monstruo infernal empezó a traspalar, y diz que es la mejor leña que se quema en el infierno remendones de todo oficio, gente que sólo tiene bueno ser enemiga de novedades.

Pasé adelante por un pasadizo muy escuro, cuando por mi nombre me llamaron. Volví a la voz los ojos, casi tan medrosa como ellos, y hablóme un hombre que, por las tinieblas, no pude divisar más de lo que la llama que le atormentaba me permitía.

-¿No me conoce? -me dijo-. A...

Ya lo iba a decir, y prosiguió tras su nombre: «el librero. Pues yo soy.»

¡Quién tal pensara! Y es verdad, Dios, que yo siempre lo sospeché, porque era su tienda el burdel de los libros, pues todos los cuerpos que tenía eran de la gente de la vida, escandalosos y burlones. Un rótulo que decía: «Aquí se vende tinta fina, papel batido y dorado», pudiera condenar a otro que hubiera menester más apetitos por ello.

-¿Quién quiere? -me dijo viéndome suspenso tratar conmigo estas cosas-. Pues es tanta mi desgracia, que todos se condenan por las malas obras que han hecho, y yo y algunos libreros nos condenamos por las obras malas que hacen los otros y por lo que hicimos barato de los libros en romance y traducidos de latín, sabiendo ya con ellos los tontos lo que encarecían en otros tiempos los sabios. Que ya hasta el lacayo latiniza y hallarán a Horacio en castellano en la caballeriza.

Más iba a decir, sino que un demonio le comenzó a atormentar con humazos de hojas de sus libros y otro a leerle alguno dellos. Yo, que vi que ya no hablaba, fuime adelante, diciendo entre mí:

-Si hay quien se condena por obras malas ajenas, ¿qué harán los que las hicieron propias?

En esto iba, cuando en una gran zuharda andaban mucho número de ánimas gimiendo y muchos diablos con látigos y zurriagas azotándolos. Pregunté qué gente eran, y dijeron que no eran sino cocheros. Y dijo un diablo lleno de cazcarrias, romo y calvo, que quisiera más, a manera de decir, lidiar con lacayos. Porque había cochero de aquellos que pedía aun dineros por ser atormentado, y que la tema de todos era que habían de poner pleito a los diablos por el oficio, pues no sabían chasquear los azotes tan bien como ellos.

-¿Qué causa hay para que éstos penen aquí? -dije.

Y tan presto se levantó un cochero viejo de aquéllos, barbinegro y malcarado, y dijo:

-Señor, porque, siendo pícaros, nos venimos al infierno a caballo y mandando.

Aquí le replicó el diablo:

-¿Y por qué calláis lo que encubristeis en el mundo, los pecados que facilitastes y lo que mentistes en un oficio tan vil?

Dijo un cochero que lo había sido de un caballero, y aun esperaba que le había de sacar de allí:

-No ha habido tan honrado oficio en el mundo de diez años a esta parte, pues nos llegaron a poner cotas y sayos vaqueros, hábitos largos y valona, en forma de cuellos bajos. ¿Cómo supieran condenarse las mujeres de los pícaros en su rincón, si no fuera por el desvanecimiento de verse en coche? Que hay mujer destos de honra postiza, que se fue por su pie al don, y por tirar una cortina, ir a una testera, hartará de ánimas a Perogotero.

-Así -dijo un diablo-, soltóse el cocherillo y no callará en diez años.

-¿Qué he de callar -dijo-, si nos tratáis de esta manera, debiendo regalarnos? Pues no os traemos al infierno la hacienda maltratada, arrastrada y a pie, llena de lados, como los siempre rotos escuderos, zanqueando y despeados, sino sahumada, descansada, limpia y en coche. Por otros lo hiciéramos, que lo supieran agradecer. Pues ¡decir que merezco yo eso por barato y bien hablado y aguanoso, o porque llevé tullidos a misa, enfermos a comulgar o monjas a sus conventos! No se probará que en mi coche entrase nadie con buen pensamiento. Llegó a tanto, que por casarse y saber si una era doncella se hacía información si había entrado en él, porque era señal de corrupción. ¿Y tras desto me das este pago?

-Vía -dijo un demonio mulato y zurdo.

Redobló los palos y callaron. Y forzóme ir adelante el mal olor de los cocheros que andaban por allí.

Y lleguéme a unas bóvedas, donde comencé a tiritar de frío y dar diente con diente, que me helaba. Pregunté, movido de la novedad de ver frío en el infierno, qué era aquello, y salió a responderme un diablo zambo, con espolones y grietas, lleno de sabañones, y dijo:

-Señor, este frío es de que en esta parte están recogidos los bufones, truhanes y juglares chocarreros, hombres por demás y que sobran en el mundo y que están aquí retirados, porque, si anduvieran por el infierno sueltos, su frialdad es tanta, que templaría el dolor del fuego.

Pedíle licencia para llegar a verlos. Diómela y calofríado llegué, y vi la más infame casilla del mundo y una cosa, que no habrá quien lo crea, que se atormentaban unos a otros con las gracias que habían dicho acá. Y entre los bufones vi muchos hombres honrados, que yo había tenido por tales. Pregunté la causa y respondióme un diablo que eran aduladores y que por esto eran bufones de entre cuero y carne. Y repliqué yo cómo se condenaban, y me respondieron:

-Gente es que se viene acá sin avisar, a mesa puesta y cama hecha, como en su casa. Y en parte, los queremos bien, porque ellos se son diablos para sí y para otros y nos ahorran de trabajos y se condenan a sí mismos, y por la mayor parte, en vida, los más ya andan con marca del infierno. Porque, el que no se deja arrancar los dientes por dinero, se deja matar hachas en las nalgas o pelar las cejas. Y así, cuando acá los atormentamos, muchos dellos, después de las penas, sólo echan menos las pagas: ¿Veis aquél? -me dijo-. Pues mal juez fue, y está entre los bufones, pues por dar gusto no hizo justicia, y a los derechos, que no hizo tuertos, los hizo bizcos.

Aquél fue marido descuidado, y está también entre los bufones, porque por dar gusto a todos, vendió el que tenía con su esposa, y tomaba a su mujer en dineros como ración y se iba a sufrir. Aquella mujer, aunque principal, fue juglar, y está entre los truhanes, porque por dar gusto, hizo plato de sí misma a todo apetito.

Al fin, de todos estados entran en el número de los bufones, y por eso hay tantos, que, bien mirado, en el mundo todos sois bufones, pues los unos os andáis riendo de los otros, y en todos, como digo, es naturaleza y en unos pocos oficios. Fuera déstos, hay bufones desgranados y bufones en racimos. Los desgranados son los que de uno en uno y de dos en dos andan a casa de los señores. Los en racimo son los faranduleros miserables de bululú, y déstos os certifico que, si ellos no se nos viniesen por acá, que nosotros no iríamos por ellos.

Trabóse una pendencia dentro, y el diablo acudió a ver lo que era. Yo, que me vi suelto, entréme por un corral adelante, y hedía a chinches que no se podía sufrir.

-A chinches hiede -dije yo-: apostaré que alojan por aquí los zapateros.

Y fue así, porque luego sentí el ruido de los bajes y vi los tranchetes. Tapéme las narices y asoméme a la zahurda donde estaban, y había infinitos. Díjome el guardián:

-Estos son los que vinieron consigo mismos, digo, en cueros. Y como otros se van al infierno por su pie, éstos se van por los ajenos y por los suyos, y así vienen tan ligeros.

Y doy fe de que en todo el infierno no hay árbol ninguno chico ni grande y que mintió Virgilio en decir que había mirtos en el lugar de los amantes, porque yo no vi selva ninguna, sino en el cuartel que dije de los zapateros, que estaba lleno de bajes, que no se gasta otra madera en los edificios.

Estaban todos los zapateros vomitando de asco de unos pasteleros, que se les arrimaban a las puertas, que no cabían en un silo, donde estaban tantos, que andaban mil diablos con pisones atestando almas de pasteleros, y aún no bastaban.

-¡Ay de nosotros -dijo uno-, que nos condenamos por el pecado de la carne, sin conocer mujer, tratando más en huesos!

Lamentábase bravamente, cuando dijo un diablo:

-Ladrones, ¿quién merece el infierno mejor que vosotros, pues habéis hecho comer a los hombres caspa y os han servido de pañizuelos los de a real, sonándoos en ellos, donde muchas veces pasó por caña el tuétano de las narices? ¿Qué de estómagos pudieran ladrar, si resucitaran los perros que les hicístes comer? ¿Cuántas veces pasó por pasa la mosca golosa y muchas fue el mayor bocado de carne que comió el dueño del pastel? ¿Qué de dientes habéis hecho jinetes y qué de estómagos habéis traído a caballo, dándoles a comer rocines enteros? ¿Y os quejáis, siendo gente antes condenada que nacida, los que hacéis así vuestro oficio? Pues ¿qué pudiera decir de vuestros caldos? Mas no soy amigo de revolver caldos. Padeced y callad enhoramala. Que más hacemos nosotros en atormentaros que vosotros en sufrirlo. Y vos andad adelante, me dijo a mí, que tenemos que hacer éstos y yo.

Partíme de allí y subíme por una cuesta donde en la cumbre y alrededor se estaban abrasando unos hombres en fuego inmortal, el cual encendían los diablos, en lugar de fuelles, con corchetes, que soplaban mucho más. Que aún allá tienen este oficio y son

abanicos de culpas y resuello de la providencia y vaharada del verdugo.
	Vi un mercader que poco antes había muerto.
	-¿Acá estáis? -dije yo-. ¿Qué os parece? ¿No valiera más haber tenido poca hacienda y no estar aquí?
	Dijo uno de los atormentadores:
	-Pensaron que no había más y quisieron con la vara de medir sacar agua de las piedras. Estos son -dijo- los que han ganado como buenos caballeros el infierno por sus pulgares, pues a puras pulgaradas se nos vienen acá. Mas, ¿quién duda que la oscuridad de sus tiendas les prometía estas tinieblas? Gente de ésta -dijo al cabo muy enojado- que quiso ser como Dios, pues pretendieron ser sin medida; mas El, que todo lo ve, los trajo de sus rasos a estos nublados, que los atormenten con rayos. Y si quieres acabar de saber cómo éstos son los que sirven allá a la locura de los hombres, juntamente con los plateros y buhoneros, has de advertir que, si Dios hiciera que el mundo amaneciera cuerdo un día, todos éstos quedaran pobres, pues entonces se conociera que en el diamante, perlas, oro y sedas diferentes, pagamos más lo inútil y demasiado y raro que lo necesario y honesto. Y advertid ahora que la cosa que más cara se os vende en el mundo es lo que menos vale, que es la vanidad que tenéis. Y estos mercaderes son los que alimentan todos vuestros desórdenes y apetitos.
	Tenía talle de no acabar sus propiedades, si yo no me pasara por delante, movido de admiración de unas grandes carcajadas que oí. Fuime allá por ver risa en el infierno, cosa tan nueva.
	-¿Qué es esto? -dije.
	Cuando veo dos hombres dando voces en un alto, muy bien vestidos con calzas atacadas. El uno con capa y gorra, puños como cuellos y cuellos como calzas. El otro traía valones y un pergamino en las manos. Y a cada palabra que hablaban, se hundían siete u ocho mil diablos de risa y ellos se enojaban más. Lleguéme más cerca por oírlos, y oí al del pergamino, que, a la cuenta, era hidalgo, que decía:
	-Pues si mi padre se decía tal cual y soy nieto de Esteban tales y cuales, y ha habido en mi linaje trece capitanes valerosísimos y de parte de mi madre, doña Rodriga, desciendo de

cinco catedráticos, los más doctos del mundo, ¿cómo me puedo haber condenado? Y tengo mi ejecutoria y soy libre de todo y no debo pagar pecho.

-Pues pagad espalda -dijo un diablo.

Y diole luego cuatro palos en ellas, que le derribó de la cuesta. Y luego le dijo:

-Acabaos de desengañar, que el que desciende del Cid, de Bernardo y de Godofredo, y no es como ellos, sino vicioso como vos, ese tal más destruye el linaje que lo hereda. Toda la sangre, hidalguillo, es colorada. Parecedlo en las costumbres, y entonces creeré que descendéis del docto, cuando lo fuéredes o procuráredes serlo, y si no, vuestra nobleza será mentira breve en cuanto durare la vida. Que en la chancillería del infierno arrúgase el pergamino y consúmense las letras, y, el que en el mundo es virtuoso, ése es el hidalgo, y la virtud es la ejecutoria que acá respetamos, pues aunque descienda de hombres viles y bajos, como él con divinas costumbres se haga digno de imitación, se hace noble a sí y hace linaje para otros. Reímonos acá de ver lo que ultrajáis a los villanos, moros y judíos, como si en éstos no cupieran las virtudes, que vosotros despreciáis.

Tres cosas son las que hacen ridículos a los hombres: la primera, la nobleza; la segunda, la honra; la tercera, la valentía. Pues es cierto que os contentáis con que hayan tenido vuestros padres virtud y nobleza para decir que la tenéis vosotros, siendo inútil parto del mundo. Acierta a tener muchas letras el hijo del labrador, es arzobispo el villano que se aplica a honestos estudios, y los caballeros que descienden de buenos padres, como si hubieran ellos de gobernar el cargo que les dan, quieren, ¡ved qué ciegos!, que les valga a ellos, viciosos, la virtud ajena de trescientos mil años, ya casi olvidada, y no quieren que el pobre se honre con la propia.

Carcomióse el hidalgo de oír estas cosas, y el caballero que estaba a su lado se afligía, pegando los abanillos del cuello y volviendo las cuchilladas de las calzas.

-Pues ¿qué diré de la honra mundana? Que más tiranías hace en el mundo y más daños y la que más gustos estorba. Muere de hambre un caballero pobre, no tiene con qué vestirse, ándase roto y remendado, o da en ladrón, y no lo pide, porque dice que tiene honra; ni quiere servir, porque dice que es deshonra. Todo cuanto se busca y afana dicen los hombres que es por sustentar honra. ¡Oh, lo que gasta la honra! Y llegado a ver lo que es la honra mundana, no es nada. Por la honra no come el que tiene gana donde le sabría bien. Por la honra se muere la viuda entre dos paredes. Por la honra, sin saber qué es hombre ni qué es gusto, se pasa la doncella treinta años casada consigo misma. Por la honra, la casada se quita a su deseo cuanto pide. Por la honra, pasan los hombres el mar. Por la honra, mata un hombre a otro. Por la honra, gastan todos más de lo que tienen. Y es la honra mundana, según esto, una necedad del cuerpo y alma, pues al uno quita los gustos y al otro el descanso. Y porque veáis cuáles son los hombres desgraciados y cuán a peligro tenéis lo que más estimáis, hase de advertir que las cosas de más valor en vosotros son la honra, la vida y la hacienda. La honra está en arbitrio de las mujeres; la vida, en manos de los doctores, y la hacienda, en las plumas de los escribanos.

-Desvaneceos, pues, bien, mortales -dije yo entre mí-. ¡Y cómo se echa de ver que esto es el infierno, donde, por atormentar a los hombres con amarguras, les dicen las verdades!

Tornó en esto a proseguir, y dijo:

-¡La valentía! ¿Hay cosa tan digna de burla? Pues, no habiendo ninguna en el mundo sino la caridad, con que se vence la fiereza de otros y la de sí mismo, y la de los mártires, todo el mundo es de valientes; siendo verdad que todo cuanto hacen los hombres, cuanto han hecho tantos capitanes valerosos como ha habido en la guerra, no lo han hecho de valentía, sino de miedo. Pues el que pelea en la tierra por defendella, pelea de miedo de mayor mal, que es ser cautivo y verse muerto, y el que sale a conquistar los que están en sus casas, a veces lo hace por miedo de que el otro no le acometa, y los que no llevan este intento, van vencidos de la cudicia.

»¡Ved, qué valientes! A robar oro y a inquietar los pueblos apartados, a quien Dios puso como defensa a nuestra ambición mares en medio y montañas ásperas. Mata uno a otro, primero vencido de la ira, pasión ciega, y otras veces de miedo de que le mate a él. Así, hombres que todo lo entendéis al revés, bobo llamáis al que no es sedicioso, alborotador y maldiciente; sabio llamáis al malacondicionado, perturbador y escandaloso; valiente, al que perturba el sosiego, y cobarde, al que con bien compuestas costumbres, escondido de las ocasiones, no da lugar a que le pierdan el respeto. Estos tales son en quien ningún vicio tiene licencia.

-¡Oh, pesia tal! -dije yo-. Más estimo haber oído este diablo que cuanto tengo.

Dijo en esto el de las calzas atacadas muy mohíno:

-Todo eso se entiende con ese escudero; pero no conmigo, a fe de caballero -y tornó a decir caballero tres cuartos de hora-. Que es ruin término y descortesía. ¡Deben de pensar que todos somos unos!

Esto le dio a los diablos grandísima risa. Y luego, llegándose uno a él, le dijo que se desenojase y mirase qué había menester y qué era la cosa que más pena le daba, porque le querían tratar como quién era. Y al punto dijo:

-¡Bésoos las manos! Un molde para repasar el cuello.

Tornaron a reír y él a atormentarse de nuevo.

Yo, que tenía gana de ver todo lo que hubiese, pareciendo que me había detenido mucho, me partí. Y a poco que anduve, topé una laguna muy grande como el mar, y más sucia, adonde era tanto el ruido, que se me desvaneció la cabeza. Pregunté lo que era aquello, y dijéronme que allí penaban las mujeres que en el mundo se volvieron dueñas. Así que supe cómo las dueñas de acá son ranas del infierno, que eternamente como ranas están hablando, sin tono y sin son, húmedas y en cieno, y son propiamente ranas infernales. Porque las dueñas ni son carne ni pescado, como ellas. Diome grande risa el verlas convertidas en sabandijas tan pierniabiertas y que no se comen sino de medio abajo, como la dueña, cuya cara siempre es trabajosa y arrugada.

Salí, dejando el charco a mano izquierda, a una dehesa donde estaban muchos hombres arañándose y dando voces, y eran infinitísimos y tenía seis porteros. Pregunté a uno qué gente era aquella tan vieja y tan en cantidad.

-Este es -dijo- el cuarto de los padres que se condenan por dejar ricos a sus hijos, que, por otro nombre, se llama el cuarto de los negocios.

-¡Ay de mí! -dijo en esto uno-. Que no tuve día sosegado en la otra vida ni comí ni vestí por hacer un mayorazgo, y después de hecho, por aumentarle. Y en haciéndole, me morí sin médico, por no gastar dineros amontonados. Y apenas espiré, cuando mi hijo se enjugó las lágrimas con ellos. Y cierto de que estaba en el infierno por lo que vio que había ahorrado, viendo que no había menester misas, no me las dijo ni cumplió manda mía. Y permite Dios que aquí para más pena le vea desperdiciar lo que yo afané, y le oigo decir:

-Ya se condenó mi padre. ¿Por qué no tomó más sobre su ánima y se condenó por cosas de más importancia?

-¿Queréis saber -dijo un demonio- qué tanta verdad es ésa? Que tienen ya por refrán en el mundo contra estos miserables decir: «Dichoso el hijo que tiene a su padre en el infierno.»

Apenas oyeron esto, cuando se pusieron todos a aullar y darse de bofetones. Hiciéronme lástima, no lo pude sufrir, y pasé adelante.

Y llegando a una cárcel oscurísima, oí grande ruido de cadenas y grillos, fuego, azotes y gritos. Pregunté a uno de los que allí estaban qué estancia era aquélla, y dijéronme que era el cuarto de los de: *¡Oh, quien hubiera!*

-No lo entiendo -dije-. ¿Quién son los de *¡oh, quién hubiera!*?

Dijo al punto:

-Son gente necia que en el mundo vivía mal y se condenó sin entenderlo, y ahora acá se les va todo en decir: ¡Oh, quién hubiera oído misa! ¡Oh, quién hubiera callado! ¡Oh, quién hubiera favorecido al pobre! ¡Oh, quién no hubiera hurtado!

Hui medroso de tan mala gente y tan ciega y di en unos corrales con otra peor. Pero adrniróme más el título con que estaban aquí, porque preguntándoselo a un demonio, me dijo:

-Estos son los de: *¡Dios es piadoso!*

-¡Dios sea conmigo! -dije al punto-. Pues ¿cómo puede ser que la misericordia condene siendo eso de la justicia? Vos habláis como diablo.

-Y vos -dijo el maldito- como ignorante, pues no sabéis que la mitad de los que están aquí se condenan por la misericordia de Dios. Y si no, mirad cuántos son los que, cuando hacen algo malhecho y se lo reprenden, pasan adelante y dicen: «Dios es piadoso y no mira en niñerías: para eso es la misericordia de Dios tanta.» Y con esto, mientras ellos haciendo mal esperan en Dios, nosotros los esperamos acá.

-Luego, ¿no se ha de esperar en Dios y en su misericordia? -dije yo.

-No lo entiendes -me respondieron-. Que de la piedad de Dios se ha de fiar, porque ayuda a buenos deseos y premia buenas obras; pero no todas veces con consentimiento de obstinaciones. Que se burlan a sí las almas que consideran la misericordia de Dios encubridora de maldades y la aguardan como ellas la han menester, y no como ella es, purísima y infinita en los santos y capaces della, pues los mismos que más en ella están confiados son los que menos la dan para su remedio. No merece la piedad de Dios quien, sabiendo que es tanta la convierte en licencia y no en provecho espiritual. Y de muchos tiene Dios misericordia que no la merecen ellos. Y en los más es así, pues nada de su mano pueden, sino por favor, y el hombre que más hace es procurar merecerla. Porque no os desvanezcáis y sepáis que aguardáis siempre al postrero día lo que quisiérades haber hecho al primero y que las más veces está pasado por vosotros lo que teméis que ha de venir.

Esto se ve y se oye en el infierno. ¡Ah, lo que aprovechara allá uno destos encarmentados!

Diciendo esto, llegué a una caballeriza donde estaban los tintoreras, que no averiguara un pesquisidor quiénes eran, porque los diablos parecían tintoreras y los tintoreras diablos. Pregunté a un mulato, que a puros cuernos tenía hecha espetera la frente, que dónde estaban los sodomitas, las viejas y los cornudos. Dijo:

-En todo el infierno están. Que esa gente que en vida son diablos, pues es su oficio traer corona de hueso. De los sodomitas y viejas, no sólo no sabemos dellos, pero ni querríamos saber que supiesen de nostros. Que en ellos peligran nuestras asentaderas, y los diablos por eso traemos colas. Porque, como aquéllos están acá, habemos de menester mosqueador de los rabos. De las viejas, porque aun acá nos enfadan y atormentan, y, no hartas de vida, hay algunas que nos enamoran; muchas han venido acá muy arrugadas y canas y sin diente ni muela, y ninguna ha venido cansada de vivir. Y otra cosa más graciosa, que si os informáis dellas, ninguna vieja hay en el infierno. Porque la que está calva y sin muelas, arrugada y legañosa de pura edad y de puro vieja, dice que el cabello se le cayó de una enfermedad, que los dientes y muelas se le cayeron de comer dulce, que está jibada de un golpe y no confesará que son años, si pensara remozar por confesarlo.

Junto a éstos estaban unos pocos dando voces y quejándose de su desdicha.

-¿Qué gente es ésta? -pregunté.

Y respondióme uno dellos:

-Los sin ventura, muertos de repente.

-Mentís -dijo un diablo-. Que ningún hombre muere de repente; de descuidado y divertido, sí. ¿Cómo puede morir de repente quien dende que nace ve que va corriendo por la vida y lleva consigo la muerte? ¿Qué otra cosa veis en el mundo sino entierros, muertos y sepulturas? ¿Qué otra cosa oís en los púlpitos y leéis en los libros? ¿A qué volvéis los ojos que no os acuerde de la muerte? Vuestro vestido que se gasta, la casa que se cae, el muro que se envejece y hasta el sueño de cada día os acuerda de la muerte, retratándola en sí. Pues ¿cómo puede haber hombre que se muera de repente en el mundo, si siempre lo andan avisando tantas cosas? No os habéis de llamar, no, gente que murió de repente, sino gente que murió incrédula de que podía morir así, sabiendo con cuán secretos pies entra la muerte en la mayor mocedad y que en una misma hora, en dar bien y mal, suele ser madre y madrastra.

Volví la cabeza a un lado y vi en un seno muy grande apretura de almas y diome un mal olor.

-¿Qué es esto? -dije.

Y respondióme un juez amarillo, que estaba castigándolos.

-Estos son los boticarios, que tienen el infierno lleno de bote en bote. Gente que, como otros buscan ayudas para salvarse, éstos las tienen para condenarse. Estos son los verdaderos alquimistas, que no Demócrito Abderita en la *Arte Sacra*, Avicena, Géber ni Raimundo Lull. Porque ellos escribieron cómo de los metales se podía hacer oro y no lo hicieron ellos, y, si lo hicieron, nadie lo ha sabido hacer después acá; pero estos tales boticarios, de la agua turbia, que no clara, hacen oro, y de los palos; oro hacen de las moscas, del estiércol; oro hacen de las arañas, de los alacranes y sapos, y oro hacen del papel, pues venden hasta el papel en que dan el ungüento. Así que sólo para éstos puso Dios virtud en las yerbas y piedras y palabras, pues no hay yerba, por dañosa que sea y mala, que no les valga dineros, hasta la ortiga y cicuta; no hay piedra que no les dé ganancia, hasta el guijarro crudo, sirviendo de maleta. En las palabras también, pues jamás a éstos les falta cosa que les pidan, aunque no la tengan, como vean dinero, pues dan por aceite de matiolo aceite de ballena, y no compra sino las palabras el que compra. Y su nombre no había de ser boticario, sino armeros; ni sus tiendas no se habían de llamar boticas, sino armerías de los doctores, donde el médico toma la daga de los lamedores, el montante de los jarabes y el mosquete de la purga maldita, demasiada, recetada a mala sazón y sin tiempo. Allí se ve todo esmeril de ungüentos, la asquerosa arcabucería de melecinas con munición de calas. Muchos déstos se salvan; pero no hay que pensar que, cuando mueren, tienen con qué enterrarse.

Y si queréis reír ved tras ellos los barberillos cómo penan, que en subiendo esos dos escalones, están en ese cerro.

Pero pasé allá y vi, ¡qué cosa tan admirable y qué justa pena!, los barberos atados y las manos sueltas, y sobre la cabeza una guitarra y entre las piernas un ajedrez con las piezas de juego de damas. Y cuando iba con aquella ansia natural de pasacalles a tañer, la guitarra le huía. Y cuando volvía abajo a dar de comer un pieza, se le sepultaba el ajedrez. Y ésta era su pena. No entendí salir de allí de risa.

Estaban tras de una puerta unos hombres, muchos en cantidad, quejándose de que no hiciesen caso dellos, aun para atormentarlos. Y estábales diciendo un diablo, que eran todos tan diablos como ellos, que atormentasen a otros.

-¿Quiénes son? -le pregunté.

Y dijo el diablo:

-Hablando con perdón, los zurdos, gente que no puede hacer cosa a derechas, quejándose de que no están con los otros condenados, y acá dudamos si son hombres o otra cosa. Que en el mundo ellos no sirven sino de enfados y de mal agüero. Pues, si uno va en negocios y topa zurdos, se vuelve como si topara un cuervo u oyera una lechuza. Y habéis de saber que, cuando Scévola se quemó el brazo derecho porque erró a Porsena, que fue, no por quemarle y quedar manco, sino queriendo hacer en sí un gran castigo, dijo:

-Así, ¿qué erré el golpe? Pues en pena he de quedar zurdo.

Y cuando la justicia manda cortar a uno la mano derecha por una resistencia, es la pena hacerle zurdo, no el golpe. Y no queráis más, que, queriendo el otro echar una maldición muy grande, fea y afrentosa, dijo:

*Lanzada de moro izquierdo
te atraviese el corazón.*

Y en el día del juicio todos los condenados, en señal de serlo, estarán a la mano izquierda. Al fin es gente hecha al revés y que se duda si son gente.

En esto me llamó un diablo por señas y me advirtió con las manos que no hiciese ruido. Lleguéme a él y asoméme a una ventana, y dijo:

-Mira lo que hacen las feas.

Y veo una muchedumbre de mujeres, unas tomándose puntos en las caras, otras haciéndose de nuevo, porque ni la estatura en los chapines, ni la ceja con el cohol, ni el cabello en la tinta, ni el cuerpo en la ropa, ni las manos con la muda, ni la cara con el afeite, ni los labios con la color, eran los con que nacieron ellas. Y vi algunas poblando sus calvas con cabellos que eran suyos sólo porque los habían comprado. Otra vi que tenía su media cara en las manos, en los botes de unto y en la color.

-Y no queráis más de las invenciones de las mujeres -dijo un diablo-; que hasta resplandor tienen sin ser soles ni estrellas. Las más duermen con una cara y se levantan con otra al estrado, y duermen con unos cabellos y amanecen con otros. Muchas veces pensáis que gozáis las mujeres de otro y no pasáis el adulterio de la carne. Mirad cómo consultan con el espejo sus caras. Estas son las que se condenan solamente por buenas siendo malas.

Espantóme la novedad de la causa con que se habían condenado aquellas mujeres, y, volviendo, vi un hombre asentado en una silla a solas, sin fuego ni hielo, ni demonio ni pena alguna, dando las más desesperadas voces que oí en el infierno, llorando el propio corazón, haciéndose pedazos a golpes y a vuelcos.

-¡Válgame Dios! -dije en mi alma-. ¿De qué se queja éste no atormentándole nadie?

Y él, cada punto doblaba sus alaridos y voces.

-Dime -dije yo-: ¿qué eres y de qué te quejas, si ninguno te molesta, si el fuego no te arde ni el hielo te cerca?

-¡Ay!- dijo dando voces-, ¡que la mayor pena del infierno es la mía! ¿Verdugos te parece que me faltan? ¡Triste de mí, que los más crueles están entregados a mi alma! ¿No los ves? -dijo.

Y empezó a morder la silla y a dar vueltas alrededor y gemir.

-Velos, que sin piedad van midiendo a descompasadas culpas eternas penas. ¡Ay, qué terrible demonio eres, memoria del bien que pude hacer y de los consejos que desprecié y de los males que hice! ¡Qué representación tan continua! Déjasme tú y sale el entendimiento con imaginaciones de que hay gloria que pude gozar y que otros gozan a menos costa que yo mis penas! ¡Oh, qué hermoso que pintas el cielo, entendimiento, para acabarme! Déjame un poco siquiera. ¿Es posible que mi voluntad no ha de tener paz conmigo un punto? ¡Ay, huésped, y qué tres llamas invisibles y qué sayones incorpóreos me atormentan en las tres potencias del alma! Y cuando éstos se cansan, entra el gusano de la conciencia, cuya hambre en comer del alma nunca se acaba: vesme aquí, miserable y perpetuo alimento de sus dientes.

Y diciendo esto, salió la voz:

-¿Hay en todo este desesperado palacio quien trueque sus almas y sus verdugos a mis penas? Así, mortal, pagan los que supieron en el mundo, tuvieron letras y discursos y fueron discretos: ellos se son infierno y martirio de sí mismos.

Tornó amortecido a su ejercicio con más muestras de dolor. Apartéme de él medroso, diciendo:

-¡Ved de lo que sirve caudal de razón y doctrina y buen entendimiento mal aprovechado! ¡Quien se lo vio llorar solo y tenía dentro de su alma aposentado el infierno!

Lleguéme, diciendo esto a una gran compañía, donde penaban en diversos puestos muchos, y vi unos carros en que traían atenaceando muchas almas con pregones delante. Lleguéme a oír el pregón, y decía:

-Estos manda Dios castigar por escandalosos y porque dieron mal ejemplo.

Y vi a todos los que penaban, que cada uno los metía en sus penas, y así pasaban las de todos como causadores de su perdición. Pues éstos son los que enseñan en el mundo malas costumbres, de quien dijo Dios que valiera más no haber nacido.

Pero diome risa ver unos taberneros que se andaban sueltos por todo el infierno, penando sobre su palabra, sin prisión ninguna, teniéndola cuantos estaban en él.

Y preguntando por qué a ellos solos los dejaban andar sueltos, dijo un diablo:

-Y les abrimos las puertas. Que no hay para qué temer que se irán del infierno gente que hace en el mundo tantas diligencias para venir. Fuera de que los taberneros trasplantados acá, en tres meses son tan diablos como nosotros. Tenemos sólo cuenta de que no lleguen al fuego de los otros, porque no lo agüen.

Pero, si queréis saber notables cosas, llegaos a aquel cerco. Veréis en la parte del infierno más hondo a Judas con su familia descomulgada de malditos dispenseros.

Hícelo así, y vi a Judas, que me holgué mucho, cercado de sucesores suyos y sin cara. No sabré decir sino que me sacó de la duda de ser barbirrojo, como le pintan los extranjeros por hacerle español, porque él me pareció capón. Y no es posible menos ni que tan mala inclinación y ánimo tan doblado se hallase sino en quien, por serlo, no fuese ni hombre ni mujer. ¿Y quién sino un capón tuviera tan poca vergüenza? ¿Y quién sino un capón pudiera condenarse por llevar las bolsas? ¿Y quién sino un capón tuviera tan poco ánimo que se ahorcase sin acordarse de la mucha misericordia de Dios? Ello yo creo por muy cierto lo que fuere verdad; pero capón me pareció que era Judas. Y lo mismo digo de los diablos, que todos son capones, sin pelo de barba y arrugados, aunque sospecho que, como todos se queman, que el estar lampiños es de chamuscado el pelo con el fuego, y lo arrugado, del calor. Y debe ser así porque no vi ceja ni pestaña y todos eran calvos.

Estaba, pues, Judas muy contento de ver cuán bien lo hacían algunos dispenseros en venirle a cortejar y a entretener, que muy pocos me dijeron que le dejaban de imitar. Miré más atentamente, y fuime llegando donde estaba Judas, y vi que la pena de los dispenseros era que, como a Titio le come un buitre las entrañas, a ellos se las descarnaban dos aves, que llaman sisones. Y un diablo decía a voces de rato en rato:

-Sisones son dispenseros y los dispenseros, sisones.

A este pregón se estremecían todos, y Judas estaba con sus treinta dineros atormentándose. Yo le dije:

-Una cosa quería saber de ti: ¿por qué te pintan con botas y dicen por refrán las botas de Judas?

-No porque yo las truje -respondió-; mas quisieron significar, poniéndome botas, que anduve siempre de camino para el infierno y por ser dispensero. Y así se han de pintar todos los que lo son. Esta fue la causa, y no lo que algunos han colegido de verme con botas, diciendo que era portugués, que es mentira; yo fui...

Y no me acuerdo bien de dónde me dijo que era, si de Calabria, si de otra parte.

-Y has de advertir que yo sólo soy el dispensero que se ha condenado por vender; que todos los demás, fuera de algunos, se condenan por comprar. Y en lo que dices que fui traidor y maldito en dar a mi Maestro por tan poco precio, tienes razón, y no podía hacer yo otra cosa, fiándome de gente como los judíos, que era tan ruin, que pienso que, si pidiera un dinero más por él, no me lo tomaran. Y porque estás muy espantado y fiado en que yo soy el peor hombre que ha habido, ve ahí debajo y verás muchísimos tan malos. Vete -dijo-, que ya basta de conversación, que no los escurezco.

-Dices la verdad -le respondí.

Y acogíme donde me señaló, y topé muchos demonios en el camino, con patos y lanzas, echando del infierno muchas mujeres hermosas y muchos malos letrados. Pregunté por qué los querían echar del infierno a aquellos solos, y dijo un demonio:

-Porque eran de grandísimo provecho para la población del infierno en el mundo: las damas, con sus caras y con sus mentirosas hermosuras y buenos pareceres, y los letrados, con buenas caras y malos pareceres.

Y que así los echaban porque trujesen gente.

Pero el pleito más intricado y el caso más difícil que yo vi en el infierno fue el que propuso una mujer condenada con otras muchas por malas, enfrente de unos ladrones, la cual decía.

-Decidnos, señor, ¿cómo ha de ser esto de dar y recibir, si los ladrones se condenan por tomar lo ajeno y la mujer por dar lo suyo? Aquí de Dios, que, si el ser puta es ser justicia, si es justicia dar a cada uno lo suyo, pues lo hacemos así, ¿de qué nos culpan?

Dejé de escucharla, y pregunté, como nombraron ladrones, dónde estaban los escribanos.

-¡Es posible que no hay en el infierno ninguno ni le pude topar en todo el camino!

Respondióme un verdugo:
-Bien creo yo que no toparíades ninguno por él.
-Pues, ¿qué hacen? ¿Sálvanse todos?
-No -dijo-; pero dejan de andar y vuelan con plumas. Y el no haber escribanos por el camino de la perdición no es porque infinitísimos que son malos no vienen acá por él, sino porque es tanta la prisa con que vienen, que volar y llegar y entrar es todo uno, tales plumas se tienen ellos, y así no se ven en el camino.
-Y acá -dije yo-, ¿cómo no hay ninguno?
-Sí hay -me respondió-; mas no usan ellos de nombre de escribano, que acá por gatos los conocemos. Y para que echéis de ver qué tantos hay, no habéis de mirar sino que, con ser el infierno tan gran casa, tan antigua, tan maltratada y sucia, no hay un ratón en toda ella, que ellos los cazan.
-Y los alguaciles malos, ¿no están en el infierno?
-Ninguno está en el infierno -dijo el demonio.
-¿Cómo puede ser, si se condenan algunos malos entre muchos buenos que hay?
-Dígoos que no están en el infierno porque en cada alguacil malo, aun en vida, está todo el infierno en él.
Santigüéme y dije:
-Brava cosa es lo mal que los queréis los diablos a los alguaciles.
-¿No los habemos de querer mal, pues, según son endiablados los malos alguaciles, tememos que iban de venir a hacer que sobremos nosotros para lo que es materia de condenar almas y que se nos han de levantar con el oficio de demonios y que ha de venir Lucifer a ahorrarse de diablos y despedirnos a nosotros por recibir a ellos?

No quise en esta materia escuchar más, y así, me fui adelante, y por una red vi un amenísimo cercado, todo lleno de almas, que, unas con silencio y otras con llanto, se estaban lamentando. Dijéronme que era el retiramiento de los enamorados. Gemí tristemente viendo que aun en la muerte no dejan los suspiros. Unos se respondían en sus amores y penaban con dudosas desconfianzas. ¡Oh, qué número dellos echaban la culpa de su perdición a sus deseos, cuya fuerza o cuyo pincel los mintió las hermosuras! Los más estaban descuidados por *penséque*, según me dijo un diablo.

-¿Quién es *penséque* -dije yo-, o qué género de delito?

-No es sino que se destruyen, fiándose de fabulosos semblantes, y luego dicen pensé que no me obligara, pensé que no me amartelara, pensé que ella me diera a mí y no me quitara, pensé que no tuviera otro con quien yo riñera, pensé que se contentara conmigo sólo, pensé que me adoraba, y así, todos los amantes en el infierno están por *pensé que*. Estos son la gente en quien más ejecuciones hace el arrepentimiento y los que menos hablan de sí.

Estaba en medio dellos el amor, lleno de sarna, con rótulo que decía:

No hay quien este amor no dome
sin justicia o con razón,
porque es sarna y no afición
amor que se pega y come.

-¿Coplica hay? -dije yo-. No andan lejos de aquí los poetas.

Cuando, volviéndome a un lado, veo una bandada de hasta cien mil dellos en una jaula, que llaman los Orates en el infierno. Volví a mirarlos, y díjome uno, señalando a las mujeres:

-¿Qué digo? Esas señoras, hermosas todas, se han vuelto medio camareras de los hombres, pues los desnudan y no los visten.

-¿Conceptos gastáis aun estando aquí? Buenos cascos tenéis -dije yo.

Cuando uno entre todos, que estaba aherrojado y con más penas que todos, dijo:

-¡Plegue a Dios, hermano, que así se vea el que inventó los consonantes! Pues porque en un soneto

Dije que una señora era absoluta,
y, siendo más honesta que Lucrecia,
por dar fin al cuarteto, la hice puta.
Forzóme el consonante a llamar necia
a la de más talento y mayor brío:
¡Oh, ley de consonantes, dura y recia!
Habiendo en un terceto dicho dío,
un hidalgo afrenté tan solamente,
porque el verso acabó bien en judío.

A Herodes otra vez llamé inocente,
mil veces a lo dulce dije amargo
y llamé al apacible impertinente.
    Y por el consonante tengo a cargo
otros delitos torpes, feos, rudos,
y llega mi proceso a ser tan largo,
    que, porque en una octava dije escudos,
hice sin más ni más siete maridos
con honradas mujeres ser cornudos.
    Aquí nos tienen, como ves, metidos
y por el consonante condenados.
¡Oh, míseros poetas desdichados,
a puros versos, como ves, perdidos!

    -¡Hay tan graciosa locura -dije yo-, que, aun aquí, estáis sin dejarla ni de cansaros della! ¡Oh, qué vi dellos!
    Y decía un diablo:
    -Esta gente que canta sus pecados como otros los lloran, pues en amacebándose, con hacerla pastora o mora, la sacan a la vergüenza en un romancico por todo el mundo. Si las quieren a sus damas, lo más que les dan es un soneto o unas octavas, y si las aborrecen o las dejan, lo menos que les dejan es una sátira. ¡Pues qué es verlas cargadas de pradicos de esmeraldas, de cabellos de oro, de perlas de la mañana, de fuentes de cristal, sin hallar sobre todo esto dinero para una camisa ni sobre su ingenio! Y es gente que apenas se conoce de qué ley son. Porque el nombre es de cristianos, las almas de herejes, los pensamientos de alarbes y las palabras de gentiles.
    -Si mucho me aguardo -dije entre mí-, yo oiré algo que me pese.
    Fuime adelante y dejélos con deseo de negar adonde estaban los que no supieron pedir a Dios. ¡Oh, qué muestras de dolor tan grandes hacían! ¡Oh, qué sollozos tan lastimosos! Todos tenían las lenguas condenadas a perpetua cárcel y poseídos del silencio. Tal martirio, en voces ásperas de un demonio, recibían por los oídos:
    -¡Oh, corvas almas, inclinadas al suelo, que con oración logrera y ruego mercader y comprador os atrevistes a Dios y le pidistes cosas que, de vergüenza de que otro hombre las oyese,

aguardábades a coger solos los retablos! Pues, ¿cómo? ¿Más respeto tuvisteis a los mortales que al Señor de todos? Quien os ve en un rincón, medrosos de ser oídos, pedir mormurando, sin dar licencia a las palabras que se saliesen de los dientes, cerrados de ofensas:

-¡Señor, muera mi padre y acabe yo de suceder en su hacienda; llevaos a vuestro reino a mi mayor hermano y aseguradme a mí el mayorazgo; halle yo una mina debajo de mis pies; el Rey se incline a favorecerme y véame yo cargado de sus favores!

-Y ved -dijo- a lo que llegó una desvergüenza que osastes decir.

Y haced esto, que si lo hacéis, yo os prometo de casar dos huérfanas, de vestir seis pobres y de daros frontales.

-¡Qué ceguedad de hombres: prometer dádivas al que pedís, con ser la suma riqueza! Pedistes a Dios por merced lo que El suele dar por castigo, y, si os lo da, os pesa de haberlo tenido cuando morís, y, si no os lo da, cuando vivís, y así, de puro necios, siempre tenéis quejas. Y si llegáis a ser ricos por votos, decidme: ¿cuáles cumplís? ¿Qué tempestad no llena de promesas los santos? y, ¿qué bonanza tras ellas no los torna a desnudar, con olvido, de toque de campanas? ¿Qué de preseas ha ofrecido a los altares la espantosa cara del golfo? y, ¿qué dellas ha muerto y quitado de los mismos templos el puerto? Nacen vuestros ofrecimientos de necesidad, y no de devoción. ¿Pedisteis alguna vez a Dios paz en el alma, aumento de gracia, favores suyos o inspiraciones? No, por cierto; ni aun sabéis para qué son menester estas cosas ni lo que son. Ignoráis que el holocausto, sacrificio y oblación que Dios recibe de vosotros es de la pura conciencia, humilde espíritu, caridad ardiente. Y esto, acompañado con lágrimas, es moneda que aun Dios, si puede, es cudicioso en nosotros. Dios hombres, por vuestro bien gusta que os acordéis dél, Y como si no es en los trabajos, no os acordáis, por eso os da trabajos, porque tengáis dél memoria. Considerad vosotros, necios demandadores, cuán brevemente se os acabaron las cosas, que importunos pedísteis a Dios. ¡Qué presto os dejaron y cómo, ingratos, no os fueron compañía en el postrer paso! ¿Veis cómo vuestros hijos aún no gastan de vuestras haciendas un real en obras pías, diciendo que no es posible que vosotros gustéis dellas, porque si gustárades, en vida hiciérades algunas? Y pedís tales cosas a Dios, que muchas veces, por castigo de la desvergüenza con que las pedís, os las concede. Y bien, como suma sabiduría, conoció el peligro que tenéis en saber pedir, pues lo primero que os enseñó en el *Pater noster* fue pedirle; pero pocos entendéis aquellas palabras donde Dios enseñó el lenguaje con que habéis de tratar con El.

Quisieron responderme; mas no les daban lugar las mordazas.

Yo, que vi que no habían de hablar palabra, pasé adelante, donde estaban juntos los ensalmadores ardiéndose vivos, y los saludadores también condenados por embustidores. Dijo un diablo:

-Veislos aquí a estos tratantes en satiguaduras, mercaderes de cruces, que embelesaron el mundo y quisieron hacer creer que podía tener cosa buena un hablador. Gente es esta ensalmadora, que jamás hubo nadie que se quejase dellos. Porque, si les sanan antes, se lo agradecen, y si los matan, no se pueden quejar. Y siempre les agradecen lo que hacen y dan contento. Porque, si sanan, el enfermo los regala, y si matan, el heredero les agradece el trabajo. Si curan con agua y trapos la herida, que sanara por virtud de naturaleza, dicen que es por ciertas palabras virtuosas, que les enseñó un judío. ¡Mirad qué buen origen de palabras virtuosas! Y si se enfistola, empeora y muere, dicen que llegó su hora y el badajo que se la dio y todo. Pues, ¿qué es de oír a éstos las mentiras que cuentan de uno, que tenía las tripas fuera de la mano en tal parte, y otro, que estaba pasado por las ijadas? Y lo que más me espanta es que siempre he medido la distancia de sus curas, y siempre las hicieron cuarenta o cincuenta leguas de allí, estando en servicio de un señor que ha ya trece años que murió, porque no se averigüe tan presto la mentira, y por la mayor parte, estos tales que curan con agua, enferman ellos por vino. Al fin, éstos son por los que se dijo: «Hurtan que es bendición», porque con la bendición hurtan, tras ser siempre gente ignorante. Y he notado que casi todos los ensalmos están llenos de solecismos, Y no sé qué virtud se tenga el solecismo por lo cual se pueda hacer nada. Al fin, vaya do fuere, ellos están acá algunos, que otros hay buenos hombres, que como amigos de Dios, alcanzan dél la salud para los que curan: que la sombra de sus amigos suele dar vida.

Pero para ver buena gente, mirad los saludadores, que también dicen que tienen virtud.

Ellos se agraviaron, y dijeron que era verdad que la tienen. Y a esto respondió un diablo:

-¿Cómo es posible que por ningún camino se halle virtud en gente que anda siempre soplando?

-Alto -dijo un demonio-, que me he enojado. Vayan al cuartel de los porquerones, que viven de lo mismo.

Fueron, aunque a su pesar. Y yo abajé otra grada por ver lo que Judas me dijo que eran peores que él, y topé en una alcoba muy grande una gente desatinada, que los diablos confesaban que ni los entendían ni se podían averiguar con ellos. Eran astrólogos y alquimistas. Estos andaban llenos de hornos y crisoles, de lodos, de minerales, de escorias, de cuernos, de estiércol, de sangre humana, de polvos y de alambiques. Aquí calcinaban allí lavaban, allí apartaban y acullá purificaban. Cuál estaba fijando el mercurio al martillo, y, habiendo resuelto la materia viscosa y ahuyentado la parte sutil, lo corruptivo del fuego, en llegándose a la copela, se le iba en humo. Otros disputaban si se había de dar fuego de mecha o si el fuego o no fuego de Raimundo había de entenderse de la cala si de luz efectiva del calor, y no de calor efectivo de fuego. Cuáles, con el signo de Hermete, daban principio a la obra magna, y en otra parte miraban ya el negro blanco y le aguardaban colorado. Y juntando a esto *la proporción de naturaleza, con naturaleza se contenta la naturaleza, y con ella misma se ayuda*, y los demás oráculos ciegos suyos, esperaban la reducción de la primera materia, y, al cabo, reducían su sangre a la postrera podre, y, en lugar de hacer del estiércol, cabellos, sangre humana cuernos y escoria oro hacían del oro estiércol, gastándolo neciamente. ¡Oh, qué de voces que oí sobre el padre muerto ha resucitado y tornarlo a matar! ¡Y qué bravas las daban sobre entender aquellas palabras tan referidas de todos los autores químicos!

-¡Oh! Gracias sean dadas a Dios, que de la cosa más vil del mundo permite hacer una cosa tan rica.

Sobre cuál era la cosa más vil se ardían. Uno decía que ya la había hallado, y, si la piedra filosofal se había de hacer de la cosa más vil, era fuerza hacerse de corchetes. Y los cocieran y distilaran si no dijera otro que tenían mucha parte de aire para poder hacer la piedra, que no había de tener materiales tan vaporosos. Y así se resolvieron que la cosa más vil del mundo eran los sastres, pues cada punto se condenaban y que era gente más enjuta.

Cerraran con ellos, si no dijera un diablo:

-¿Queréis saber cuál es la cosa más vil? Los alquimistas. Y así, porque se haga la piedra, es menester quemaros a todos.

Diéronles fuego y ardían casi de buena gana sólo por ver la piedra filosofal.

Al otro lado no era menos la trulla de astrólogos y supersticiosos. Un quiromántico iba tomando las manos a todos los otros que se habían condenado, diciendo:

-¡Qué claro que se ve que se habían de condenar éstos por el monte de Saturno!

Otro que estaba a gatas con un compás, midiendo alturas y notando estrellas, cercado de efemérides y tablas, se levantó y dijo en altas voces:

-Vive Dios que, si me pariera mi madre medio minuto antes, que me salvo: porque Saturno, en aquel punto, mudaba el aspecto y Marte se pasaba a la casa de la vida, el escorpión pedía su malicia, y yo, como di en procurador, fui pobre mendigo.

Otro tras él andaba diciendo a los diablos, que le mortificaban, que mirasen bien si era verdad que él había muerto: que no podía ser, a causa que tenía Júpiter por ascendente y a Venus en la casa de la vida, sin aspecto ninguno malo, y que era fuerza que viviese noventa años.

-Miren -decía- que les notifico que miren bien si soy difunto, porque por mi cuenta es imposible que pueda ser esto,

En esto, iba y venía, sin poderlo nadie sacar de aquí.

Y para enmendar la locura déstos, salió otro geométrico, poniéndose en puntos con las ciencias, haciendo sus doce casas gobernadas por el impulso de la mano y rayas a imitación de los dedos, con supersticiosas palabras y oración. Y luego, después de sumados sus pares y nones, sacando juez y testigos, comenzaba a querer probar cuál era el astrólogo más cierto. Y si dijera puntual, acertara, pues es su ciencia de punto, como calza sin ningún fundamento, aunque pese a Pedro de Abano, que era uno de los que allí estaban, acompañando a Cornelio Agripa, que, con una alma, ardía en cuatro cuerpos de
sus obras malditas y descomulgadas, famoso hechicero.

Tras éste vi, con su poligrafía y esteganografía, a Trithemio que así llaman al autor de aquellas obras escandalosas, muy enojado con Cardano, que estaba enfrente, porque dijo mal dél solo y supo ser mayor mentiroso en sus libros de *Subtilitate*, por hechizos de viejas que en ellos juntó.

Julio César Scalígero se estaba atormentando por otro lado en sus *Ejercitaciones*, mientras pensaba las desvergonzadas mentiras que escribió de Homero y los testimonios que le levantó por levantar a Virgilio aras, hecho idólatra de Maron.

Estaba riéndose de sí mismo Artefio, con su mágica, haciendo las tablillas para entender el lenguaje de las aves, y Checol de Ascoli, muy triste y pelándose las barbas, porque, tras tanto experimento disparatado, no podía hallar nuevas necedades que escribir.

Teofrasto Paracelso estaba quejándose del tiempo que había gastado en la alquimia; pero contento en haber escrito medicina y mágica, que nadie la entendía, y haber llenado las imprentas de pullas a vuelta de muy agudas cosas.

Y detrás de todos estaba Hubequer el pordiosero, vestido de los andrajos de cuantos escribieron mentiras y desvergüenzas, hechizos y supersticiones, hecho su libro un Ginebra de moros, gentiles y cristianos.

Allí estaba el secreto autor de la *Clavicula Salomonis* y el que le imputó los sueños. ¡Oh, cómo se abrasaba burlado de vanas y necias oraciones el hereje que hizo el libro *Adversus omnia pericula mundi*!

¡Qué bien ardía el Catan y las obras de Races! Estaba Taysnerio con su libro de fisonomías y manos, penando por los hombres, que había vuelto locos con sus disparates. Y reíase, sabiendo el bellaco que las fisonomías no se pueden sacar ciertas de particulares rostros de hombres que, o por miedo o por no poder, no muestran sus inclinaciones y las reprimen, sino sólo de rostros y caras de príncipes y señores sin superior, en quien las inclinaciones no respetan nada para mostrarse.

Estaba luego un triste autor, con sus rostros y manos, y los brutos concertando por las caras la similitud de las costumbres.

A Escoto el italiano vi allá, no por hechicero y mágico, sino por mentiroso y embustero.

Había otra gran copia, y aguardaban sin duda mucha gente, porque había grandes campos vacíos. Y nadie estaba con justicia entre todos estos autores, presos por hechiceros, si no fueron unas mujeres hermosas, porque sus caras lo fueron solas en el mundo. ¡Oh, verdaderos hechizos! Que las damas sólo son veneno de la vida, que perturbando las potencias y ofendiendo los órganos a la vista, son causa de que la voluntad quiera por bueno lo que ofendidas las especies representan. Viendo esto, dije entre mí:

-Ya me parece que vamos llegándonos al cuartel de esta gente.

Dime priesa a llegar allá, y al fin asoméme a parte donde, sin favor particular del cielo, no se podía decir lo que había. A la puerta estaba la Justicia espantosa, y en segunda entrada, el Vicio desvergonzado y Soberbio, la Malicia ingrata e ignorante, la Incredulidad resoluta y ciega y la Inobediencia bestial y desbocada. Estaba la Blasfemia insolente y tirana llena de sangre, ladrando por cien bocas y vertiendo veneno por todas, con los ojos armados de llamas ardientes. Grande horror me dio el umbral. Entré y vi a la puerta la gran suma de herejes antes de nacer Cristo. Estaban los ofiteos, que se llaman así en griego de la serpiente que engañó a Eva, la cual venenaron, a causa de que supiésemos del bien y del mal. Los cainanos, que alabaron a Caín porque, como decían, siendo hijo del mal, prevaleció su mayor fuerza contra Abel. Los sethianos, de Seth. Estaba Dositheo ardiendo como un horno, el cual creyó que se había de vivir sólo según la carne y no creía la resurrección, privándose a sí mismo (ignorante más que todas las bestias) de un bien tan grande. Pues, como fuera así que fuéramos solos animales como los otros, para morir consolados habíamos de fingirnos eternidad a nosotros mismos. Y así llama Lucano, en boca ajena, a los que no creen la inmortalidad del alma: *Felices errore suo*, dichosos con su error, si eso fuera así, que murieran las almas con los cuerpos.

-¡Malditos! -dije yo: siguiérase que el animal del mundo a quien Dios dio menos discurso es el hombre, pues entiende al revés lo que más importa, esperando inmortalidad. Y seguiré hía que a la más noble criatura dio menos conocimiento y crió para mayor miseria la naturaleza, que Dios no. Pues quien sigue esa opinión no lo fíe.

Estaba luego Saddoc, autor de los Sadduceos. Los fariseos estaban aguardando al Mesías, no como Dios, sino como hombre.

Estaban los heliognósticos devictiacos, adoradores del sol; pero los más graciosos son los que veneran las ranas, que fueron plaga a Faraón, por ser azote de Dios.

Estaban los musoritos haciendo ratonera al arca a puro ratón de oro.

Estaban los que adoraron la mosca accaronita: Ozías, el que quiso pedir a una mosca antes salud que a Dios, por lo cual Elías le castigó.

Estaban los troglodytas, los de la fortuna del cielo, los de Baal, los de Asthar, los del ídolo Moloch, y Renfan de la ara de Tofet, los puteoritas, herejes veraníscos de pozos, los de la serpiente de metal.

Y entre todos sonaba la baraúnda y el llanto de las judías, que, debajo de tierra, en las cuevas, lloraban a Thamur en su simulacro. Seguían los bahalitas, luego la Pitonisa arremangada, y detrás los de Asthar y Astharot, y al fin, los que aguardaban a Herodes, y desto se llaman herodianos. Y hube a todos estos por locos y mentecatos.

Mas llegué luego a los herejes que había después de Cristo: allí vi a muchos, como Menandro y Simón Mago, su maestro.

Estaba Saturnino inventando disparates.

Estaba el maldito Basílides heresiarca.

Estaba Nicolás antioqueno, Carpócrates y Cerintho y el infante Ebión.

Vino luego Valentino, el que dio por principio de todo el mar y el silencio.

Menandro, el mozo de Samaria, decía que él era el Salvador y que había caído del cielo, y por imitarlo, decía detrás dél Montano frigio que él era el Paracleto. Síguenle las desdichadas Priscilla y Maximilla heresiarcas, Llamáronse sus secuaces catafriges, y llegaron a tanta locura, que decían que en ellos, y no en los apóstoles, vino el Espíritu Santo.

Estaba Nepos, obispo, en quien fue coroza la mitra, afirmando que los santos habían de reinar con Cristo en la tierra mil años en lascivias y regalos.

Venía luego Sabina, prelado hereje arríano, el que en el concilio Níceno llamó idiotas a los que no seguían a Arria.

Después, en miserable lugar, estaban ardiendo por sentencia de Clemente, pontífice máximo que sucedió a Benedicto, los templarios, primero santos en Jerusalén y luego, de puro ricos, idólatras y deshonestos.

¡Y qué fue ver a Guillermo, el hipócrita de Anvers, hecho padre de putas, prefiriendo las rameras a las honestas y la fornicación a la castidad! A los pies de éste yacía Bárbara, mujer del emperador Sigismundo, llamando necias a las vírgenes, habiendo bastas. Ella, bárbara como su nombre, servía de emperatriz a los diablos, y, no estando harta de delitos, ni aun cansada, que en esto quiso llevar ventaja a Mesalina, decía que moría el alma y el cuerpo y otras cosas bien dignas de su nombre.

Fui pasando por éstos y llegué a una parte donde estaba uno solo arrinconado y muy sucio, con un zancajo menos y un chirlo por la cara, lleno de cencerros, y ardiendo y blasfemando.

-¿Quién eres tú -le pregunté-, que entre tantos malos eres el peor?

-Yo -dijo él- soy Mahoma.

Y decíaselo el tallecillo, la cuchillada y los dijes de arriero.

-Tú eres -dije yo- el más mal hombre que ha habido en el mundo y el que más almas ha traído acá.

-Todo lo estoy pasando -dijo-, mientras los malaventurados de africanos adoran el zancarrón o zancajo que aquí me falta.

-Picarón -dije-, ¿por qué vedaste el vino a los tuyos?

Y me respondió:

-Porque si tras las borracheras que les dejé en mi Alcorán les permitiera las del vino, todos fueran borrachos.

-Y el tocino, ¿por qué se lo vedaste, perro esclavo, descendiente de Agar?

-Eso hice por no hacer agravio al vino, que lo fuera comer torreznos y beber agua, aunque yo vino y tocino gastaba. Y quise tan mal a los que creyeron en mí, que acá los quité la gloria y allá los perniles y las botas. Y, últimamente, mandé que no defendiesen mi ley por razón, porque ninguna hay ni para obedecella ni sustentalla; remitísela a las armas y metílos en ruido para toda la vida. Y el seguirme tanta gente no es en virtud de milagros, sino sólo en virtud de darles la ley a medida de sus apetitos, dándoles mujeres para mudar, y, por extraordinario, deshonestidades tan feas como las quisiesen, y con esto me seguían todos. Pero no se remató en mí todo el daño: tiende por ahí los ojos y verás qué honrada gente topas.

Volvíme a un lado y vi todos los herejes de ahora, y topé con Maniqueo. ¡Oh, qué vi de calvinistas arañando a Calvino! Y entre éstos estaba el principal, Josefo Scalígero, por tener su punta de ateísta y ser tan blasfemo, deslenguado y vano y sin juicio.

Al cabo estaba el maldito Lutero, con su capilla y sus mujeres, hinchado como un sapo y blasfemando, y Melachthon comiéndose las manos tras sus herejías.

Estaba el renegado Beza, maestro de Ginebra, leyendo sentado en cátedra de pestilencia, y allí lloré viendo el Enrico Estéfano. Preguntéle no sé qué de la lengua griega, y estaba tal la suya, que no pudo responderme sino con bramidos. Espantóme, Enrico, de que supieses nada. ¿De qué te aprovecharon tus letras y agudezas? Más le dijera si no me enterneciera la desventurada figura en que estaba el miserable penando.

Estaba ahorcado de un pie Helio Eobano hesso, célebre poeta, competidor de Melanehthon. ¡Oh, cómo lloré mirando su gesto torpe con heridas y golpes y afeados con llamas sus ojos!

Dime prisa a salir deste cercado, y pasé a una galería, donde estaba Lucifer cercado de diablas, que también hay hembras como machos. No entré dentro, porque no me atreví a sufrir su aspecto disforme; sólo diré que tal galería tan bien ordenada no se ha visto en el mundo, porque toda estaba colgada de emperadores y reyes vivos como acá muertos. Allá vi toda la casa otomana, los de Roma por su orden.

Vi graciosísimas figuras: hilando a Sardanápalo, glotoneando a Eliogábalo, a Sapor, emparentando con el sol y las estrellas, Viriato andaba a palos tras los romanos, Atila revolvía el mundo. Belisario, ciego, acusaba a los atenienses.

Llegó a mí el portero y me dijo:

-Lucifer manda que, porque tengáis qué contar en el otro mundo, que veáis su camarín.

Entré allá. Era un aposento curioso y lleno de buenas joyas. Tenía cosa de seis o siete mil cornudos y otros tantos alguaciles manidos,

-¿Aquí estáis? -dije yo-, ¿Cómo, diablos, os había de hallar en el infierno, si estábades aquí?

Había pipotes de médicos y muchísimos coronistas, lindas piezas, aduladores de molde y con licencia. Y en las cuatro esquinas estaban ardiendo por hachas cuatro malos pesquisidores. Y todas las poyatas, que son los estantes, llenas de vírgenes rociadas, doncellas penadas como tazas, y dijo el demonio:

-Doncellas son, que se vinieron al infierno con las doncellas fiambres, y por cosa rara se guardan.

Seguíanse luego demandadores, haciendo labor con diferentes sayos, y de las ánimas había muchos, porque piden para sí mismos y consumen ellos con vino cuanto les dan.

Había madres postizas y tras tenderas de sus sobrinas y suegras de sus nueras, por mascarones alrededor.

Estaba en una peaña Sebastián Gertel, general en lo de Alemaña contra el Emperador, tras haber sido alabardero suyo.

No acabara yo de contar lo que vi en el camino si lo hubiera de decir todo. Salíme fuera y quedé como espantado, repitiendo conmigo estas cosas. Sólo pido a quien las leyere, las lea de suerte que el crédito que les diere le sea provechoso para no experimentar ni ver estos lugares, certificando al lector que no pretendo en ello ningún escándalo ni represión sino de los vicios, pues decir de los que están en el infierno no puede tocar a los buenos. Acabé este discurso en el Fresno, a postrero de Abril de 1608, en 28 de mi edad.

VISITA DE LOS CHISTES

A DOÑA MIRENA RIQUEZA

Harto es que me haya quedado algún discurso después que vi a vuesa merced, y creo que me dejó éste por ser de la muerte. No se lo dedico porque me lo ampare; llévaselo yo porque le mejore. Designio interesado es el mío, para la enmienda de lo que puede estar escrito con algún desaliño, o imaginado con poca felicidad. No me atrevo yo a encarecer la invención, por no acreditarme de invencionero. Procurado he pulir el estilo y sazonar la pluma con curiosidad. Ni entre la risa me he olvidado de la doctrina. Si me han aprovechado el estudio y la diligencia, le remito a la censura, que vuesa merced hiciera dél, si llega a merecer que le mire. Y podré yo decir entonces que soy dichoso por sueños. Guarde Dios a vuesa merced, que lo mismo hiciera yo. En la prisión y en la Torre, a 6 de abril de 1622.

A QUIEN LEYERE

He querido que la muerte acabe mis discursos como las demás cosas. Quiera Dios que tenga buena suerte. Este es el quinto sueño; no me queda ya que soñar. Y si en la Visita de los Chistes no despierto, no hay que aguardarme. Si te pareciere que ya es mucho sueño, perdona algo la modorra que padezco; y si no, guárdame el sueño, que yo seré sietedurmiente de las tales figuras. Vale.

DISCURSO

Están siempre cautelosos y prevenidos los ruines pensamientos, la desesperación cobarde y la tristeza, esperando coger a solas a un desdichado para mostrarse alentados con él. Propia condición de cobardes, en que juntamente hacen ostentación de su malicia y de su vileza. Por bien que lo tengo considerado en otros, me sucedió en mi prisión. Pues habiendo, o por acariciar mi sentimiento o por hacer lisonja a mi melancolía, leído aquellos versos que Lucrecio escribió con tan animosas palabras, me vencí de la imaginación, y debajo del peso de tan ponderadas palabras y razones me dejé caer tan postrado con el dolor del desengaño que leí, que ni sé si me desmayé advertido o escandalizado. Para que la confesión de mi flaqueza se pueda disculpar, escribo por introducción a mi discurso la voz del poeta divino, que suena ansí, rigurosa con amenazas tan elegantes:

> *Denique si vocem rerum natura repente*
> *Mittat et hoc alicui nostrurn sic increpet ipsa.*
> *Quid tibi tantopere est, mortalis, quod nimis aegris*
> *Luctibus indulges? Quid mortem congemis ac fles?*
> *Nam si grata fuit tibi anteacta, priorque,*
> *Et nom omnia pertusum congesta quasi in vas*
> *Commoda per fluxere atque ingrata interiere:*
> *Cur non, ut plenus vitae, conviva, recedis?*
> *Aequo animoque capis securam, stult e, quiet em?*

Entróseme luego por la memoria de rondón Job dando voces y diciendo

> *Al fin, hombre nacido*
> *De mujer flaca, de miserias lleno,*
> *A breve vida como flor traído.*
> *De todo bien y de descanso ajeno,*
> *Que, como sombra vana,*
> *Huye a la tarde y nace a la mañana.*

Con este conocimiento propio acompañaba luego el de la vida, que hicimos, diciendo:

> *Guerra es la vida del hombre*
> *Mientras vive en este suelo,*
> *y sus horas y sus días,*
> *Como las del jornalero.*

Yo, que arrebatado de la consideración, me vi a los pies de los desengaños, rendido, con lastimoso sentimiento y con celo enojado, repetí a éstos en la fantasía:

> *¡Qué perezosos pies, qué entretenidos*
> *Pasos lleva la muerte por mis daños!*
> *El camino me alargan los engaños*
> *y en mí se escandalizan los perdidos.*
> *Mis ojos no se dan por entendidos,*
> *Y, por descaminar mis desengaños,*
> *Me disimulan la verdad los años*
> *Y les guardan el sueño a los sentidos.*
> *Del vientre a la prisión vine en naciendo,*
> *De la prisión iré al sepulcro amando,*
> *Y siempre en el sepulcro estaré ardiendo:*
> *Cuantos plazos la muerte me va dando,*
> *Prolijidades son, que va creciendo,*
> *Porque no acabe de morir penando.*

Entre estas demandas y respuestas, fatigado y combatido (sospecho que fue cortesía del sueño piadoso, más que de natural), me quedé dormido. Luego que desembarazada el alma se vio ociosa sin la tarea de los sentidos exteriores, me embistió desta manera la comedia siguiente, y así la recitaron mis potencias a escuras, siendo yo para mis fantasías auditorio y teatro.

Fueron entrando unos médicos a caballo en unas mulas, que con gualdrapas negras parecían tumbas con orejas. El paso era divertido, torpe y desigual, de manera que los sueños iban encima en mareta y algunos vaivenes de serradores; la vista asquerosa de puro pasear los ojos por orinales y servicios; las bocas emboscadas en barbas, que apenas se las hallara un brazo; sayos con resabios de vaqueros; guantes en infusión, doblados como los que curan; sortijón en el pulgar con piedra tan grande, que cuando toma el pulso pronostica al enfermo la losa. Eran éstos en gran número, y todos rodeados de platicantes, que cursan en lacayos, y, tratando más con las mulas que con los doctores, se gradúan de médicos. Yo, viéndolos, dije:

-Si déstos se hacen estos otros, no es mucho que estos otros nos deshagan a nosotros.

Alrededor venía gran chusma y caterva de boticarios con espátulas desenvainadas y jeringas en ristre, armados de cala en parche, como de punta en blanco. Los medicamentos que éstos venden, aunque estén caducando en las redomas de puro añejos, y los socrocios tengan telarañas, los dan, y así son medicinas redomadas las suyas. El clamor del que muere empieza en el almirez del boticario, va al pasacalles del barbero, paséase por el tableteado de los guantes del doctor, y acábase en las campanas de la iglesia. No hay gente más fiera que estos boticarios. Son armeros de los dotores: ellos les dan armas. No hay cosa suya que no tenga achaques de guerra y que no aluda a armas ofensivas. Jarabes que antes les sobran letras para jara, que les falten. Botes se dicen los de pica, espátulas son espadas en su lengua, píldoras son balas; clísteres y melecinas, cañones; y así se llaman cañón de melecina. Y bien mirado, si así se toca la tecla de las purgas, sus tiendas son purgatorios, y ellos los infiernos, los enfermos los condenados, y los médicos los diablos. Y es cierto que son diablos los médicos, pues unos y otros andan tras los malos y huyen de los buenos, y todo su fin es que los buenos sean malos y que los malos no sean buenos jamás.

Venían todos vestidos de recetas y coronados de erres asaeteadas, con que empiezan las recetas. Y consideré que los dotores hablan a los boticarios diciendo: *Recipe*, que quiere decir *recibe*. De la misma suerte habla la mala madre a la hija, y la codicia al mal ministro. ¡Pues decir que en la receta hay otra cosa que erres asaeteadas por delincuentes, y luego *Ana, Ana*, que juntas hacen un Annás para condenar a un justo! Síguense uncias y más onzas: ¡qué alivio para desollar un cordero enfermo! Y luego ensartan nombres de simples, que parecen invocaciones de demonios: *Búpthálmus, opopdnax, leontopétalon, tragoriganum, potamogéton senos pugillos, diaoathalicon, petroselinum, scilla y rapa*. Y sabido que quiere decir tan espantosa barahúnda de voces tan rellenas de letrones, son zanahorias, rábanos y perejil y otras suciedades. Y como han oído decir quien no te conoce te compre, disfrazan las legumbres porque no sean conocidas y las compren los enfermos. *Elingatis* dicen lo que es lamer, *catapotia* las píldoras, *clyster* la melecina, *glans o balanus* la cala, y *errhinae* el maquear. Y son tales los nombres de sus recetas y tales sus medicinas, que las más veces, de asco de sus porquerías y hediondeces con que persiguen a los enfermos, se huyen las enfermedades.

¿Qué dolor habrá de tan mal gusto, que no se huya de los tuétanos por no aguardar el emplasto de Guillén Serven y verse convertir en baúl una pierna o muslo donde él está? Cuando vi a éstos y a los dotores, entendí cuán mal se dice para notar diferencia aquel asqueroso refrán: «Mucho va del c... al pulso»: que antes no va nada, y sólo van los médicos, pues inmediatamente desde él van al servicio y al orinal a preguntar a los meados lo que no saben, porque Galeno los remitió a la cámara y a la orina. Y como si el orinal les hablase al oído, se le llegan a la oreja, avahándose los barbones con su niebla. ¿Pues verles hacer que se entienden con la cámara por señas, y tomar su parecer al bacín, y su dicho a la hedentina? No les esperara un diablo. ¡Oh, malditos pesquisidores contra la vida, pues ahorcan con el garrotillo, degüellan con sangrías, azotan con ventosas, destierran las almas, pues las sacan de la tierra de sus cuerpos sin alma y sin conciencia!

Luego se seguían los cirujanos cargados de pinzas, tientas, cauterios, tijeras, navajas, sierras, limas, tenazas y lancetones. Entre ellos se oía una voz muy dolorosa a mis oídos que decía:

-Corta, arranca, abre, asierra, despedaza, pica, punza, ajigota rebana descarna y abrasa.

Diome gran temor, y más verlos el paloteado que hacían con los cauterios y tientas. Unos huesos se me querían entrar de miedo dentro de otros. Híceme un ovillo.

En tanto vinieron unos demonios con unas cadenas de muelas y dientes, haciendo bragueros, y en esto conocí que eran sacamuelas, el oficio más maldito del mundo, pues no sirven sino de despoblar bocas y adelantar la vejez. Estos, con las muelas ajenas y no ver diente, que no quieran ver antes en su collar que en las quijadas, desconfían a las gentes de Santa Polonia, levantan testimonio a las encías y desempiedran las bocas. No he tenido peor rato que tuve en ver sus gatillos andar tras los dientes ajenos, como si fueran ratones, y pedir dineros por sacar una muela, como si la pusieran.

-¿Quién vendrá acompañado desta maldita canalla? -decía yo.

Y me parecía que aun el diablo era poca cosa para tan maldita gente, cuando veo venir gran ruido de guitarras. Alegréme un poco. Tocaban todos pasacalles y vacas. Que me maten si no son barberos. Ellos, que entran. No fue mucha habilidad el acertar.

Que esta gente tiene pasacalles infusos y guitarra gratis data. Era de ver puntear a unos y rasgar a otros. Yo decía entre mí:

-¡Dolor de la barba, que, ensayada en saltarenes, se ha de ver raspar, y del brazo, que ha de recibir una sangría, pasada por chaconas y folías!

Consideré que todos demás ministros del martirio, inducidores de la muerte, estaban en mala moneda y eran oficiales de vellón y hierro viejo, y que solos los barberos se habrían trocado en plata. Y entretúveme en verlos manosear una cara, sobajar otra y lo que se huelgan con un testuz en el lavatorio.

Luego comenzó a entrar una gran cantidad de gente. Los primeros eran habladores. Parecían azudas en conversación, cuya música era peor que la de órganos destemplados. Unos hablaban de hilván, otros a borbotones, otros a chorretadas, otros habladorísimos hablaban a cántaros. Gente que parece que lleva pujo de decir necedades, como si hubiera tomado alguna purga confeccionada de hojas de Calepino de ocho lenguas. Estos me dijeron que eran habladores de diluvios, sin escampar de día ni de noche. Gente que habla entre sueños, y que madruga a hablar. Había habladores secos y habladores que llaman del río o del rocío y de la espuma; gente que graniza de perdigones. Otros que llaman tarabilla: gente que se va de palabras como de cámaras, que hablan a toda furia. Había otros habladores nadadores, que hablan nadando con los brazos hacia todas partes y tirando manotadas y coces. Otros jimios, haciendo gestos y visajes. Venían los unos consumiendo a los otros.

Síguense los chismosos, muy solícitos de orejas, muy atentos de ojos, muy encarnizados de malicia. Y andaban hechos uñas de las vidas ajenas, espulgándolos a todos. Venían tras ellos los mentirosos, contentos, muy gordos, risueños y bien vestidos y medrados, que, no teniendo otro oficio, son milagro del mundo, con un gran auditorio de mentecatos y ruines.

Detrás venían los entremetidos, muy soberbios y satisfechos y presumidos, que son las tres lepras de la honra del mundo. Venían injiriéndose en los otros y penetrándose en todo, tejidos y enmarañados en cualquier negocio. Son lapas de la ambición y pulpos de la prosperidad. Estos venían los postreros, según pareció, porque no entró en gran rato nadie. Pregunté que cómo venían tan apartados, y dijéronme unos habladores, sin preguntarlo yo a ellos:

-Estos entremetidos son la quinta esencia de los enfadosos, y por eso no hay otra cosa peor que ellos.

En esto estaba yo considerando la diferencia tan grande del acompañamiento y no sabía imaginar quién pudiese venir.

En esto entró una que parecía mujer, muy galana y llena de coronas, cetros, hoces, abarcas, chapines, tiaras, caperuzas, mitras, monteras, brocados, pellejos, seda, oro, garrotes, diamantes, serones, perlas y guijarros. Un ojo abierto y otro cerrado y vestida y desnuda de todos colores. Por el un lado era moza y por el otro era vieja. Unas veces venía despacio y otras apriesa. Parecía que estaba lejos y estaba cerca. Y cuando pensé que empezaba a entrar estaba ya a mi cabecera.

Yo me quedé como hombre que le preguntan qué es cosa y cosa, viendo tan extraño ajuar y tan desbaratada compostura. No me espantó; suspendióme, y no sin risa, porque, bien mirado, era figura donosa. Preguntéle quién era, y díjome:

-La muerte.

¿La muerte? Quedé pasmado. Y apenas abrigué al corazón algún aliento para respirar, y, muy torpe de lengua, dando trasijos con las razones, la dije:

-Pues ¿a qué vienes?

-Por ti -dijo.

-¡Jesús mil veces! Muérome según eso.

-No te mueres -dijo ella-; vivo has de venir conmigo a hacer una visita a los difuntos. Que pues han venido tantos muertos a los vivos, razón será que vaya un vivo a los muertos y que los muertos sean oídos. ¿Has oído decir que yo ejecuto sin embargo? Alto, ven conmigo.

Perdido de miedo, le dije:

-¿No me dejarás vestir?

-No es menester -respondió-. Que conmigo nadie va vestido, ni soy embarazosa. Yo traigo los trastos de todos, porque vayan más ligeros.

Fui con ella donde me guiaba. Que no sabré decir por dónde, según iba poseído del espanto. En el camino la dije:

-Yo no veo señas de la muerte, porque allá nos la pintan unos huesos descarnados con su guadaña.

Paróse y respondió:

-Eso no es la muerte, sino los muertos, o lo que queda de los vivos. Estos huesos son el dibujo sobre que se labra el cuerpo del hombre. La muerte no la conocéis, y sois vosotros mismos vuestra muerte. Tiene la cara de cada uno de vosotros, y todos sois muertes de vosotros mismos. La calavera es el muerto, y la cara es la muerte. Y lo que llamáis morir es acabar de morir, y lo que llamáis nacer es empezar a morir, y lo que llamáis vivir es morir viviendo. Y los huesos es lo que de vosotros deja la muerte y lo que le sobra a la sepultura. Si esto entendiérades así, cada uno de vosotros estuviera mirando en sí su muerte cada día y la ajena en el otro, y viérades que todas vuestras casas están llenas della y que en vuestro lugar hay tantas muertes como personas, y no la estuviérades aguardando, sino acompañándola y disponiéndola. Pensáis que es huesos la muerte y que hasta que veais venir la calavera y la guadaña no hay muerte para vosotros, y primero sois calavera y huesos que creáis que lo podéis ser.

-Dime -dije yo-: ¿qué significan estos que te acompañan, y por qué van, siendo tú la muerte, más cerca de tu persona los enfadosos y habladores que los médicos?

Respondióme:

-Mucha más gente enferma de los enfadosos que de los tabardillos y calenturas, y mucha más gente matan los habladores y entremetidos que los médicos. Y has de saber que todos enferman del exceso o destemplanza de humores; pero lo que es morir, todos mueren de los médicos que los curan. Y así, no habéis de decir, cuando preguntan: «¿De qué murió Fulano?», de calentura, de dolor de costado, de tabardillo, de peste, de heridas, sino murió de un dotor Tal que le dio, de un dotor Cual. Y es de advertir que en todos los oficios, artes y estados se ha introducido el don en hidalgos, en villanos. Yo he visto sastres y albañiles con don y ladrones y galeotes en galeras. Pues si se mira en las ciencias, en todas hay millares. Sólo de los médicos ninguno ha habido con don, pudiéndolos tener muchos; mas todos tienen don de matar, y quieren más din al despedirse que don al llamarlos.

En esto llegamos a una sima grandísima, la muerte predicadora y yo desengañado. Zabullóse sin llamar, como de casa, y yo tras ella, animado con el esfuerzo que me daba mi conocimiento tan valiente. Estaban a la entrada tres bultos armados a un lado y otro monstruo terrible enfrente, siempre combatiendo entre sí todos, y los tres con el uno y el uno con los tres. Paróse la Muerte, y díjome:

-¿Conoces a esta gente?

-Ni Dios me la deje conocer -dije yo.

-Pues con ellos andas a las vueltas -dijo ella- desde que naciste. Mira cómo vives -replicó-. Estos son los enemigos del hombre: el Mundo es aquél, éste es el Diablo y aquélla la Carne.

Y es cosa notable que eran todos parecidos unos a otros, que no se diferenciaban. Díjome la Muerte:

-Son tan parecidos, que en el mundo tenéis a los unos por los otros. Piensa un soberbio que tiene todo el mundo, y tiene al diablo. Piensa un lujurioso que tiene la carne, y tiene al demonio. Y así anda todo.

-¿Quién es -dije yo- aquel que está allí apartado, haciéndose pedazos con estos tres con tantas caras y figuras?

-Ese es -dijo la Muerte- el Dinero, que tiene puesto pleito a los tres enemigos del alma, diciendo que quiere ahorrar de émulos y que adonde él está no son menester, porque él solo es todos tres enemigos. Y fúndase para decir que el dinero es el diablo, en que todos decís: «Diablo es el dinero», y que «Lo que no hiciere el dinero, no lo hará el diablo», «Endiablada cosa es el dinero».

Para ser el Mundo, dice que vosotros decís que «No hay más mundo que el dinero», «Quien no tiene dinero, váyase del mundo»; al que le quitan el dinero decís que
«Le echan del mundo», y que «Todo se da por el dinero».

Para decir que es la carne el dinero, dice el Dinero: «Dígalo la Carne», y remítese a las putas y mujeres malas, que es lo mismo que interesadas.

-No tiene mal pleito el Dinero -dije yo-, según se platica por allá.

Con esto nos fuimos más abajo, y, antes de entrar por una puerta muy chica y lóbrega, me dijo:

-Estos dos, que saldrán aquí conmigo, son las postrimerías.

Abrióse la puerta, y estaban a un lado el infierno y el que llaman juicio de Mines, así me dijo la Muerte que se llamaban. Estuve mirando al infierno con atención, y me pareció notable cosa. Díjome la Muerte:

-¿Qué miras?

-Miro -respondí- al Infierno, y me parece que le he visto otras veces.

-¿Dónde? -preguntó.

-¿Dónde? -dije-. En la codicia de los jueces, en el odio de los poderosos, en las lenguas de los maldicientes, en las malas intenciones, en las venganzas, en el apetito de los lujuriosos, en la vanidad de los príncipes. Y donde cabe el infierno todo, sin que se pierda gota, es en la hipocresía de los mohatreros de las virtudes, que hacen logro del ayuno y del oír misa. Y lo que más he estimado es haber visto el juicio de Minas, porque hasta ahora he vivido engañado, y ahora veo el Juicio como es. Echo de ver que el que hay en el mundo no es juicio ni hay hombre de juicio, y que hay muy poco juicio en el mundo. ¡Pesia tal! -decía yo-. Si deste juicio hubiera allá, no digo parte, sino nuevas creídas, sombra o señas, otra cosa fuera. Si los que han de ser jueces han de tener deste juicio, buena anda la cosa en el mundo. Miedo me da de tornar arriba, viendo que, siendo éste el juicio, se está aquí casi entero, y que poca parte está repartida entre los vivos. Más quiero muerte con juicio que vida sin él.

Con esto, bajamos a un grandísimo llano, donde parecía estar depositada la oscuridad para las noches. Díjome la Muerte:

-Aquí has de parar, que hemos llegado a mi tribunal y audiencia.

Aquí estaban las paredes colgadas de pésames. A un lado estaban las malas nuevas, ciertas y creídas y no esperadas; el llanto, en las mujeres engañoso, engañado en los amantes, perdido de los necios y desacreditado en los pobres. El dolor se había desconsolado y creído, y solos los cuidados estaban solícitos y vigilantes, hechos carcomas de reyes y príncipes, alimentándose de los soberbios y ambiciosos. Estaba la envidia con hábito de viuda, tan parecida a la dueña que la quise llamar Alvarez o González. En ayunas de todas las cosas, cebada en sí misma, magra y exprimida. Los dientes, con andar siempre mordiendo de lo mejor y de lo bueno, los tenía amarillos y gastados. Y es la causa que lo bueno y santo, para morderlo, no llega a los dientes; mas nada bueno le puede entrar de los dientes adentro. La discordia estaba debajo della, como que nacía de su vientre, y creo que es su hija legítima. Esta, huyendo de los casados, que siempre andan a voces, se había ido a las comunidades y colegios, y, viendo que sobraba en ambas partes, se fue a los palacios y cortes, donde es lugarteniente de los diablos. La ingratitud estaba en un gran horno, haciendo de una masa de soberbia y odio demonios nuevos cada momento. Holguéme de verla, porque siempre había sospechado que los ingratos eran diablos y caí entonces en que los ángeles, para ser diablos, fueron primero ingratos. Andaba todo hirviendo de maldiciones.

-¿Quién diablos -dije yo- está lloviendo maldiciones aquí?

Díjome un muerto que estaba a mi lado:

-¿Maldiciones queréis que falten donde hay casamenteros y sastres, que son la gente más maldita del mundo, pues todos decís: «Mal haya quien me casó», y los más, «Mal haya quien me visitó»?

-¿Qué tiene que ver -dije yo- sastres y casamenteros en la audiencia de la muerte?

-¡Pesia tal! -dijo el muerto, que era impaciente-. ¿Estáis loco? Que, si no hubiera casamenteros, ¿hubiera la mitad de los muertos y desesperados? ¡A mí me lo decid, que soy marido! Cinco, como bolo, y se me quedó allá la mujer y piensa acompañarme otros diez. Pues sastres, ¿a quién no matarán las mentiras y largas de los sastres y hurtos? Y son tales, que para llamar a la desdicha peor nombre, la llaman desastre, del sastre, y es el principal miembro de este tribunal que aquí veis.

Alcé los ojos y vi la Muerte en su trono, y a los lados, muchas muertes. Estaba la muerte de amores, la muerte de frío, la muerte de hambre, la muerte de miedo y la muerte de risa, todas con diferentes insignias. La muerte de amores estaba con muy poquito seso. Tenía, por estar acompañada, porque no se le corrompiese por la antigüedad, a Píramo y Tisbe, embalsamados, y a Leandro y Hero y a Macías, en cecina, y algunos portugueses derretidos. Mucha gente vi que estaba ya para acabar debajo de su guadaña, y a puros milagros del interés, resucitaban.

En la muerte de frío vi a todos los ricos, que, como no tienen mujer ni hijos ni sobrinos que los quieran, sino a sus haciendas, estando malos, cada uno carga en lo que puede y mueren de frío.

La muerte de miedo estaba la más rica y pomposa y con acompañamiento más magnífico, porque estaba toda cercada de gran número de tiranos y poderosos. Estos mueren a sus mismas manos, y sus sayones con sus conciencias, y ellos son verdugos de sí mismos, y sólo un bien hacen en el mundo, que, matándose a sí de miedo, recelo y desconfianza, vengan de sí propios a los inocentes. Estaban con ellos los avarientos, cerrando cofres, arcones y ventanas, enlodando resquicios, hechos sepulturas de sus talegos, y pendientes de cualquier ruido del viento, los ojos hambrientos de sueño, las bocas quejosas de las manos, las almas trocadas en plata y oro.

La muerte de risa era la postrera, y tenía un grandísimo cerco de confiados y tarde arrepentidos. Gente que vive como si no hubiese justicia y muere como si no hubiese misericordia. Estos son los que, diciéndoles: «Restituid lo mal llevado», dicen: «Es cosa de risa», Mirad que estáis viejo y que ya no tiene el pecado que roer en vos: dejad la mujercilla que embarazáis inútil, que cansáis enfermo; mirad que el mismo diablo os desprecia ya por trasto embarazoso y la misma culpa tiene asco de vos.» Responden: «Es cosa de risa, y que nunca se sintieron mejores.» Otros hay que están enfermos, y, exhortándolos a que hagan testamento, que se confiesen, dicen que se sienten buenos y que han estado de aquella manera mil veces. Estos son gente que están en el otro mundo y aún no se persuaden de que son difuntos.

Maravillóme esta visión, y dije, herido del dolor y conocimiento:

-¡Dionos Dios una vida sola y tantas muertes! ¡De una manera se nace y de tantas se muere! Si yo vuelvo al mundo, yo procuraré empezar a vivir.

En esto estaba, cuando se oyó una voz que dijo tres veces:

-Muertos, muertos, muertos.

Con esto rebulló el suelo y todas las paredes, y empezaron a salir cabezas, brazos y bultos extraordinarios. Pusiéronse en orden con silencio.

-Hablen por su orden -dijo la Muerte.

Luego salió uno con grandísima cólera y priesa y se vino para mí, que entendí que me quería maltratar, y dijo:

-Vivos de Satanás, ¿qué me queréis, que no me dejáis muerto y consumido? ¿Qué os he hecho que, sin tener parte en nada, me difamáis en todo y me echáis la culpa de lo que no sé?

-¿Quién eres -le dije con una cortesía temerosa- que no te entiendo?

-Soy yo -dijo-, el malaventurado Juan de la Encina, el que, habiendo muchos años que estoy aquí, toda la vida andáis, en haciéndose un disparate, o en diciéndole vosotros, diciendo: "No hiciera más Juan de la Encina; daca los disparates de Juan de la Encina.» Habéis de saber que para hacer y decir disparates, todos los hombres sois Juan de la Encina, y que este apellido de Encina es muy largo en cuanto a disparates. Pero pregunto si yo hice los testamentos en que dejáis que otros hagan por vuestra alma lo que no habéis querido hacer. ¿He porfiado con los poderosos? ¿Teñíme la barba por no parecer viejo? ¿Fui viejo, sucio y mentiroso? ¿Llamé favor el pedirme lo que tenía? ¿Enamoréme con mi dinero y el quitarme lo que tenía? ¿Entendí yo que sería bueno para mí el que a mi intercesión fue ruin con otro que se fió dél? ¿Gasté yo la vida en pretender con qué vivir, y, cuando tuve con qué, no tuve vida que vivir? ¿Creí las sumisiones del que me hubo menester? ¿Caséme por vengarme de mi amiga? ¿Fui yo tan miserable que gastarse un real segoviano en buscar un cuarto incierto? ¿Pudríme de que otro fuese rico o medrase? ¿He creído las apariencias de la fortuna? ¿Tuve yo por dichosos a los que al lado de los príncipes dan toda la vida por una hora? ¿Heme preciado de hereje y de mal reglado en todo y peor contento, porque me tengan por entendido? ¿Fui desvergonzado por campear de valiente? Pues si Juan de la Encina no ha hecho nada desto, ¿qué necedades hizo este pobre Juan de la Encina? Pues en cuanto a decir necedades, sacadme un ojo con una. Ladrones, que llamáis disparates los míos y parates los vuestros, pregunto yo: ¿Juan de la Encina fue acaso el que dijo: "Haz bien y no cates a quién», habiendo de ser al contrario: "Si hicieres bien, mira a quién»? ¿Fue Juan de la Encina quien, para decir que uno era malo, dijo: «Es hombre que ni teme ni debe», habiendo de decir que ni teme ni paga? Pues es cierto que la mejor señal de ser bueno es ni temer ni deber, y la mayor de la maldad, ni temer ni pagar. ¿Dijo Juan de la Encina: «De los pescados, el mero; de las carnes, el carnero; de las aves, la perdiz; de las damas, la Beatriz?» No lo dijo, porque él no dijera sino: «De las carnes, la mujer; de los pescados, el carnero; de las aves, el Ave María, y después la presentada; de las damas, la más barata.» Mirad si es desbaratado Juan de la Encina: no prestó sino paciencia, no dio sino pesadumbres; él no gastaba con los fiambres que piden dinero ni con las mujeres que piden matrimonio. ¿Qué necedades pudo hacer Juan de la Encina, desnudo por no tratar con sastres, que se dejó quitar de la hacienda por no haber menester letrados, que se murió antes de enfermo que de curado, para ahorrarse el médico? Sólo un disparate hizo, que fue, siendo calvo, quitar a nadie el sombrero, pues fuera menos mal ser descortés que calvo, y fuera mejor que le mataran a palos porque no se quitaba el sombrero, que no a apodos porque era calvario. Y si por hacer una necedad anda Juan de la Encina por todos esos púlpitos y cátedras, con votos, gobiernos y estados, enhoramala para ellos, que todo el mundo es monte y todos son Encinas.

En esto estábamos, cuando, muy estirado y con gran ceño, emparejó otro muerto conmigo, y dijo:

-Volved acá la cara; no penséis que habláis con Juan de la Encina.

-¿Quién es vuesa merced -dije yo-, que con tanto imperio habla, y donde todos son iguales presume diferencia?

-yo soy -dijo- el *Rey que rabió*. Y si no me conocéis, por lo menos no podéis dejar de acordaros de mí, porque sois los vivos tan endiablados, que a todo decís que se acuerda del Rey que rabió, y, en habiendo un paredón viejo, un muro caído, una gorra calva, un ferreruelo lampiño, un trabajazo rancio, un vestido caduco, una mujer manida de años y rellena de siglos, luego decís que se acuerda del Rey que rabió. No ha habido tan desdichado rey en el mundo, pues no se acuerdan dél sino vejeces y harapos, antigüedades y visiones. Y ni ha habido rey de tan mala memoria ni tan asquerosa ni tan carroña ni caduca, carcomida y apolillada. Han dado en decir que rabié, y no tiene ya remedio. Y no soy yo el primero rey que rabió ni el solo, que no hay rey, ni le ha habido, ni le habrá, a quien no levanten que rabia. Ni sé yo cómo pueden dejar de rabiar todos los reyes. Porque andan siempre mordidos por las orejas de envidiosos y adulad0res que rabian.

Otro, que estaba al lado del Rey que rabio, dijo:

-Vuesa merced se consuele conmigo, que soy el *rey Perico*, y no me dejan descansar de día ni de noche. No hay cosa sucia, ni desaliñada, ni pobre, ni antigua, ni mala, que no digan que fue en tiempo del rey Perico. Mi tiempo fue mejor que ellos pueden pensar. Y para ver quién fui yo y mi tiempo y quién son ellos, no es menester más que oíllos, porque en diciendo a una doncella ahora la madre: «Hija, las mujeres, bajar los ojos y mirar a la tierra y no a los hombres», responden: «Eso fue en tiempo del rey Perico; los hombres han de mirar a la tierra, pues fueron hechos della, y las mujeres al hombre, pues fueron hechas dél.» Si un padre dice a su hijo: «No jures, no juegues, reza las oraciones cada mañana, persígnate en levantándote, echa la bendición a la mesa», dice que: «Eso se usaba en tiempo del rey Perico» Ahora le tendrán por un maricón si sabe persignarse, y se reirán dél si no jura y blasfema. Porque en nuestros tiempos más tienen por hombre al que jura que al que tiene barbas.

Al que acabó de decir esto se llegó un muertecillo muy agudo, y sin hacer cortesía, dijo:

-Basta lo que han hablado que somos muchos y este hombre vivo está fuera de sí y aturdido.

-No dijera más *Mateo Pico*, y vengo a eso sólo.

-Pues, bellaco vivo, ¿qué dijo Mateo Pico, que luego andáis si dijera más, si no dijera más? ¿Cómo sabéis que no dijera más Mateo Pico? Dejadme tornar a vivir sin tornar a nacer: que no me hallo bien en barrigas de mujeres, que me han costado mucho. Y veréis si digo más, ladrones viejos. Pues si yo viera vuestras maldades, vuestras tiranías, vuestras insolencias, vuestros robos, ¿no dijera más? Dijera más y más y dijera tanto que enmendárades el refrán, diciendo: «Más dijo Mateo Pico» Aquí estoy, y digo más, y avisad desto a los habladores de allá; que yo apelo deste refrán con las mil y quinientas.

Quedé confuso de mi inadvertencia y desdicha en topar con el mismo *Mateo Pico*. Era un hombrecillo menudo, todo chillido, que parecía que rezumaba de palabras por todas sus conjunturas, zambo de ojos y bizco de piernas, y me parece que le he visto mil veces en diferentes partes.

Quitóse de delante y descubrióse una grandísima redoma de vidrio. Dijéronme que llegase, y vi jigote, que se bullía en un ardor terrible, y andaba danzando por todo el garrafón, y a poco se fueron juntando unos pedazos de carne y unas tajadas, y déstas se fue componiendo un brazo, un muslo y una pierna, y, al fin, se coció y enderezó un hombre entero. De todo lo que había visto y pasado me olvidé, y esta visión me dejó tan fuera de mí, que no diferenciaba de los muertos.

-¡Jesús mil veces! -dije-. ¿Qué hombre es éste, nacido en guisado, hijo de una redoma?

En esto oí una voz que salía de la vasija y dijo:
-¿Qué año es éste?
-De seiscientos y veintidós -respondí.
-Este año esperaba yo.
-¿Quién eres -dije-, que, parido de una redoma, hablas y vives?
-¿No me conoces? -dijo-. La redoma y las tajadas, ¿no te advierten que soy aquel famoso nigromántico de Europa? ¿No has oído decir que me hice tajadas dentro de una redoma para ser inmortal?
-Toda mi vida lo he oído decir -le respondí-, mas túvelo por conversación de la cuna y cuento de entre dijes y babador. ¿Qué, tú eres? Yo confieso que lo que más llegué a sospechar fue que eras algún alquimista, que penabas en esa redoma, o algún boticario. Todos mis temores doy por bien empleados por haberte visto.
-Sábete -dijo- que mi nombre no fue del título que me da la ignorancia, aunque tuve muchos; sólo te digo que estudié y escribí muchos libros, y los míos quemaron, no sin dolor de los doctos.
-Sí, me acuerdo -dije yo-. Oído he decir que estás enterrado en un convento de religiosos; mas hoy me he desengañado.
-Ya que has venido aquí -dijo-, destapa esa redoma.
Yo empecé a hacer fuerza y a desmoronar tierra con que estaba enlodado el vidrio de que era hecha, y díjome:
-Espera. Dime primero: ¿hay mucho dinero en España? ¿En qué opinión está el dinero? ¿Qué fuerza alcanza? ¿Qué crédito? ¿Qué valor?
Respondíle:
-No han descaecido las flotas de las Indias, aunque los extranjeros han echado unas sanguijuelas desde España al cerro del Potosí, con que se van restañando las venas y a chupones se empezaron a secar las minas.
-¿Ginoveses andan a la zacapela con el dinero? -dijo él-. Vuélvome jigote. Hijo mío, los ginoveses son lamparones del dinero, enfermedad que procede de tratar con gatos. Y vese que son lamparones porque sólo el dinero que va a Francia no admite ginoveses en su comercio. ¿Salir tenía yo, andando esos usagres de bolsas por las calles? No digo yo hecho jigote en redoma, sino hecho polvos en salvadera quiero estar antes que verlos hechos dueños de todo.

-Señor nigromántico -repliqué yo-, aunque esto es así, han dado en adolecer de caballeros en teniendo caudal, úntanse de señores y enferman de príncipes. Y con esto y los gastos y empréstidos se apolilla la mercancía y se viene todo a repartir en deudas y locuras. Y ordena el demonio que las putas vendan las rentas reales dellos, porque los engañan, los enferman, los enamoran, los roban, y después los hereda el consejo de Hacienda. La verdad adelgaza y no quiebra; en esto se conoce que los ginoveses no son verdad, porque adelgazan y quiebran.

-Animádome has -dijo- con eso. Dispondréme a salir desta vasija, como primero me digas en qué estado está la honra en el mundo.

-Mucho hay que decir en esto -le respondí yo-. Tocado has una tecla del diablo. Todos tienen honra y todos son honrados, y todos lo hacen todo cosa de honra. Hay honra en todos estados, y la honra se está cayendo de su estado, y parece que está ya siete estadios bajo tierra. Si hurtan, dicen que por conservar esta negra de honra, y que quieren más hurtar que pedir. Si piden, dicen que por conservar esta negra honra, y que es mejor pedir que no hurtar. Si levantan un testimonio, si matan a uno, lo mismo dicen; que un hombre honrado antes se ha de dejar morir entre dos paredes que sujetarse a nadie; y todo lo hacen al revés. Y al fin en el mundo todos han dado en la cuenta, y llaman honra a la comodidad, y con presumir de honrados y no serlo se ríen del mundo.

-El diablo puede salir a vivir en ese mundecillo -dijo él-. Considérome yo a los hombres con unas honras títeres, que chillan, bullen y saltan, que parecen honras, y mirado bien son andrajos y palillos. ¿El no decir verdad será mérito? ¿El embuste y la trapaza, caballería? ¿Y la insolencia, donaire? Honrados eran los españoles cuando podían decir deshonestos y borrachos a los extranjeros; más andan diciendo aquí malas lenguas que ya en España ni el vino se queja de malbebido ni los hombres mueren de sed. En mi tiempo no sabía el vino por dónde subía a las cabezas, y ahora parece que se sube hacia arriba. Pues los maridos, porque tratamos de honras, considero yo que andarán hechos buihoneros de sus mujeres, alabando cada uno a sus agujas. Hay maridos calzadores, que los meten para calzarse la mujer con más descanso y sacarlos fuera ellos. Hay maridos linternas, muy compuestos, muy lucidos, muy bravos, que vistos de noche a escuras parecen estrellas, y llegados cerca son candelilla, cuerno y hierro, rata por cantidad. Otros maridos hay jeringas que apartados atraen, y llegando se apartan. Pues la cosa más digna de risa es la honra de las mujeres, cuando piden su honra, que es pedir lo que dan. Y si creemos a la gente y a los refranes que dicen: «Lo que arrastra honra», la honra del marido son las culebras y las faldas. No estoy dos dedos de volverme jigote, dijo el nigromántico, para siempre jamás: no sé qué me sospecho. Dime, ¿hay letrados?

-Hay plaga de letrados -dije yo-. No hay otra cosa sino letrados. Porque unos lo son por oficio, otros lo son por presunción, otros por estudio, y déstos pocos y otros (éstos son los más) son letrados porque tratan con otros más ignorantes que ellos (en esta materia hablaré como apasionado), y todos se gradúan de dotores y bachilleres, licenciados y maestros más por los mentecatos con quien tratan que por las universidades, y valiera más a España langosta perpetua que licenciados al quitar.

-Por ninguna cosa saldré de aquí -dijo el nigromántico-. ¿Eso pasa? Ya yo los temía, y por las estrellas alcancé esa desventura, y por no ver los tiempos que han pasado embutidos de letrados me avecindé en esta redoma, y por no los ver me quedaré hecho pastel en bote.

Repliqué:

-En los tiempos pasados, que la justicia estaba más sana, tenía menos dotores, y hala sucedido lo que a los enfermos, que cuantas más juntas de dotores se hacen sobre él, más peligro muestra y peor le va, sana menos y gasta más. La justicia, por lo que tiene de verdad, andaba desnuda; ahora anda empapelada como especias. Un Fuero-Juzgo con su *maguer* y su *cuemo, y conusco y faciamus* era todas las librerías. Y aunque son voces antiguas, suenan con mayor propiedad, pues llaman sayón al alguacil y otras cosas semejantes. Ahora ha entrado una cáfila de Menoquios, Surdos y Fabros, Farinacios y Cujacios, consejos y decisiones y responsiones y lecciones y meditaciones. Y cada día salen autores, y cada uno con tres volúmenes: *Doctoris Putei*, 1. 6, vol. 1, 2, 3, 4, 5, 6 hasta 15; *Licenciati Abbatis De Usuris; Petri Cusqui In Codicem; Rupis Brutiparcin, Castani; Moniocanense De Adulterio et Parricidio; Cornazano, Rocabruno, etc.* Los letrados todos tienen un cimenterio por librería, y por ostentación andan diciendo: «Tengo tantos cuerpos». Y es cosa brava que las librerías de los letrados todas son cuerpos sin alma, quizá por imitar a sus amos. No hay cosa en que no nos dejen tener razón; sólo lo que no dejan de tener a las partes es el dinero, que le quieren ellos para sí. Y los pleitos no son sobre si lo que deben a uno se lo han de pagar a él, que eso no tiene necesidad de preguntas y respuestas; los pleitos son sobre que el dinero sea de letrados y del procurador sin justicia, y la justicia sin dinero, de las partes. ¿Queréis ver qué tan malos son los letrados? Que si no hubiera letrados, no hubiera porfías; y si no hubiera porfías, no hubiera pleitos; y si no hubiera pleitos, no hubiera procuradores; y si no hubiera procuradores, no hubiera enredos: y si no hubiera enredos, no hubiera delitos; y si no hubiera delitos, no habría alguaciles; y si no hubiera alguaciles, no hubiera cárcel; y si no hubiera cárcel, no hubiera jueces; y si no hubiera jueces, no hubiera pasión; y si no hubiera pasión, no hubiera cohecho. Mirad la retahíla de infernales sabandijas que se produce de un licenciadito, lo que disimula una barbaza y lo que autoriza una gorra. Llegaréis a pedir un parecer, y os dirán:

-Negocio es de estudio. Diga vuesamerced que ya estoy al cabo. Habla la ley en propios términos.

Tornan un quintal de libros, danle dos bofetadas hacia arriba y hacia abajo, y leen de priesa; arremedando un abejón; luego dan un gran golpe con el libro patas arriba sobre una mesa, muy esparrancado de capítulos, y dicen:

-En el propio caso habla el jurisconsulto. Vuesamerced me deje los papeles, que me quiero poner bien en el hecho del negocio, y téngalo por más que bueno, y vuélvase por acá mañana en la noche. Porque estoy escribiendo sobre la tenuta de Trasbarras; mas por servir a vuesamerced lo dejaré todo.

Y cuando al despediros le queréis pagar, que es para ellos la verdadera luz y entendimiento del negocio que han de resolver, dice, haciendo grandes cortesías y acompañamientos:

-¡Jesús señor!

Y entre Jesús y señor alarga la mano y para gastos de pareceres se emboca un doblón.

-No he de salir de aquí -dijo el nigromántico- hasta que los pleitos se determinen a garrotazos. Que en el tiempo por falta de letrados se determinaban las causas a cuchilladas decían que el palo era alcalde y de ahí vino: Júzguelo el alcalde de palo. Y si he de salir, ha de ser sólo a dar arbitrio a los reyes del mundo; que quien quisiera estar en paz y rico, que pague los letrados a su enemigo para que lo embeleque y roben y consuman. Dime, ¿hay todavía Venecia en el mundo?

-Sí la hay -dije yo-: no hay otra cosa sino Venecia y venecianos.

-¡Oh! Doyla al diablo -dijo el nigromántico- por vengarme del mismo diablo, que no sé que pueda daela a nadie, sino por hacerle mal. Es república esa que, mientras que no tuviere conciencia, durará. Porque si restituye lo ajeno, no le queda nada. ¡Linda gente! La ciudad fundada en el agua; el tesoro y la libertad, en el aire; la deshonestidad, en el fuego. Y, al fin, es gente de quien huyó la tierra y son narices de las naciones y el albañal de las monarquías, por donde purgan las inmundicias de la paz y de la guerra. Y el turco los permite por hacer mal a los cristianos; los cristianos, por hacer mal a los turcos. Y ellos, por poder hacer mal a unos y a otros, no son moros ni cristianos. Y así dijo uno dellos mismos en una ocasión de guerra, para animar a los suyos contra los cristianos:

-Ea, que antes fuisteis venecianos que cristianos.

-Dejemos eso, y dime: ¿hay muchos golosos de valimientos de los hombres del mundo?

-Enfermedad es -dije yo- esa de que todos los reinos son hospitales.

Y él replicó:

-Antes casas de orates entendí yo; más según la relación que me haces, no me he de mover de aquí. Mas quiero que tú les digas a esas bestias que en albarda tienen la vanidad y ambición, que los reyes y príncipes son azogue en todo. Lo primero, el azogue, si le quieren apretar, se va: así sucede a los que quieren tomarse con los reyes más mano de lo que es razón. El azogue no tiene quietud: así son los ánimos por la continua mareta de negocios. Los que tratan y andan con el azogue, todos andan temblando: así han de hacer los que tratan con los reyes, temblar delante dellos de respeto y temor, porque, si no, es fuerza que tiemblen después hasta que caigan. ¿Quién reina ahora en España, que es la postrera curiosidad que he de saber, que me quiero volver a jigote, que me hallo mejor?

-Murió Filipo III -dije yo.

-Fue santo Rey y de virtud incomparable -dijo el nigromántico-, según leí yo en las estrellas pronosticado.

-Reina Filípo IV días ha -dije yo.

-¿Eso pasa? -dijo-. ¿Que ya ha dado el tercero cuarto para la hora que yo esperaba?

Y diciendo y haciendo subió por la redoma y la trastornó y salió fuera. Iba diciendo y corriendo:

-Más justicia se ha de hacer ahora por un cuarto que en otros tiempos por doce millones.

Yo quise partir tras él, cuando me asió del brazo un muerto, y dijo:

-Déjale ir. Que nos tenía con cuidado a todos. Y cuando vayas al otro mundo, di que *Agrages* estuvo contigo, y que se queja que le levantéis: *Agora lo veredes*. Yo soy Agrages. Mira bien que no he dicho tal. Que a mí no se me da nada que ahora ni nunca lo veáis. Y siempre andáis diciendo: Ahora lo veredes, dijo Agrages. Sólo ahora, que a ti y al de la redoma os oí decir que reinaba Filipo IV, digo que ahora lo veredes, Y pues soy Agrages, ahora lo veredes, dijo Agrages.

Fuese, y púsoseme delante, enfrente de mí, un hombrecillo, que parecía remate de cuchar, con pelo de limpiadera, erizado, bermejizo y pecoso.

-Dígote, sastre -dije yo.

Y él tan presto dijo:

-Oír, que no pica. Pues no soy sino solicitador. Y no pongáis nombres a nadie. Yo me llamo *Arbalias*, y os lo he querido decir para que no andéis allá en la vida: «Es un Arbalias», a unos y a otros, sin saber a quién lo decís.

Muy enojado, a mí se llegó un hombre viejo, muy ponderado de testuz, de los que traen canas por vanidad, un gran haz de barbas, ojos a la sombra muy metidos, frentaza llena de surcos, ceño descontento y vestido que, juntando lo extraordinario con el desaliño, hacía misteriosa la pobreza.

-Más despacio te he menester que *Arbalias* -me dijo-. Siéntate.

Sentóse y senteme. Y como si le dispararan de un arcabuz, en figura de trasgo se apareció entre los dos otro hombrecillo, que parecía astilla de Arbalias, y no hacía sino chillar y bullir. Díjole el viejo, con una voz muy honrada:

-Idos a enfadar a otra parte, que luego vendréis.
-Yo también he de hablar -decía, y no paraba.
-¿Quién es éste? -pregunté.
Dijo el viejo:
-¿No has caído en quién puede ser? Este es *Chisgaravis*.
-Doscientos mil déstos andan por Madrid -dije yo-, y no hay otra cosa sino Chisgaravises.
Replicó el viejo:
-Este anda aquí cansando los muertos y a los diablos; pero déjate deso y vamos a lo que importa. Yo soy *Pedro*, y no *Pero Grullo*, que quitándome una *d* en el nombre, me hacéis el santo, fruta.

Es, ¡Dios!, verdad que, cuando dijo *Pero Grullo*, me pareció que le veía las alas.

-Huélgome de conocerte -repliqué-. ¿Qué, tú eres el de las profecías, que dicen de Pero Grullo?

-A eso vengo -dijo el profeta estantigua-; deso debemos de tratar. Vosotros decís que mis profecías son disparates, y hacéis mucha burla dellas. Estemos a cuentas. Las profecías de Pero Grullo, que soy yo, dicen así:

Muchas cosas nos dejaron
las antiguas profecías:
Dijeron que en nuestros días
será lo que Dios quisiere.

Pues, bribones, adormecidos en maldad, infames, si esta profecía se cumpliera, ¿había más que desear? Si fuera lo que Dios quisiere, fuera siempre lo justo, lo bueno, lo santo; no fuera lo que quiere el diablo, el dinero y la cudicia. Pues hoy lo menos es que Dios quiere y lo más lo que queremos nosotros contra su ley. Y ahora el dinero es todos los quereres, porque él es querido y el que quiere, y no se hace sino lo que él quiere, y el dinero es el Narciso, que se quiere a sí mismo y no tiene amor sino a sí. Prosigo:

Si lloviere hará lodos,
y será cosa de ver
que nadie podrá correr
sin echar atrás los codos.

Hacedme merced de correr los codos adelante y negadme que esto no es verdad. Diréis que de puro verdad es necedad: ¡buen achaquito, hermanos vivos! La verdad, ansí, decís que amarga; poca verdad decís que es mentira; muchas verdades, que es necedad. ¿De qué manera ha de ser la verdad para que os agrade? Y sois tan necios, que no habéis echado de ver que no es tan profecía de *Pero Grullo* como decís, pues hay quien corra echando los codos adelante, que son los médicos, cuando vuelven la mano atrás a recibir el dinero de la visita al despedirse, que toman el dinero corriendo y corren como una mona al que se lo da porque le maten.

El que tuviere tendrá,
será el casado marido,
y el perdido más perdido,
quien menos guarda y más da.

Ya estás diciendo entre ti: «¿Qué perogrullada es ésta?» *El que tuviere, tendrá* -replicó luego-. Pues así es. Que no tiene el que gana mucho, ni el que hereda mucho, ni el que recibe mucho; sólo tiene el que tiene y no gasta. Y quien tiene poco, tiene, y si tiene dos pocos, tiene algo, y si tiene dos algos, más es, y si tiene dos mases, tiene mucho y si tiene dos muchos, es rico. Que el dinero (y llevaos esa doctrina de Pero Grullo) es como las mujeres, amigo de andar y que le manoseen y le obedezcan, enemigo de que le guarden, que se anda tras los que no le merecen y, al cabo, deja a todos con dolor de sus almas, amigo de andar de casa en casa. Y para ver cuán ruin es el dinero, que no parece sino que ha sido cotorrera, habéis de ver a cuán ruin gente le da el Señor, y en esto conoceréis lo que son los bienes deste mundo, en los dueños dellos. Echad los ojos por esos mercaderes, si no es que estén ya allá, pues roban los ojos. Mirad esos joyeros, que, a persuasión de la locura, venden enredos resplandecientes y embustes de colores, donde se anegan los dotes de los recién casados. ¡Pues qué, si vais a la platería! No volveréis enteros. Allí cuesta la honra, y hay quien hace creer a un malaventurado se ciña su patrimonio al dedo, y, no sintiendo los artejos el peso, está ahullando en su casa. No trato de los pasteleros y sastres, ni de los roperos que son sastres a Dios y a la ventura y ladrones a diablos y desgracia. Tras éstos se anda el dinero. Y ¿no tendrá asco cualquier bien aliñado de costumbres y pulido de conciencia de comunicarle ningún deseo? Dejemos esto y vamos a la segunda profecía, que dice: *Será el casado marido.* Vive el cielo de la cama (dijo muy colérico, porque hice no sé qué gesto oyendo la grullada), que si no os oís con mesura y si os rezumáis de carcajadas, que os pele las barbas. Oíd noramala, que a oír habéis venido y a aprender. ¿Pensáis que todos los casados son maridos? Pues mentís, que hay muchos casados solteros y muchos solteros maridos. Y hay hombre que se casa para morir doncel y doncella que se casa para morir virgen de su marido. Y habéisme engañado y sois maldito hombre, y aquí han venido mil muertos diciendo que los habéis muerto a puras bellaquerías. Y certifícoos que si no mirara..., que os arrancara las narices y los ojos, bellaconazo, enemigo de todas las cosas. Reíos también de esta profecía:

Las mujeres parirán
si se empreñan y parieren.
y los hijos que nacieren
de cuyos fueren serán.

¿Veis que parece bobada de Pero Grullo? Pues yo os prometo que si se averiguara esto de los padres, había de haber una confusión de daca mi mayorazgo y toma tu herencia. Hay en esto de las barrigas mucho que decir, y, como los hijos es una cosa que se hace a escuras y sin luz, no hay quien averigüe quién fue concebido a escote ni quién a medias, y es menester creer el parto, y todos heredamos por el dicho del nacer, sin más acá ni más allá. Esto se entiende de las mujeres, que meten oficiales; que mi profecía no habla con la gente honrada, si algún maldito como vos no lo tuerce. ¿Cuántos pensáis que el día del juicio conocerán por padre a su paje, a su escudero, a su esclavo y a su vecino? ¿Y cuántos padres se hallarán sin descendencia? Allá lo veréis.

-Esta profecía y las demás -dije yo-, no las consideramos allá desta manera, y te prometo que tienen más veras de las que parecen, y que, oídas en tu boca, son de otra suerte. Y confieso que te hacen agravio.

-Pues oye -dijo- otra:

Volaráse con las plumas,
andaráse con los pies,
serán seis dos veces tres.

Volaráse con las plumas. Pensáis que lo digo por los pájaros, y os engañáis, que eso fuera necedad. Dígolo por escribanos y ginoveses, que éstos nos vuelan con las plumas el dinero de delante. Y porque vean en el otro mundo que profeticé de los tiempos de ahora y que hay Pero Grullo para los que vivís, llévate este mendrugo de profecías, que a fe que hay que hacer en entenderlo.

Fuese y dejóme un papel en que estaban escritos estos ringlones por esta orden:

Nació viernes de Pasión
para que zahorí fuera,
porque en su día muriera
el bueno y el mal ladrón.
Habrá mil revoluciones
entre linajes honrados,
restituirá los hurtados.
castigará los dadrones.
Y si quisiere primero
las pérdidas remediar,
lo hará sólo con echar
la soga tras el caldero.
Y en estos tiempos que ensarto
veréis (maravilla extraña)
que se desempeña España
solamente con un Cuarto.
Mis profecías mayores
verán cumplida la ley
cuando fuere Cuarto el rey
y cuartos los malhechores.

Leí con admiración las cinco profecías de Pero Grullo, y estaba meditando en ellas, cuando por detrás me llamaron.

Volvíme y era un muerto muy lacio y afligido, muy blanco y vestido de blanco, y dijo:

-Duélete de mí, y, si eres buen cristiano, sácame de poder de los cuentos de los habladores y de los ignorantes, que no me dejan descansar, y méteme donde quisieres.

Hincóse de rodillas, y despedazándose a bofetadas, lloraba como niño.

-¿Quién eres -dije-, que a tanta desventura estás condenado?

-Yo soy -dijo- un hombre muy viejo, a quien levantan mil testimonios y achacan mil mentiras. Yo soy el *Otro*, y me conocerás, ¡pues no hay cosa que no la diga el Otro. Y luego, en no sabiendo cómo dar razón de sí, dicen: «Como dijo el Otro.» Yo no he dicho nada ni despego la boca. En latín me llaman *Quidam*, y por esos libros me hallarás abultando ringlones y llenando cláusulas. Y quiero, por amor de Dios, que vayas al otro mundo y digas cómo has visto al Otro en blanco y que no tiene nada escrito y que no dice nada ni lo ha de decir ni lo ha dicho, y que desmiente desde aquí a cuantos le citan y achacan lo que no saben, pues soy autor de los idiotas y el texto de los ignorantes. Y has de advertir que en los chismes me llaman *Cierta persona*; en los enredos, *No sé quién*; en las cátedras, *Cierto autor*, y todo lo soy el desdichado *Otro*. Haz esto y sácame de tanta desventura y miseria.

-Aún aquí estáis, ¿y no queréis dejar de hablar a nadie? -dijo un muerto hablando, armado de punta en blanco, muy colérico; y asiéndome de un brazo, dijo:

-Oíd acá, y pues habéis venido por estafeta de los muertos a los vivos, cuando vayáis allá decidles que me tienen muy enfadado todos juntos.

-¿Quién eres? -le pregunté.

-Soy -dijo -*Calaínos*.

-¿Calaínos eres? -dije-. No sé cómo no estás desainado, porque eternamente dicen: «Cabalgaba Calainos.»

-¿Saben ellos mis cuentos? Mis cuentos fueron muy buenos y muy verdaderos. Y no se metan en cuentos conmigo.

-Mucha razón tiene el señor Calainos -dijo otro que se allegó-. Y él y yo estamos muy agraviados. Yo soy *Cantimpalos*, y no hacen sino decir: «El ánsar de Cantimpalos, que salía al lobo al camino» Y es menester que les digáis que me han hecho de asno ánsar, y que era asno el que yo tenía, y no ánsar, y los ánsares no tienen que ver con los lobos, y que me restituyan a mi asno en el refrán y que me lo restituyan luego y tomen su ánsar: justicia con costas, y para ello, etc.

Con su báculo venía una vieja o espantajo, diciendo:

-¿Quién está allá a las sepulturas?

Con una cara hecha de un orejón, los ojos en dos cuévanos de vendimiar, la frente con tantas rayas y de tal color y hechura que parecía planta de pie; la nariz, en conversación con la barbilla, que casi juntándose hacían garra, y una cara de la impresión del grifo; la boca, a la sombra de la nariz, de hechura de lamprea, sin diente ni muela, con sus repliegues de bolsa a lo jimio, y apuntándole ya el bozo de las calaveras en un mostacho erizado; la cabeza, con temblor de sonajas, y la habla danzante; unas tocas muy largas sobre el monjil negro; esmaltada de mortaja la tumba con un rosario muy grande colgando, y ella corva, que parecía, con las muertecillas que colgaban dél, que venía pescando calaverillas chicas. Yo, que vi semejante abreviación del otro mundo, dije a grandes voces, pensando que sería sorda:

-¡Ah, señora! ¡Ah, madre! ¡Ah, tía! ¿Quién sois? ¿Queréis algo?

Ella, entonces, levantando el *ab initio et ante saecula* de la cara, y parándose, dijo:

-No soy sorda, ni madre ni tía; nombre tengo y trabajos, y vuestras sinrazones me tienen acabada.

¡Quién creyera que en el otro mundo hubiera presunción de mocedad, y en una cecina como ésta! Llegóse más cerca, y tenía los ojos haciendo aguas, y en el pico de la nariz columpiándose una moquita, por donde echaba un tufo de cimenterio. Díjela que perdonase y preguntéle su nombre. Díjome:

-Yo soy *Dueña Quintañona*.

-Qué, ¿dueñas hay entre los muertos? -dije maravillado-. Bien hacen de pedir cada día a Dios misericordia más que *requiescant in pace*, descansen en paz; porque si hay dueñas, meterán en ruido a todos. Yo creí que las mujeres se morían cuando se volvían dueñas, y que las dueñas no tenían que morir, y que el mundo está condenado a dueña perdurable, que nunca se acaba; mas ahora que te veo acá, me desengaño y me he holgado de verte. Porque por allá luego decimos: «Miren la Dueña Quintañona, daca la Dueña Quintañona.»

-Dios os lo pague y el diablo os lleve -dijo-, que tanta memoria tenéis de mí y sin habello yo de menester. Decid: ¿no hay allá dueñas de mayor número que yo? Yo soy Quintañona; ¿no hay deciochenas y setentonas? Pues ¿por qué no dais tiras dellas y me dejáis a mí, que ha más de ochocientos años que vine a fundar dueñas al infierno, y hasta ahora no se han atrevido los diablos a recibirlas, diciendo que andamos ahorrando penas a los condenados y guardando cabos de tizones como de velas, y que no habrá cosa cierta en el infierno? Y estoy rogando con mi persona al purgatorio, y todas las almas dicen en viéndome: «¿Dueña?, no por mi casa.» Con el cielo no quiero nada, que las dueñas, en no habiendo a quién atormentar y un poco de chisme, perecemos. Los muertos también se quejan de que no los dejo ser muertos como lo habían de ser, y todos me han dejado en mi albedrío si quiero ser dueña en el mundo; mas quiero estarme aquí, por servir de fantasma en mi estado toda la vida y sentada a la orilla de una tarima guardando doncellas, que son más de trabajo que de guardar. Pues, en viniendo una visita, ¿aquel llamen a la dueña? Y a la pobre dueña todo el día le están dando su recaudo todos. En faltando un cabo de vela, llamen a Alvarez, la dueña le tiene. Si falta una retacillo de algo, la dueña estaba allí. Que nos tienen por cigüeñas, tortugas y erizos de las casas, que nos comemos las sabandijas. Si algún chisme hay, ¡alto!, a la dueña. Y somos la gente más bien aposentada en el mundo, porque en el invierno nos ponen en los sótanos y los veranos en los zaquizamíes. Y lo mejor es que nadie nos puede ver; las criadas, porque dicen que las guardamos; los señores, porque los gastamos; los criados, porque nos guardamos; los de fuera, por el *coram vobis* de responso, y tienen razón, porque ver una de nosotras encaramada sobre unos chapines, muy alta y muy derecha, parecemos túmulo vivo. Pues ¡cuando en una visita de señoras hay conjunción de dueñas! Allí se engendran las angustias y sollozos, de allí proceden las calamidades y plagas, los enredos y embustes, marañas y parlerías, porque las dueñas influyen acelgas y lantejas y pronostican candiles y veladores y tijeras de despabilar. Pues ¡qué cosa es levantarse ocho viejas como ocho cabos de años a ocho sin cabo, ensabanadas, y despedirse con unas bocas de tejadillo, con unas hablas sin hueso, dando tabletadas con las encías y poniéndose cada una a las espaldas de su ama a entristecerlas, las asentaderas bajas, trompicando y dando de ojos, adonde en una silla, entre andas y ataúd, ¡le llevan los pícaros arrastrando! Antes quiero estarme entre los muertos y vivos pereciendo que volver a ser dueña. Pues hubo caminante que, preguntando dónde había de parar una noche de invierno, yendo a Valladolid, y diciéndole que en un lugar que se llama Dueñas, dijo que si había adónde parar antes o después. Dijéronle que no, y él a esto, dijo:

-Más quiero parar en la horca que en Dueñas.

Y se quedó fuera, en la picota. Sólo os pido, así os libre Dios de dueñas (y no es pequeña bendición, que para decir que destruirán a uno dicen que le pondrán cual digan dueñas, ¡mirad lo que es decir dueñas!); ruégote encarecidamente que hagas que metan otra dueña en el refrán y me dejen descansar a mí, que estoy muy vieja para andar en refranes y querrían andar en zancos, porque no deja de cansar a una persona andar de boca en boca.

Muy angosto, muy a teja vana, las carnes de venado, en un cendal, con unas mangas por gregüescos y una esclavina por capa y un soportal por sombrero, amarrado a una espada, se llegó a mí un rebozado y llamóme en la seña de los sombrereros.

-Ce, ce -me dijo.

Yo le respondí luego. Lleguéme a él y entendí que era algún muerto envergonzante. Preguntéle quién era.

-Yo soy el malcosido y peor sustentado *don Diego de Noche*.

-Más precio haberte visto -dije yo- que a cuanto tengo. ¡Oh, estómago aventurero! ¡Oh, gaznate de rapiña! ¡Oh, panza al trote! ¡Oh, susto de los banquetes! ¡Oh, mosca de los platos! ¡Oh, sacabocados de los señores! ¡Oh, tarasca de los convites y cáncer de las ollas! ¡Oh, sabañón de las cenas! ¡Oh, sarna de los almuerzos! ¡Oh, sarpullido del mediodía! No hay otra cosa en el mundo sino cofrades; discípulos y hijos tuyos.

-Sea por amor de Dios -dijo don Diego de Noche-, que esto me faltaba por oír; mas, en pago de mi paciencia, os ruego que os lastiméis de mí, pues en vida siempre andaba cerniendo las carnes el invierno por las picaduras del verano, sin poder hartar estas asentaderas de gregüescos: el jubón en pelo sobre las carnes, el más tiempo en ayunas de camisa, siempre dándome por entendido de las mesas ajenas; esforzando, con pistos de cerote y ramplones, desmayos de calzado; animando a las medias a puras sustancias de hilo y aguja. Y llegué a estado en que, viéndome calzado de geomancía, porque todas las calzas eran puntos, cansado de andar restañando el ventanaje, me entinté la pierna y dejé correr. No se vio jamás socorrido de pañizuelos mi catarro, que, afilando el brazo por las narices, me pavonaba de romadizo. Y si acaso alcanzaba algún pañizuelo, ¡porque no le viesen al sonarme, me rebozaba, y, haciendo el coco con la capa, tapando el rostro, me sonaba a escuras. En el vestir he parecido árbol, que en el verano me he abrigado y vestido y en el invierno he andado desnudo.

No me han prestado cosa que haya vuelto: hasta espadas, que dicen que no hay ninguna sin vuelta, si todos me las prestasen, todas serían sin vuelta. Y con no haber dicho verdad en toda mi vida y aborrecídola, decían todos que mi persona era buena para verdad desnuda y amarga. En abriendo yo la boca, lo mejor que se podía esperar era un bostezo o un parasismo, porque todos esperaban el: *deme vuesa merced, présteme, hágame merced,* y así estaban armados de respuestas. Y en despegando los labios, de tropel se oía: *No hay qué dar, Dios le provea, cierto que no tengo, yo me holgara, no hay un cuarto.*

Y fui tan desdichado, que a tres cosas siempre llegué tarde. A pedir prestado llegué siempre dos horas después, y siempre me pagaban con decir:

-Si llegara vuesa merced dos horas antes, se le prestara ese dinero.

A ver los lugares llegué dos años después, y en alabando cualquier lugar, me decían:

-Ahora no vale nada; ¡si vuesa merced lo viera dos años ha!

A conocer y alabar las mujeres hermosas llegué siempre tres años después, y me decían:

-Tres años atrás me había vuesa merced de ver, que vertía sangre por las mejillas.

Según esto, fuera harto mejor que me llamaran *don Diego Después*, que no *don Diego de Noche*. Decir que después de muerto descanso, aquí estoy y no me harto de muerte: los gusanos se mueren de hambre conmigo, y yo me como a los gusanos de hambre, y los muertos andan siempre huyendo de mí, porque no les pegue el don o les hurte los huesos o les pida prestado. Y los diablos se recatan de mí, porque no me meta de gorra a calentarme, y ando por estos rincones introducido en telaraña. Hartos don Diegos hay allá, de quien pueden echar mano.

Déjenme con mi trabajo, que no viene muerto que luego no pregunte por don Diego de Noche. Y diles a todos los dones a teja vana, caballeros chirles, hacia hidalgas y casi dones, que hagan bien por mí. Que estoy penando en una bigotera de fuego, porque, siendo gentilhombre mendicante, caminaba con horma y bigotera a un lado y molde para el cuello y la bula en el otro. Y esto y sacar mi sombra llamaba yo mudar mi casa.

Desapareció aquel caballero o visión, y dio ganas de comer a los muertos, cuando llegó a mí, con la mayor prisa que se ha visto, un hombre alto y flaco, menudo de facciones, de hechura de cerbatana, y, sin dejarme descansar, me dijo:

-Hermano, dejadlo todo presto, luego, que os aguardan los muertos, que no pueden venir acá, y habéis de ir al instante y oírlos y hacer lo que os mandaren sin replicar y sin dilación luego.

Enfadóme la prisa del diablo del muerto, que no vi hombre más súpito, y dije:

-Señor mío, esto no es cochite hervite.

-Sí es -dijo muy demudado-. Dígoos que yo soy *Cochitehervite*, y el que viene a mi lado (aunque yo no le había visto) es *Trochimochi*, que somos más parecidos que el freír y el llover.

Yo, que me vi entre Cochitehervite y Trochimochi, fui como un rayo donde me llamaban.

Estaban sentadas unas muertas a un lado, y dijo Cochitehervite:

-Aquí está *doña Fátula, Mari-Zápalos y Mari-Rabadilla*.

Dijo Trochimochi:

-Despachen, señoras, que está detenida mucha gente.

Doña Fábula dijo:

-Yo soy una mujer muy principal.

-Nosotras somos -dijeron las otras- las desdichadas que vosotros los vivos traéis en las conversaciones disfamadas.

-Por mí no se me da nada -dijo doña Fábula- pero quiero que sepan que soy mujer de un mal poeta de comedias, que escribió infinitas y que me dijo un día el papel:

-Señora, tanto mejor me hallara en andrajos en los muladares, que en coplas en las comedias cuanto no lo sabré encarecer.

Fui mujer de mucho valor y tuve con mi marido el poeta mil pesadumbres sobre las comedias, autos y entremeses. Decíale yo que por qué cuando en las comedias un vasallo, arrodillado, dice al rey: *Dame esos pies*, responde siempre: *Los brazos será mejor*. Que la razón era en diciendo: *Dame esos pies*, responder: *¿Con qué andaré yo después?* Sobre la hambre de los lacayos y el miedo, tuve grandes peloteras con él. Y tuve buenos respetos: que le hice mirar al fin de las comedias por la honra de las infantas, porque las llevaba de voleo y era compasión. No me pagarán esto sus padres dellas en su vida. Fuile a la mano en los dotes de los casamientos para acabar la maraña en la tercera jornada, porque no hubiera rentas en el mundo. Y en una comedia, porque no se casasen todos, le pedí que el lacayo, queriéndole casar su señor con la criada, no quisiese casarse ni hubiese remedio, siquiera porque saliera un lacayo soltero. Donde mayores voces tuvimos, que casi me quise descasar, fue sobre los autos del Corpus. Decíale yo:

-Hombre del diablo, ¿es posible que siempre en los autos del Corpus ha de entrar el diablo con grande brío, hablando a voces, gritos y patadas, y con un brío que parece que todo el teatro es suyo y poco para hacer su papel, como quien dice: «¡Huela la casa al diablo!» Por vida vuestra que hagáis un auto donde el diablo no diga esta boca es mía, y, pues tiene por qué callar, no hable, y que hable quien puede y tiene razón y enójese es un auto. Que, aunque es la misma paciencia, tal vez se indignó y tomó el azote y trastornó mesas y tiendas y cátedras y hizo ruido.

Hícele que, pues podía decir *Padre eterno*, no dijese *Padre eternai*: ni *Satán*, sino *Satanás*; que aquellas palabras eran buenas cuando el diablo entra diciendo bú, bú, bú. Y se sale como cohete. Desagravié los entremeses, que a todos les daban de palos, y con todos sus palos hacían los entremeses. Cuando se dolían dellos:

-Duélanse -decía yo- de las comedias, que acaban en casamientos y son peores, porque son palos y mujer.

Las comedias, que oyeron esto, por vengarse, pegaron los casamientos a los entremeses, y ellos, por escaparse y ser solteros, algunos se acaban en barbería, guitarricas y cantico.

—¿Tan malas son las mujeres -dijo Mari-Zápatos- señora doña Fátula?

Doña Fátula, enfadada y con mucho toldo, dijo:
—¡Miren con qué nos viene ahora Mari-Zápatos!

Si vengo, no vengo, se quisieron arañar, y así se asieron, porque Mari-Rabadilla, que estaba allí, no pudo llegar a meterlas en paz, que sus hijos, por comer cada uno en su escudilla se estaban dando de puñadas.

—Mirad -decía doña Fátula- que digáis en el mundo quién soy.

Decía Mari-Zápatos:
—Mirad que digáis cómo la he puesto.

Mari-Rabadilla dijo:
—Decidles a los vivos que si mis hijos comen cada uno su escudilla, qué mal les hacen a ellos. ¡Cuánto peores son ellos, que comen en la escudilla de los otros, como don Diego de Noche y otros cofrades de su talle!

Apartéme de allí, que me hendía la cabeza, y vi venir un ruido de piullidos y chillidos grandísimos y una mujer corriendo como una loca, diciendo:
—Pío, pío.

Yo entendí que era la reina Dido, que andaba tras el pío Eneas por el perro muerto a la zacapela, cuando oigo decir:
—Allá va *Marta con sus pollos*.
—Válate el diablo, ¿y acá estás? ¿Para quién crías esos pollos? -dije yo.
—Yo me lo sé -dijo ella-. Críolos para comérmelos, pues siempre decís: «Muera Marta y muera harta.» Y decidles a los del mundo que quién canta bien después de hambriento y que no digan necedades, que es cosa sabida que no hay tono como el del ahito. Decídles que me dejen con mis pollos a mí y que repartan esos refranes entre otras Martas, que cantan después de hartas. Que harto embarazada estoy yo acá con mis pollos, sin que ande inquieta en vuestro refrán.

¡Oh, qué voces y gritos se oían por toda aquella sima! Unos corrían a una parte y otros a otra, y todo se turbó en un instante. Yo no sabía dónde me esconder. Oíanse grandísimas voces que decían:
—Yo no te quiero, nadie te quiere.

Y todos decían esto. Cuando yo oí aquellos gritos, dije:

-Sin duda, es éste algún pobre, pues no le quiere nadie: las señas de pobre son, por lo menos.

Todos me decían:

-Hacia ti, mira que va a ti.

Y yo no sabía qué me hacer, y andaba como un loco mirando dónde huir, cuando me asió una cosa, que apenas divisaba lo que era, como sombra. Atemoricéme, púsoseme en pie el cabello, sacudióme el temor los huesos.

-¿Quién eres, o qué eres o qué quieres -le dije-, que no te veo y te siento?

-Yo soy -dijo- el alma de *Garibay*, que ando buscando quién me quiera, y todos huyen de mí, y tenéis la culpa vosotros los vivos, que habéis introducido decir que el alma de Garibay no la quiso Dios ni el diablo. Y en esto decís una mentira y una herejía. La herejía es decir que no la quiso Dios: que Dios todas almas quiere y por todas murió. Ellas son las que no quieren a Dios. Así que Dios quiso el alma de Garibay como las demás. La mentira consiste en decir que no la quiso el diablo. ¿Hay alma que no la quiera el diablo? No por cierto, Que, pues él no hace asco de la de los pasteleros, roperos, sastres ni sombrereros, no lo hará de mí. Cuando yo viví en el mundo, me quiso una mujer calva y chica, gorda y fea, melindrosa y sucia, con otra docena de faltas. Si esto no es querer el diablo, no sé qué es diablo, pues veo, según esto, que me quiso por poderes, y esta mujer, en virtud dellos, me endiabló, y ahora ando en pena por todos estos sótanos y sepulcros. Y he tomado por arbitrio volverme al mundo y andar entre los desalmados corchetes y mohatreros, que, por tener alma, todos me reciben. Y así, todos estos y los demás oficios desta jaez tienen el ánima de Garibay, Y decidles que muchos dellos, que allá dicen que el alma de Garibay no la quiso Dios ni el diablo, la quieren ellos por alma y la tienen por alma, y que dejen a Garibay y miren por sí,

En esto desapareció con otro tanto ruido. Iba tras ella gran chusma de traperos, mesoneros, venteros, pintores, chicarreros y joyeros, diciéndola:

-Aguarda, mi alma.

No vi cosa tan requebrada. Y espantóme que nadie la quería al entrar y casi todos la requebraban al salir.

Yo quedé confuso cuando se llegaron a mí *Perico de los Patotes y Pateta, Juan de las calzas blancas, Pedro por demás, el Bobo de Coria, Pedro de Urdemalas*, así me dijeron que se llamaban, y dijeron:

-No queremos tratar del agravio que se nos hace a nosotros en los cuentos y en conversaciones, que no se ha de hacer todo en un día.

Yo les dije que hacían bien, porque estaba tal con la variedad de cosas que había visto, que no me acordaba de nada.

-Sólo queremos -dijo Pateta- que veas el retablo que tenemos de los muertos a puro refrán.

Alcé los ojos y estaban a una lado el *santo Macarro*, jugando al abejón, y a su lado el de *Santo Leprisco*. Luego, en medio, estaba *san Ciruelo* y muchas mandas y promesas de señores y príncipes aguardando su día, porque entonces las harían buenas, que sería el día de *san Ciruelo*. Por encima dél estaba el *santo de Pajares y fray Jarro*, hecho una bota, por sacristán junto a *san Porro*, que se quejaba de los carreteros. Dijo *fray Jarro*, con una vendimia por ojos, escupiendo racimos y oliendo a lagares, hechas las manos dos piezgos y la nariz espita, la habla remostada con un tonillo del carro:

-Esto son santos que ha canonizado la picardía con poco temor de Dios.

Yo me quería ir y oigo que decía el santo de Pajares:

-¡Ah!, compañero, decidles a los del siglo que muchos picarones, que allá tenéis por santos, tienen acá guardados los pajares, y lo demás que tenemos que decir se dirá otro día.

Volví las espaldas y topé cosido conmigo a don Diego de Noche, rascándose en una esquina, y conocíle y díjele:

-¿Es posible que aún hay que comer en vuesamerced, señor don Diego?

Y díjome:

-Por mis pecados soy refitorio y bodegón de piojos. Querría suplicaros, pues os vais y allá habrá muchos y acá no se hallan por el bienparecer, que ando muy desabrigado, que me enviéis algún mondadientes. Que, como yo la traiga en la boca, todo me sobra, que soy amigo de traer las quijadas hechas jugador de manos, y, al fin, se masca y se chupa y hay algo entre dientes, y, poco a poco, se roe. Y si es de lentisco, es bueno para las opilaciones.

Diome gran risa y apartéme dél huyendo, por no lo ver aserrar con las costillas un paredón a puros concomos.

Dando gritos y alaridos venía un muerto, diciendo:

-A mí me toca, yo lo sabré, ello dirá, entenderémonos, ¿qué es esto?

Y otras razones tales.

-¿Quién es éste tan entremetido en todas las cosas?

Y respondióme un difunto:

-Este es Vargas, que, como dicen: *Averíguelo Vargas*, viene averiguándolo todo.

Topó en el camino a *Villadiego*. El pobre estaba afligidísimo, hablando entre sí. Llamóle, y díjole:

-Señor Vargas, pues vuesamerced lo averigua todo, hágame merced de averiguar quién fueron *las de Villadiego*, que todos las toman. Que yo soy Villadiego, y en tantos años no lo he podido saber ni las echo menos, y querría salir, si es posible, deste encanto.

Vargas le dijo:

-Tiempo hay, que ahora ando averiguando cuál fue primero, la mentira o el sastre. Porque si la mentira fue primero, ¿quién la pudo decir si no había sastres? Y si fueron primero los sastres, ¿cómo pudo haber sastres sin mentira? En averiguando esto, volveré.

Y con esto se desapareció. Venía tras él *Miguel de Vergas*, diciendo:

-Yo soy el Miguel de las negaciones, sin qué ni para qué, y siempre ando con un no a las ancas: Eso no, Miguel de Vergas. Y nadie me concede nada, y no sé por qué ni qué he hecho.

Más dijera, según mostraba pasión, si no llegara una pobre mujer cargada de bodigos y llena de males y plañiendo.

-¿Quién eres -la dije-, mujer desdichada?

-La *manceba del abad* -respondió ella-, que anda en los cuentos de niños partiendo el mal con el que le va a buscar, y así dicen las empuñadoras de las consejas: «Y el mal para quien le fuere a buscar y para la manceba del abad.» Yo no descaso a nadie; antes hago que se casen todos. ¿Qué me quieren, que no hay mal, venga por donde viniere, que no sea para mí?

Fuese y quedó a su lado un hombre triste, entre calavera y mala nueva.

—¿Quién eres -le dije-, tan aciago, que, como dicen, para martes sobras?

—Yo soy -dijo- *Mátalascallando*, y nadie sabe por qué me llaman así, y es bellaquería, que quien mata es a puro hablar, y esos son *Mátalashablando*. Que las mujeres no quieren en un hombre sino que otorgue, supuesto que ellas piden siempre. Y si quien calla otorga, yo me he de llamar *Resucitalascallando*. Y no que andan por ahí unos mozuelos con unas lenguas de portante matando y a cuantos los oyen, y así hay infinitos oídos con mataduras.

—Así es verdad -dijo *Lanzarote*-, que a mí me tienen esos consumido a puro lanzarotar con si viene o no viene de Bretaña, y son tan grandes habladores, que viendo que mi romance dice:

*Doncellas curaban dél
y dueñas de su rocino,*

han dicho que de aquí se saca que en mi tiempo las dueñas eran mozos de caballos, pues curaban del rocino. ¡Bueno estuviera el rocín en poder de dueñas! ¡El diablo se lo daba! Es verdad, y yo no lo puedo negar, que las dueñas, por ser mozas, aunque fuese de caballos, se entremetieron en eso, como en otras cosas; mas yo hice lo que convenía.

—Crean al señor Lanzarote -dijo un pobre mozo sencillo, humilde y caribobo-, que yo lo certifico.

—¿Quién eres tú, que pretendes crédito entre los podridos?

—Yo soy el pobre *Juan de buena alma*, que ni me ha aprovechado tener buen alma ni nada para que me dejen ser muerto. ¡Extraña cosa, que sirva yo en el mundo de apodo! Es *Juan de buen alma*, dicen al marido que sufre y al galán que engañan y al hombre que estafan y al señor que roban y a la mujer que embelecan. Yo estoy aquí sin meterme con nadie.

—Eso es nonada -dijo *Juan Ramos*-, que, voto a Cristo, que los diablos me hicieron tener una gata. Más me valiera comerme de ratones, que no me dejan descansar: *daca la gata de Juan Ramos, toma la gata de Juan Ramos*. Y ahora no hay doncellita ni contadorcito, que ayer no tenía que contar sino duelos y quebrantos, ni secretario, ni ministro, ni hipócrita, ni pretendiente, ni juez, ni pleiteante, ni viuda, que no se haga la gata de Juan

Ramos. Y todo soy gatas, que parezco a febrero. Y quisiera ser antes *sastre del Campillo* que Juan Ramos.

Tan presto saltó el *sastre del Campillo*, y dijo que quién metía a Juan Ramos con el sastre. Y él dijo que no mejoraba de apellido, aunque mudaba de sexo.

-Pues dijeran el gato de Juan Ramos y no la gata.

Si dijeran, no dijeran, el sastre desconfió de las tijeras y fió de las uñas, con razón, y empezóse una brega del diablo. Viendo tal escarapela, íbame poco a poco y buscando quién me guiase, cuando, sin hablar palabra ni chistar, como dicen los niños, un muerto de buena disposición, bien vestido y de buena cara, cerró conmigo. Yo temí que era loco y cerré con él. Metiéronnos en paz. Decía el muerto:

-Déjenme a ese bellaco, deshonrabuenos. Voto al cielo de la cama, que le he de hacer que se quede acá.

Yo estaba colérico y díjele:

-Llega y te tornaré a matar, infame, que no puedes ser hombre de bien: llega, cabrón.

¡Quién tal dijo! No le hube llamado la mala palabra, cuando otra vez se quiso abalanzar a mí y yo a él. Llegáronse otros muertos y dijeron:

-¿Qué habéis hecho? ¿Sabéis con quién habláis? ¿A *Diego Moreno* llamáis cabrón? ¿No hallastes sabandijas de mejor frente?

-¿Qué, éste es *Diego Moreno*? -dije yo.

Enojéme más y alcé la voz, diciendo:

-Infame, pues ¿tú hablas? ¿Tú dices a los otros deshonrabuenos? La muerte no tiene honra, pues consiente que éste ande aquí. ¿Qué le he hecho yo?

-Entremés -dijo tan presto Diego Moreno-. ¿Yo soy cabrón y otras bellaquerías que compusiste a él semejantes? ¿No hay otros Morenos de quien echar mano? ¿No sabías, que todos los Morenos, aunque se llamen Juanes, en casándose se vuelven Diegos y que el color de los más maridos es moreno? ¿Qué he hecho yo que no hayan hecho otros muchos más? ¿Acabóse en mí el cuerno? ¿Levantéme yo a mayores con la cornamenta? ¿Encareciéronse por mi muerte los cabos de cuchillos y los tinteros? Pues ¿qué los ha movido a traerme por tablados? Yo fui marido de tomo y lomo, porque tomaba y engordaba: sietedurmientes era con los ricos y grulla con pobres, poco malicioso. Lo que podía echar a la bolsa no lo echaba a mala parte. Mi mujer era una pícaronaza y ella me disfamaba, porque dio en decir:

-Dios me le guarde a mi Diego Moreno, que nunca me dijo malo ni bueno.

Y miente la bellaca, que yo dije malo y bueno ducientas veces. Y si está el remedio en eso, a los cabronazos que hay ahora en el mundo decidles que se anden diciendo malo y bueno a sus mujeres, a ver si les desmocharán las sienes y si podrán restañar el flujo del hueso. Lo otro: yo dicen que no dije malo ni bueno, y es tan al revés, que en viendo entrar en mi casa poetas, decía ¡malo!; y en viendo salir ginoveses, decía ¡bueno! Si vía con mi mujer galancetes, decía ¡malo! Si vía mercaderes, decía ¡bueno! Si topaba en mi escalera valientes, decía ¡remalo!; si encontraba obligados y tratantes, decía ¡rebueno! Pues ¿qué más bueno y malo había de decir? En mi tiempo hacía tanto ruido un marido postizo, que se vendía el mundo por uno y no se hallaba. Ahora se casan por suficiencia y se ponen a maridos como a sastres y escribientes. Y hay platicantes de cornudo y aprendices de maridería. Y anda el negocio de suerte que, si volviera al mundo, con ser el propio Diego Moreno, a ser cornudo, me pusiera a platicante y aprendiz delante del acatamiento de los que peinan medellín y barban de cabrío.

-¿Para qué son esas humildades -dije yo- si fuiste el primer hombre que endureció de cabeza los matrimonios, el primero que crió desde el sombrero vidrieras de linternas, el primero que injirió los casamientos sin montera? Al mundo voy sólo a escribir de día y de noche entremeses de tu vida.

-No irás tal vez -dijo.

Y asímonos a bocados, y a la grita y ruido que traíamos, después de un vuelco que di en la cama, diciendo: «¡Válgate el diablo! ¿Ahora te enojas, propia condición de cornudos enojarse después de muertos?...»

Con esto me hallé en mi aposento tan cansado y tan colérico como si la pendencia hubiera sido verdad y la peregrinación no hubiera sido sueño. Con todo eso, me pareció no despreciar del todo esta visión y darle algún crédito, pareciéndome que los muertos pocas veces se burlan y que, gente sin pretensión y desengañada, más atienden a enseñar que a entretener.

EL MUNDO POR DE DENTRO

A DON PEDRO DE GIRÓN, DUQUE DE OSUNA, MARQUÉS DE PEÑAFIEL, CONDE DE UREÑA

DISCURSO

Es nuestro deseo siempre peregrino en las cosas desta vida, y así, con vana solicitud, anda de unas en otras, sin saber hallar patria ni descanso. Aliméntase de la variedad y diviértese con ella, tiene por ejercicio el apetito y éste nace de la ignorancia de las cosas. Pues, si las conociera, cuando cudicioso y desalentado las busca, así las aborreciera, como cuando, arrepentido, las desprecia, Y es de considerar la fuerza grande que tiene, pues promete y persuade tanta hermosura en los deleites y gustos, lo cual dura sólo en la pretensión dellos: porque, en llegando cualquiera a ser poseedor, es juntamente descontento. El mundo, que a nuestro deseo sabe la condición para lisonjearla, pónese delante mudable y vario, porque la novedad y diferencia es el afeite con que más nos atrae. Con esto acaricia nuestros deseos, llévalos tras sí y ellos a nosotros.

Sea por todas las experiencias mi suceso, pues cuando más apurado me había de tener el conocimiento destas cosas, me hallé todo en poder de la confusión, poseído de la vanidad de tal manera, que en la gran población del mundo, perdido ya, corría donde tras la hermosura me llevaban las ojos, y adonde tras la conversación los amigos, de una talle en otra, hecho fábula de todos. Y en lugar de desear salida al laberinto, procuraba que se me alargase el engaño. Ya por la calle de la ira, descompuesto, seguía las pendencias pisando sangre y heridas; ya por la de la gula veía responder a los brindis turbados. Al fin, de una calle en otra andaba, siendo infinitas, de tal manera confuso, que la admiración aún no dejaba sentido para el cansancio, cuando llamado de voces descompuestos y tirado porfiadamente del manteo, volví la cabeza.

Era un viejo venerable en sus canas, maltratado, roto por mil partes el vestido y pisado. No por eso ridículo: antes severo y digno de respeto.

-¿Quién eres -dije-, que así te confiesas envidioso de mis gustos? Déjame, que siempre los ancianos aborrecéis en los mozos los placeres y deleites, no que dejáis por vuestra voluntad, sino que, por fuerza, os quita el tiempo. Tú vas, yo vengo. Déjame gozar y ver el mundo.

Desmintiendo sus sentimientos, riéndose, dijo:

-Ni te estorbo ni te envidio lo que deseas; antes te tengo lástima. ¿Tú, por ventura, sabes lo que vale un día? ¿Entiendes de cuánto precio es una hora? ¿Has examinado el valor del tiempo? Cierto es que no, pues así alegre le dejas pasar hurtado de la hora, que, fugitiva y secreta, te lleva preciosísimo robo. ¿Quién te ha dicho que lo que ya fue volverá, cuando lo hayas menester, si lo llamares? Dime: ¿has visto algunas pisadas de los días? No, por cierto, que ellos sólo vuelven la cabeza a reírse y burlarse de los que así los dejaron pasar. Sábete que la muerte y ellos están eslabonados y en una cadena, y que, cuando más caminan los días que van delante de ti, tiran hacia ti y te acercan a la muerte, que quizá la aguardas y es ya llegada, y, según vives, antes será pasada que creída, Por necio tengo al que toda la vida se muere de miedo que se ha de morir, y por malo al que vive tan sin miedo della como si no la hubiese. Que éste la viene a temer cuando la padece, y, embarazado con el temor, no halla remedio a la vida ni consuelo a su fin. Cuerdo es sólo el que vive cada día como quien cada día y cada hora puede morir.

-Eficaces palabras tienes, buen viejo. Traído me has el alma a mí, que me llevaban embelesada vanos deseos. ¿Quién eres, de dónde y qué haces por aquí?

-Mi hábito y traje dice que soy hombre de bien y amigo de decir verdades, en lo roto y poco medrado, y lo peor que tu vida tiene es no haberme visto la cara hasta ahora. Yo soy el Desengaño. Estos rasgones de la ropa son de los tirones que dan de mí los que dicen en el mundo que me quieren, y estos cardenales del rostro, estos golpes y coces me dan en llegando, porque vine y porque me vaya. Que en el mundo todos decís que queréis desengaño, y, en teniéndole, unos os desesperáis, otros maldecís a quien os le dio, y los más, corteses no le creéis. Si tú quieres, hijo, ver el mundo, ven conmigo, que yo te llevaré a la calle mayor, que es adonde salen todas las figuras, y allí verás juntos los que por aquí van divididos, sin cansarte. Yo te enseñaré el mundo como es: que tú no alcanzas a ver sino lo que parece.

-Y ¿cómo se llama -dije yo- la calle mayor del mundo donde hemos de ir?

-Llámase -respondió- Hipocresía. Calle que empieza con el mundo y se acabará con él, y no hay nadie casi que no tenga sino una casa, un cuarto o un aposento en ella. Unos son vecinos y otros paseantes: que hay muchas diferencias de hipócritas, y todos cuantos ves por ahí lo son. Y, ¿ves aquel que gana de comer como sastre y se viste como hidalgo? Es hipócrita, y el día de fiesta, con el raso de terciopelo y el cintillo y la cadena de oro, se desfigura de suerte que no le conocerán las tijeras y agujas y jabón, y parecerá tan poco oficial, que aun parece que dice verdad.

¿Ves aquel hidalgo con aquel que es como caballero? Pues, debiendo medirse con su hacienda, ir solo, por ser hipócrita y parecer lo que no es, se va metiendo a caballero, y, por sustentar un lacayo, ni sustenta lo que dice ni lo que hace, pues ni lo cumple ni lo paga. Y la hidalguía y la ejecutoria le sirve sólo de pontífice en dispensarle los casamientos que hace con sus deudas: que está más casado con ellas que con su mujer.

Aquel caballero, por ser señoría, no hay diligencia que no haga y ha procurado hacerse Venecia por su señoría, sino que, como se fundó en el viento para serlo, se había defundar en el agua. Sustenta, por parecer señor, caza de halcones, que lo primero que matan es a su amo de hambre con la costa y luego el rocín en que los llevan, y después, cuando mucho, una graja o un milano.

Y ninguno es lo que parece. El señor, por tener acciones de grande, se empeña, y el grande remeda ceremonia de Rey.

Pues, ¿qué diré de los discretos? ¿Ves aquél aciago de cara? Pues, siendo un mentecato, por parecer discreto y ser tenido por tal, se alaba de que tiene poca memoria, quéjase de melancolías, vive descontento y préciase de malregido, y es hipócrita, que parece entendido y es mentecato.

¿No ves los viejos, hipócritas de barbas, con las canas envainadas en tinta, querer ,en todo parecer muchachos? ¿No ves a los niños preciarse de dar consejos y presumir de cuerdos? Pues todo es hipocresía.

Pues en los nombres de las cosas, ¿no la hay la mayor del mundo? El zapatero de viejo se llama entretenedor del calzado. El botero, sastre del vino, porque le hace de vestir. El mozo de mulas, gentilhombre de camino. El bodegón, estado; el bodegonero, contador. El verdugo se llama miembro de la justicia, y el corchete, criado. El fullero, diestro; el ventero, huésped; la taberna, ermita; la putería, casa; las putas, damas; las alcahuetas, dueñas; los cornudos, honrados. Amistad llaman al amancebamiento, trato a la usura, burla a la estafa, gracia la mentira, donaire la malicia, descuido la bellaquería, valiente al desvergonzado, cortesano al vagamundo, al negro, moreno; señor maestro al albardero, y señor doctor al platicante. Así que ni son lo que parecen ni lo que se llaman: hipócritas en el nombre y en el hecho.

¡Pues unos nombres que hay generales! A toda pícara, señora hermosa; a todo hábito largo, señor licenciado; a todo gallofero, señor soldado; a todo bien vestido, señor hidalgo; a todo capigorrón, o lo que fuere, canónigo o arcediano; a todo escribano, secretario.

De suerte que todo el hombre es mentira por cualquier parte que le examines, si no es que, ignorante como tú, crea las apariencias. ¿Ves los pecados? Pues todos son hipocresía, y en ella empiezan y acaban y della nacen y se alimentan la ira, la gula, la soberbia, la avaricia, la lujuria, la pereza, el homicidio y otros mil.

-¿Cómo me puedes tú decir ni probarlo, si vemos que son diferentes y distintos?

-No me espanto que eso ignores, que lo saben pocos. Oye y entenderás con facilidad eso, que así te parece contrario, que bien se conviene. Todos los pecados son malos: eso bien lo confiesas. Y también confiesas con los filósofos y teólogos que la voluntad apetece lo malo debajo de razón y bien, y que para pecar no basta la representación de la ira ni el conocimiento de la lujuria sin el consentimiento de la voluntad... y que eso, para que sea pecado, no aguarda la ejecución, que sólo le agrava más, aunque en esto hay muchas diferencias. Esto así visto y entendido, claro está que cada vez que un pecado destos se hace, que la voluntad lo consiente y lo quiere, y, según su natural, no pudo apetecelle sino debajo de razón de algún bien. Pues ¿hay más clara y más confirmada hipocresía que vestirse del bien en lo aparente para matar con el engaño? ¿Qué esperanza es la del hipócrita), dice Job. Ninguna, pues ni la tiene por lo que es, pues es malo, ni por lo que parece, pues lo parece y no lo es. Todos los pecadores tienen menos atrevimiento que el hipócrita, pues ellos pecan contra Dios; pero ni con Dios ni en Dios. Mas el hipócrita peca contra Dios y con Dios, pues le toma por instrumento para pecar.

En esto llegamos a la calle mayor. Vi todo el concurso que el viejo me había prometido. Tomamos puesto conveniente para registrar lo que pasaba. Fue un entierro en esta forma. Venían envainados en unos sayos grandes de diferentes colores unos pícaros, haciendo una taracea de mullidores. Pasó esta recua incensando con las campanillas. Seguían los muchachos de la doctrina, meninos de la muerte y lacayuelos del ataúd, chirriando la calavera. Seguíanse luego doce galloferos, hipócritas de la pobreza, con doce hachas acompañando el cuerpo y abrigando a los de la capacha, que, hombreando, testificaban el peso de la difunta. Detrás seguía larga procesión de amigos, que acompañaban en la tristeza y luto al viudo, que anegado en capuz de bayeta y devanado en una chía, perdido el rostro en la falda de un sombrero, de suerte que no se le podían hallar los ojos, corvos e impedidos los pasos con el peso de diez arrobas de cola que arrastraba, iba tardo y perezoso. Lastimado deste espectáculo:

-¡Dichosa mujer -dije-, si lo puede ser alguna en la muerte, pues hallaste marido que pasó con la fe y el amor más allá de la vida y sepultura! ¡Y dichoso viudo, que ha hallado tales amigos, que no sólo acompañan su sentimiento, pero que parece que le vencen en él! ¿No ves qué tristes van y suspensos?

El viejo, moviendo la cabeza y sonriéndose, dijo:

-¡Desventurado! Eso todo es por de fuera y parece así; pero ahora lo verás por de dentro y verás con cuánta verdad el ser desmiente a las apariencias. ¿Ves aquellas luces, campanillas y mullídores, y todo este acompañamiento piadoso, que es sufragio cristiano y limosnero? Esto es saludable; mas las bravatas que en los túmulos sobrescriben podrición y gusanos, se podrían excusar. Empero también los muertos tienen su vanidad y los difuntos y difuntas su soberbia. Allí no va sino tierra de menos fruto y más espantosa de la que pisas, por sí no merecedora de alguna honra ni aun de ser cultivada con arado ni azadón. ¿Ves aquellos viejos que llevan las hachas? Pues algunos no las atizan para que atizadas alumbren más, sino por que atizadas a menudo se derritan más y ellos hurten más cera para vender. Estos son los que a la sepultura hacen la salva en el difunto y difunta, pues antes que ella lo coma ni lo pruebe, cada uno le ha dado un bocado, arrancándole un real o dos; mas con todo esto tiene el valor de la limosna. ¿Ves la tristeza de los amigos? Pues todo es de ir en el entierro y los convidados van dados al diablo con los que convidaron; que quisieran más pasearse o asistir a sus negocios. Aquel que habla de mano con el otro le va diciendo que convidar a entierro y a misacantanos, donde se ofrece, que no se puede hacer con un amigo y que el entierro sólo es convite para la tierra, pues a ella solamente llevan qué coma. El viudo no va triste del caso y viudez, sino de ver que, pudiendo él haber enterrado a su mujer en un muladar y sin costa y fiesta ninguna, le hayan metido en semejante baraúnda y gasto de cofradías y cera, y entre sí dice que le debe poco, que, ya que se había de morir, pudiera haberse muerto de repente, sin gastarle en médicos, barberos ni boticas y no dejarle empeñado en jarabes y pócimas. Dos ha enterrado con ésta, y es tanto el gusto que recibe de enviudar, que ya va trazando el casamiento con una amiga que ha tenido, y, fiado con su mala condición y endemoniada vida, piensa doblar el capuz por poco tiempo.

Quedé espantado de ver todo esto ser así, diciendo:

—¡Qué diferentes son las cosas del mundo de como las vemos! Desde hoy perderán conmigo todo el crédito mis ojos y nada creeré menos de lo que viere.

Pasó por nosotros el entierro, como si no hubiera de pasar por nosotros tan brevemente, y como si aquella difunta no nos fuera enseñando el camino y, muda, no nos dijera a todos:

«Delante voy, donde aguardo a los que quedáis, acompañando a otros que yo vi pasar con ese propio descuido.»

Apartónos desta consideración el ruido que andaba en una casa a nuestras espaldas. Entramos dentro a ver lo que fuese, y al tiempo que sintieron gente comenzó un plañido, a seis voces, de mujeres que acompañaban una viuda. Era el llanto muy autorizado, pero poco provechoso al difunto. Sonaban palmadas de rato en rato, que parecía palmeado de diciplinantes. Oíanse unos sollozos estirados, embutidos de suspiros, pujados por falta de gana. La casa estaba despojada, las paredes desnudas. La cuitada estaba en un aposento escuro sin luz ninguna, lleno de bayetas, donde lloraban a tiento. Unas decían:

—Amiga, nada se remedia con llorar.

Otras:

-Sin duda goza de Dios.

Cuál la animaba a que se conformase con la voluntad del Señor. Y ella luego comenzaba a soltar el trapo, y llorando a cántaros decía:

-¿Para qué quiero yo vivir sin Fulano? ¡Desdichada nací, pues no me queda a quien volver los ojos! ¡Quién ha de amparar a una pobre mujer sola! y aquí plañían todas con ella y andaba una sonadera de narices que se hundía la cuadra. Y entonces advertí que las mujeres se purgan en un pésame déstos, pues por los ojos y las narices echan cuanto mal tienen.

Enternecíme y dije:

-¡Qué lástima tan bien empleada es la que se tiene a una víuda!, pues por sí una mujer es sola, y viuda mucho más. Y así su nombre es de mudas sin lengua. Que eso significa la voz que dice viuda en hebreo, pues ni tiene quien hable por ella ni atrevimiento, y como se ve sola para hablar, y aunque hable, como no la oyen, lo mismo es que ser mudas y peor.

-Esto remedian con meterse a dueñas. Pues en siéndolo, obran de manera, que de lo que las sobra pueden hablar todos los mudos y sobrar palabras para los tartajosos y pausados. Al marido muerto llaman el que pudre. Mirad cuáles son éstas, y si muerto, que ni las asiste, ni las guarda, ni las acecha, dicen que pudre, ¿qué dirían cuando vivo hacía todo esto?

-Eso -respondí- es malicia que se verifica en algunas; mas todas son un género femenino desamparado, y tal como aquí se representa en esta desventurada mujer. Dejadme -dije al viejo- llorar semejante desventura y juntar mis lágrimas a las destas mujeres.

El viejo, algo enojado, dijo:

-¿Ahora lloras, después de haber hecho ostentación vana de tus estudios y mostrádote docto y teólogo, cuando era menester mostrarte prudente? ¿No aguardaras a que yo te hubiera declarado estas cosas para ver cómo merecían que se hablase dellas? Mas ¿quién habrá que detenga la sentencia ya imaginada en la boca? No es mucho, que no sabes otra cosa, y que a no ofrecerse la viuda, te quedabas con toda tu ciencia en el estómago. No es filósofo el que sabe dónde está el tesoro, sino el que trabaja y le saca, Ni aun ése lo es del todo, sino el que después de poseído usa bien dél. ¿Qué importa que sepas dos chistes y dos lugares, si no tienes prudencia para acomodarlos? Oye, verás esta viuda, que por de fuera tiene un cuerpo de responsos, cómo por de dentro tiene una ánima de aleluyas, las tocas negras y los pensamientos verdes. ¿Ves la escuridad del aposento y el estar cubiertos los rostros con el manto? Pues es porque así, como no las pueden ver, con hablar un poco gangoso, escupir y remedar sollozos, hace un llanto casero y hechizo, teniendo los ojos hechos una yesca, ¿Quiéreslas consolar? Pues déjalas solas y bailarán en no habiendo con quien cumplir, y luego las amigas harán su oficio:

-¡Quedáis moza y es malograros! Hombres habrá quien os estimen. Ya sabéis quién es Fulano, que cuando no supla la falta del que está en la gloria, etc.

Otra:

-Mucho debéis a don Pedro, que acudió en este trabajo. No sé qué me sospeche. Y, en verdad, que si hubiera de ser algo..., que por quedar tan niña os será forzoso...

Y entonces la viuda, muy recoleta de ojos y muy estreñida de boca, dice:

-No es ahora tiempo deso. A cargo de Dios está: El lo hará, si viere que conviene.

Y advertid que el día de la viudez es el día que más comen estas viudas, porque para animarla no entra ninguna que no le dé un trago. Y le hace comer un bocado, y ella lo come, diciendo:

-Todo se vuelve ponzoña.

Y medio mascándolo dice:

-¿Qué provecho puede hacer esto a la amarga viuda que estaba hecha a comer a medias todas las cosas y con compañía, y ahora se las habrá de comer todas enteras sin dar parte a nadie de puro desdichada?

Mira, pues, siendo esto así, qué a propósito vienen tus exclamaciones.

Apenas esto dijo el viejo, cuando arrebatados de unos gritos, ahogados en vino, de gran ruido de gente, salimos a ver qué fuese. Y era un alguacil, el cual con sólo un pedazo de vara en la mano y las narices ajadas, deshecho el cuello, sin sombrero y en cuerpo, iba pidiendo favor al Rey, favor a la justicia, tras un ladrón, que en seguimiento de una iglesia, y no de puro buen cristiano, iba tan ligero como podía la necesidad y le mandaba el miedo.

Atrás, cercado de gente, quedaba el escribano, lleno de lodo, con las cajas en el brazo izquierdo, escribiendo sobre la rodilla. Y noté que no hay cosa que crezca tanto en tan poco tiempo como culpa en poder de escribano, pues en un instante tenía una resma al cabo.

Pregunté la causa del alboroto. Dijeron que aquel hombre que huía era amigo del alguacil, y que le fió no sé qué secreto tocante en delito, y, por no dejarlo a otro que lo hiciese, quiso él asirle. Huyósele, después de haberse dado muchas puñadas, y viendo que venía gente, encomendóse a sus pies, y fuese a dar cuenta de sus negocios a un retablo.

El escribano hacía la causa, mientras el alguacil con los corchetes, que son podencos del verdugo que siguen ladrando, iban tras él y no le podían alcanzar. Y debía de ser el ladrón muy ligero, pues no le podían alcanzar soplones, que por fuerza corrían como el viento.

-¿Con qué podrá premiar una república el celo deste alguacil, pues, porque yo y el otro tengamos nuestras vidas, honras y haciendas, ha aventurado su persona? Este merece mucho con Dios y con el mundo. Mírale cuál va roto y herido, llena de sangre la cara, por alcanzar aquel delincuente y quitar un tropezón a la Paz del pueblo.

-Basta -dijo el viejo-. Que si no te van a la mano, dirás un día entero. Sábete que ese alguacil no sigue a este ladrón ni procura alcanzarle por el particular y universal provecho de nadie; sino que, como ve que aquí le mira todo el mundo, córrese de que haya quien en materia de hurtar le eche el pie delante, y por eso aguija por alcanzarle. Y no es culpable el alguacil porque le prendió, siendo su amigo, si era delincuente. Que no hace mal el que come de su hacienda; antes hace bien y justamente. Y todo delincuente y malo, sea quien fuere, es hacienda del alguacil y le es lícito comer della. Estos tienen sus censos sobre azotes y galeras y sus juros sobre la horca. Y créeme que el año de virtudes para éstos y para el infierno es estéril. Y no sé cómo aborreciéndole el mundo tanto, por venganza dellos no da en ser bueno adrede por uno o por dos años, que de hambre y de pena se morirían. Y renegad de oficio que tiene situados sus gajes donde los tiene situados Bercebú.

-Ya que en eso pongas también dolo, ¿cómo lo podrás poner en el escribano, que le hace la causa, calificada con testigos?

-Ríete deso -dijo-. ¿Has visto tú alguacil sin escribano algún día? No, por cielito. Que, como ellos salen a buscar de comer, porque (aunque topen un inocente) no vayan a la cárcel sin causa, llevan escribano que se la haga. Y así, aunque ellos no den causa para que les prendan, hácesela el escribano, y están presos con causa. Y en los testigos no repares, que para cualquier cosa tendrán tantos como tuviere gotas de cínta el tintero: que los más en los malos oficiales los presenta la pluma y los examina la cudicia. Y si dicen algunos lo que es verdad, escriben lo que han menester y repiten lo que dijeron. Y para andar como había de andar el mundo, mejor fuera y más importara que el juramento, que ellos toman al testigo que jure a Dios y a la cruz decir verdad en lo que le fuere preguntado, que el testigo se lo tomara a ellos de que la escribirán como ellos la dijeren. Muchos hay buenos escribanos, y alguaciles muchos; pero de sí el oficio es con los buenos como la mar con los muertos, que no los consiente, y dentro de tres días los echa a la orilla. Bien me parece a mí un escribano a caballo y un alguacil con capa y gorra honrando unos azotes, como pudiera un bautismo detrás de una sarta de ladrones que azotan; pero siento que cuando el pregonero dice:

«A estos hombres por ladrones, que suene el eco en la vara del alguacil y en la pluma del escribano.»

Más dijera si no le tuviera la grandeza con que un hombre rico iba en una carroza, tan hinchado que parecía porfiaba a sacarla de husillo, pretendiendo parecer tan grave, que a las cuatro bestias aun se lo parecía, según el espacio con que andaban. Iba muy derecho, preciándose de espetado, escaso de ojos y avariento de miraduras, ahorrando cortesía con todos, sumida la cara en un cuello abierto hacia arriba, que parecía vela en papel, y tan olvidado de sus conjuras, que no sabía por dónde volverse a hacer una cortesía ni levantar el brazo a quitarse el sombrero, el cual parecía miembro, según estaba fijo y firme. Cercaban el coche cantidad de criados traídos con artificio, entretenidos con promesas y sustentados con esperanzas. Otra parte iba de acompañamiento de acreedores, cuyo crédito sustentaba toda aquella máquina. Iba un bufón en el coche entreteniéndole.

-Para ti se hizo el mundo -dije yo luego que le vi-, que tan descuidado vives y con tanto descanso y grandeza. ¡Qué bien empleada la hacienda! ¡Qué lucida! ¡Y cómo representa bien quién es este caballero!

-Todo cuanto piensas -dijo el viejo- es disparate y mentira, y cuanto dices, y sólo aciertas en decir que el mundo sólo se hizo para éste. Y es verdad, porque el mundo es sólo trabajo y vanidad, y éste es todo vanidad y locura. ¿Ves los caballos? Pues comiendo se van, a vueltas de la cebada y paja, al que la fía a éste y por cortesía de las ejecuciones trae ropilla. Más trabajo le cuesta la fábrica de sus embustes para comer, que si lo ganara cavando. ¿Ves aquel bufón? Pues has de advertir que tiene por bufón al que le sustenta y le da lo que tiene. ¿Qué más miseria quieres destos ricos, que todo el año andan comprando mentiras y adulaciones, y gastan sus haciendas en falsos testimonios? Va aquél tan contento porque el truhán le ha dicho que no hay tal príncipe como él, y que todos los demás son unos escuderos, como si ello fuera así. Y diferencian muy poco, porque el uno es juglar del otro. Desta suerte el rico se ríe con el bufón, y él y el bufón se ríe del rico, porque hace caso de lo que lisonjea.

Venía una mujer hermosa trayéndose de paso los ojos que la miraban y dejando los corazones llenos de deseos. Iba ella con artificioso descuido escondiendo el rostro a los que ya la habían visto y descubriéndole a los que estaban divertidos. Tal vez se mostraba por velo, tal vez por tejadillo. Ya daba un relámpago de cara con un bamboleo de manto, ya se hacía brújula mostrando un ojo solo, y, tapada de medio lado, descubría un tarazón de mejilla. Los cabellos martirizados hacían sortijas a las sienes. El rostro era nieve y grana y rosas que se conservaban en amistad, esparcidas por labios, cuello y mejillas. Los dientes transparentes y las manos, que de rato en rato nevaban el manto, abrasaban los corazones. El talle y paso, ocasionando pensamientos lascivos. Tan rica y galana como cargada de joyas recibidas y no compradas. Vila, y, arrebatado de la naturaleza, quise seguirla entre los demás, y, a no tropezar en las canas del viejo, lo hiciera. Volvíme atrás diciendo:

-Quien no ama con todos sus cinco sentidos una mujer hermosa, no estima a la naturaleza su mayor cuidado y su mayor obra. Dichoso es el que halla tal ocasión, y sabido el que la goza. ¡Qué sentido no descansa en la belleza de una mujer, que nació para amada del hombre! De todas las cosas del mundo aparta y olvida su amor correspondido, teniéndole todo en poco y tratándole con desprecio. ¡Qué ojos tan honestamente hermosos! ¡Qué mirar tan cauteloso y prevenido en los descuidos de un alma libre! ¡Qué cejas tan negras, esforzando recíprocamente la blancura de la frente! ¡Qué mejillas, donde la sangre mezclada con la leche engendra lo rosado que admira! ¡Qué labios encarnados, guardando perlas que la risa muestra con recato! ¡Qué cuello! ¡Qué manos! ¡Qué talle! Todos son causa de perdición, y juntamente disculpa del que se pierde por ella.

-¿Qué más le queda a la edad que decir y al apetito que desear? -dijo el viejo-. Trabajo tienes, si con cada cosa que ves haces esto. Triste fue tu vida; no naciste sino para admirado. Hasta ahora te juzgaba por ciego, y ahora veo que también eres loco, y echo de ver que hasta ahora no sabes para lo que Dios te dio los ojos ni cuál es su oficio: ellos han de ver, y la razón ha de juzgar y elegir: al revés lo haces, o nada haces, que es peor. Si te andas a creerlos padecerás mil confusiones, tendrás las sierras por azules, y lo grande por pequeño, que la longitud y la proximidad engañan la vista. ¡Qué río caudaloso no se burla della, pues para saber hacia dónde corre es menester una paja o ramo que se lo muestre! ¿Viste esa visión, que acostándose fea se hizo esta mañana hermosa ella misma y hace extremos grandes? Pues sábete que las mujeres lo primero que se visten, en despertando, es una cara, una garganta y unas manos, y luego las sayas. Todo cuanto ves en ellas es tienda y no natural. ¿Ves el cabello? Pues comprado es y no criado. Las cejas tienen más de ahumadas que de negras; y si como se hacen cejas se hicieran las narices, no las tuvieran. Los dientes que ves y la boca era, de puro negra, un tintero, y a puros polvos se ha hecho salvadera. La cera de los oídos se ha pasado a los labios, y cada uno es una candelilla, ¿Las manos? Pues lo que parece blanco es untado. ¿Qué cosa es ver una mujer, que ha de salir otro día a que la vean, echarse la noche antes en adobo, y verlas acostar las caras hechas confines de pasas, y a la mañana irse pintando sobre lo vivo como quieren? ¿Qué es ver una fea o una vieja querer, como el otro tan celebrado nigromántico, salir de nuevo de una redoma? ¿Estásla mirando? Pues no es cosa suya. Si se lavasen las caras, no las conocerías. Y cree que en el mundo no hay cosa tan trabajada como el pellejo de una mujer hermosa, donde se enjugan y secan y derriten más jabelgues que sus faldas desconfiadas de sus personas. Cuando quieren halagar algunas narices, luego se encomiendan a la pastilla y al sahumerio o aguas de olor, y a veces los pies disimulan el sudor con las zapatillas de ámbar. Dígote que nuestros sentidos están en ayunas de lo que es mujer y ahítos de lo que le parece. Si la besas, te embarras los labios; si la abrazas, aprietas tablillas y abollas cartones; si la acuestas contigo, la mitad dejas debajo de la cama en los chapines; si la pretendes, te cansas; si la alcanzas, te embarazas; si la sustentas, te empobreces; si la dejas, te persigue; si la quieres, te deja. Dame a entender de qué modo es buena, y considera ahora este animal soberbio con nuestra flaqueza, a quien hacen poderoso nuestras necesidades, más provechosas sufridas o castigadas, que satisfechas, y verás tus disparates claros. Considérala padeciendo los meses, y te dará asco, y, cuando está sin ellos, acuérdate que los ha tenido y que los ha de padecer, y te dará horror lo que te enamora, y avergüénzate de andar perdido por cosas que en cualquier estatua de palo tienen menos asqueroso fundamento.

Mirando estaba yo confusión de gente tan grande, cuando dos figurones, entre pantasmas y colosos, con caras abominables y facciones traídas, tiraron una cuerda. Delgada me pareció y de mil diferentes colores, y dando gritos por unas simas que abrieron por bocas, dijeron:

-Ea, gente cuerda, alto a la obra.

No lo hubieron dicho cuando de todo el mundo, que estaba al otro lado, se vinieron a la sombra de la cuerda muchos, y, en entrando, eran todos tan diferentes, que parecía transmutación o encanto. Yo no conocí a ninguno.

-¡Válgate Dios por cuerda -decía yo-, que tales tropelías haces!

El viejo se limpiaba las lagañas, y daba unas carcajadas sin dientes, con tantos dobleces de mejillas, que se arremetían a sollozos mirando mi confusión.

-Aquella mujer allí fuera estaba más compuesta que copla, más serena que la de la mar, con una honestidad en los huesos, anublada de manto, y, en entrando aquí, ha desatado las coyunturas, mira de par en par, y por los ojos está disparando las

entrañas a aquellos mancebos, y no deja descansar la lengua en ceceos, los ojos en guiñaduras, las manos en tecleados de moño.
 -¿Qué te ha dado, mujer? ¿Eres tú la que yo vi allí?
 -Sí es -decía el vejete con una voz trompicada en toses y con juanetes de gargajos-, ella es; mas por debajo de la cuerda hace estas habilidades.
 -Y aquél que estaba allí tan ajustado de ferreruelo, tan atusado de traje, tan recoleto de rostro, tan angustiado de ojos, tan mortificado de habla, que daba respeto y veneración -dije yo-, ¿cómo no hubo pasado, cuando se descerrajó de mohatras y de usuras? Montera de necesidades, que las arma trampas, y perpetuo vocinglero del tanto más cuanto, anda acechando logros.
 -Ya te he dicho que eso es por debajo de la cuerda.
 -¡Válate el diablo por cuerda, que tales cosas urdes! Aquel que anda escribiendo billetes, sonsacando virginidades, solicitando deshonras y facilitando maldades, yo lo conocí a la orilla de la cuerda, dignidad gravísima.
 -Pues por debajo de la cuerda tiene esas ocupaciones -respondió mi ayo.
 -Aquel que anda allí juntando bregas, azuzando pendencias, revolviendo caldos, aumentando cizañas, y calificando porfías y dando pistos a temas desmayados, yo lo vi fuera de la cuerda revolviendo libros, ajustando leyes, examinando la justicia, ordenando peticiones, dando pareceres: ¿cómo he de entender estas cosas?
 -Ya te lo he dicho -dijo el buen caduco-. Ese propio por debajo de la cuerda hace lo que ves, tan al contrario de lo que profesa. Mira aquél que fuera de la cuerda viste a la brida en mula tartamuda de paso, con ropilla y ferreruelo y guantes y receta, dando jarabes, cuál anda aquí a la brida en un basilisco, con peto y espaldar y con manoplas, repartiendo puñaladas de tabardillos, y conquistando las vidas, que allí parecía que curaba. Aquí por debajo de la cuerda está estirando las enfermedades para que den de sí y se alarguen, y allí parecía que rehusaba las pagas de las visitas. Mira, mira aquel maldito cortesano, acompañante perdurable de los dichosos, cuál andaba allí fuera a la vista de aquel ministro, mirando las zalemas de los otros para excederlas, rematando las reverencias en desaparecimientos: tan bajas las hacía por pujar a otros la ceremonia, que tocaban en de buces. ¿No le

viste siempre inclinada la cabeza como si recibiera bendiciones y negociar de puro humilde a lo Guadiana por debajo de tierra, y aquel amén sonoro y anticipado a todos los otros bergantes a cuanto el patrón dice y contradice? Pues mírale allí por debajo de la cuerda royéndole los zancajos, que ya se le ve el hueso, abrasándole en chismes, maldiciéndole y engañándole, y volviendo en gestos y en muecas las esclavitudes de la lisonja, lo cariacontecido del semblante, y las adulaciones menudas del colea de la barba y de los entretenimientos de la jeta. ¿Viste allá fuera aquel maridillo dar voces que hundía el barrio: «Cierren esa puerta, qué cosa es ventanas, no quiero coche, en mi casa me como, calle y pase, que así hago yo», y todo el séquito de la negra honra? Pues mírale por debajo de la cuerda encarecer con sus desabrimientos los encierros de su mujer. Mírale amodorrido con una promesa, y los negocios, que se le ofrecen cuando le ofrecen: cómo vuelve a su casa con un esquilón por tos tan sonora, que se oye a seis calles. ¡Qué calidad tan inmensa y qué honra halla en lo que come, y en lo que le sobra, y qué nota en lo que pide y le falta, qué sospechoso es de los pobres, y qué buen concepto tiene de los dadivosos y ricos, qué a raíz tiene el ceño de los que no pueden más, y qué a propósito las jornadas para los precipitados de dádiva! ¿Ves aquel bellaconazo que allí está vendiéndose por amigo a aquel hombre casado y arremetiéndose a hermano, que acude a sus enfermedades y a sus pleitos, y que le prestaba y le acompañaba? Pues míreles por debajo de la cuerda añadiéndole hijos y embarazos en la cabeza y trompicones en el pelo. Oye cómo reprendiéndoselo aquel vecino, que parece mal que entre a cosas semejantes en casa de su amigo, donde le admiten y se fían de él y le abren la puerta a todas horas, él responde: «Pues qué: ¿queréis que vaya donde me aguarden con una escopeta, no se fían de mí y me niegan la entrada? Eso sería ser necio, si estotro es ser bellaco.»

Quedé muy admirado de oír al buen viejo y de ver lo que pasaba por debajo de la cuerda en el mundo, y entonces dije entre mí:

-Si a tan delgada sombra, fiando su cubierta del bulto de una cuerda, son tales los hombres, ¿qué serán debajo de tinieblas de mayor bulto y latitud?

Extraña cosa era de ver cómo casi todos se venían de la otra parte del mundo a declararse de costumbres en estando debajo de la cuerda. Y luego a la postre vi otra maravilla, que siendo esta cuerda de una línea invisible, casi debajo della cabían infinitas multitudes, y que hay debajo de cuerda en todos los sentidos y potencias, y en todas partes y en todos oficios. Y yo veo por mí, que ahora escribo este discurso, diciendo que es para entretener, y por debajo de la cuerda doy un jabón muy bueno a los que prometí halagos muy sazonados. Con esto el viejo me dijo:

-Forzoso es que descanses. Que el choque de tantas admiraciones y de tantos desengaños fatigan el seso, y temo se te desconcierte la imaginación. Reposa un poco para que lo que resta te enseñe y no te atormente.

Yo tal estaba, que di conmigo en el sueño y en el suelo obediente y cansado.

LA HORA DE TODOS Y LA FORTUNA CON SESO

A DON ALVARO DE MONSALVE, CANONIGO DE LA SANTA IGLESIA DE TOLEDO, PRIMADA DE LAS ESPAÑAS

Este libro tiene parentesco con vuesa merced, por tener su origen de una palabra que le oí. A vuesa merced debe el nacimiento; a mí, el crecer. Su comunicación es estudio para el bien atento, pues con pocas letras que pronuncia, ocasiona discursos. Tal es la genealogía déste. Doyle lo que es suyo en la sustancia y lo que es mío en la estatura y bulto. Su titulo es: LA HORA DE TODOS Y LA FORTUNA CON SESO. Todos me deberán una hora por lo menos, y la Fortuna sacarla de los orates, que lo más ha vivido entre locos. El tratadillo, burla burlando, es de veras. Tiene cosas de las cosquillas, pues hace reír con enfado y desesperación. Extravagante reloj, que, dando una hora sola, no hay cosa que no señale con la mano. Bien sé que le han de leer unos para otros y nadie para sí. Hagan lo que mandaren y reciban unos y otros mi buena voluntad. Si no agradare lo que digo, bien se le puede perdonar a un hombre ser necio una hora, cuando hay tantos que no lo dejan de ser una hora en toda su vida. Vuesa merced, señor don Alvaro, sabe empeñarse por los amigos y desempeñarlos. Encárguese desta defensa, que no será la primera que le deberé. Guarde Dios a vuesa merced, como deseo. Hoy 12 de marzo de 1636.

PROLOGO

Si eres idólatra o pagano, que vale tanto, no te escandalices, ¡ah!, amigo lector, porque llame a tus dioses a concejo a son de cuerno de Baco. Que cuernos dieron a Júpiter, por lo que le llamaron *Cornúpeta y Ammon*, como quien de carnero le topa, y ya ves qué honrados debieron ser los cuernos cuando coronar debieron la cabeza del padre de los dioses. Mas si, como presumo, fueses jordanesco de casta y te hubiese caído el rocío del cielo sobre la crisma, que Dios te liberte de maleficios; détese una higa de que te enseña con dioses falsos o verdaderos. Que, como tú te enmiendes de lo que pecar sueles, tanto vale el hisopo como el tridente, si es que no te gustan más los pinchonazos del uno que los asperges del otro; que, a tal gusto, con ellos te queda; que a mí me basta con el aspersilo, mas que sea de sotana raída y de bonete torcido. No te rías porque se ría el libro, que éste lo hace de ti viéndote panarra o inocente, que no le entiendes, o pícaro, que te apartas del consejo; y cuida que, aunque cuando, después de cerrado y dado al Leteo, que es el que lleva lo bueno y lo malo al estanque sucio del olvido, se esconde dentro de los pliegues de la conciencia para roerlas a sabor suyo cuando mejor le viene, y tú no puedas evitarlo.

A todos llega la hora siempre temprano, porque es dama muy madrugona y nada perezosa. Y así, cuando veas la del vecino, no te creas lejano de la tuya, que te está echando la zarpa y entretejiendo el lazo con que ha de ahogarte. Si te amarga la verdad escrita, échate un pedacito de enmienda al alma y la endulzarás. Porque, si no, ha de avinagrarse y causarte indigestión de muerte, que es la peor y para la que no alcanzan las drogas de acá abajo, porque los boticarios de lametón no han dado todavía con la píldora de la vida, siendo así que calzan borla de doctores en las de la muerte.

No te fíes en que no te ha nevado la edad el cabello: que hay canas que van tras los años y años que atraen las canas, y que la vida pasa, cuando le place al del ojo grande, sin que necesite poner mojones de aviso ni llamar con campanillas: que hay soplos que matan lo que no mata un terremoto.

Si te amoscas porque te sorprenda en tus cálculos, peor para ti si no los das de mano. Que yo cumplo con descubrírlos a tu conciencia, que se alegra de ello tanto como tú lo lloras. Vierte lágrimas, pero sin asemejarte al cocodrilo. Recógelas, que tu alma las necesita para la hora, si son de arrepentimiento. Mira que a los rayos de Júpiter nada se esconde, y que el fuego de Vulcano todo lo abrasa. Dirígete a Apolo y te escudará en su carro, si fervorizante le pides. Y porque más has de ver de lo que yo te diga y mi libro te enseñe, léelo con la mano en el seno y ráscate, cuando te pique: que para sermón de lego ya es bastante sin licenoia del Prior.-(Ms. de Lista.)

LA HORA DE TODOS Y LA FORTUNA CON SESO

Júpiter, hecho de hieles, se desgañitaba poniendo los gritos en la tierra. Porque ponerlos en el cielo, donde asiste, no era encarecimiento a propósito. Mandó que luego a consejo viniesen todos los dioses trompicando. Marte, don Quijote de las deidades, entró con sus armas y capacete y la insignia de viñadero enristrada, echando churos, y a su lado, el panarra de los dioses, Baco, con su cabellera de pámpanos, remostada la vista, y en la boca, por lagar vendimias de retorno derramadas, la palabra bebida, el paso trastornado y todo el celebro en poder de las uvas.

Por otra parte, asomó con pies descabalados Saturno, el dios marimanta, comeniños, engulléndose sus hijos a bocados. Con él llegó, hecho una sopa, Neptuno, el dios aguanoso, con su quijada de vieja por cetro, que eso es tres dientes en romance, lleno de cazcarrias y devanado en ovas, oliendo a viernes y vigilias, haciendo lados con sus vertientes en el cisco de Plutón, que venía en su seguimiento. Dios, dado a los diablos, con una cara afeitada con hollín y pez, bien zahumado con alcrebite y pólvora, vestido de cultos tan escuros, que no le amanecía todo el buchorno del sol, que venía en su seguimiento con su cara de azófar y sus barbas de oropel. Planeta bermejo y andante, devanador de vidas, dios dado a la barbería, muy preciado de guitarrilla y pasacalles, ocupado en ensartar un día tras otro y en engarzar años y siglos, mancomunado con las cenas para fabricar calaveras.

Entró Venus, haciendo rechinar los coluros con el ruedo del guardainfante, empalagando de faldas a las cinco zonas, a medio afeitar la jeta y el moño, que la encorozaba de pelambre la cholla, no bien encasquetado, por la prisa. Venía tras ella la Luna, con su cara en rebanadas, estrella en mala moneda, luz en cuartos, doncella de ronda y ahorro de lanternas y candelillas, Entró con gran zurrido el dios Pan, resollando con dos grandes piaras de númenes, faunos, pelicabros y patibueyes. Hervía todo el cielo de manes, y lemures y penatillos y otros diosecillos bahunos. Todos se repantigaron en sillas y las diosas se rellanaron, y asestando las jetas a Júpiter con atención reverente, Marte se levantó, sonando a choque de cazos y sartenes, y con ademanes de la carda, dijo:

-Pesia tu hígado, ¡oh! grande Coime, que pisas el alto claro, abre esa boca y garla: que parece que sornas.

Júpiter, que se vio salpicar de jacarandinas los oídos y estaba, siendo verano y asándose el mundo, con su rayo en la mano haciéndose chispas, cuando fuera mejor hacerse aire con un abanico, con voz muy corpulenta, dijo:
-Vusted envaine y llámeme a Mercurio.

El cual, con su varita de jugador de manos y sus zancajos pajaritos y su sombrerillo hecho en horma de hongo, en un santiamén y en volandas se le puso delante. Júpiter le dijo:
-Dios virote, dispárate al mundo y tráeme aquí, en un cerrar y abrir de ojos, a la Fortuna asida de los arrapiezos.

Luego, el chisme del olimpo, calzándose dos cernícalos por acicates, se desapareció, que ni fue oído ni visto, con tal velocidad, que verle partir y volver fue una misma acción de la vista. Volvió hecho mozo de ciego y lazarillo, adestrando a la Fortuna, que con un bordón en la una mano venía tentando y de la otra tiraba de la cuerda que servía de freno a un perrillo.

Traía por chapines una bola, sobre que venía de puntillas, y hecha pepita de una rueda, que la cercaba como a centro, encordelada de hilos y trenzas, y cintas, y cordeles y sogas, que con sus vueltas se tejían y destejían. Detrás venía como fregona, la Ocasión, gallega de *coramvobis*, muy gótica de facciones, cabeza de contramoño, cholla bañada de calva de espejuelo y en la cumbre de la frente un solo mechón, en que apenas había pelo para un bigote. Era éste más resbaladizo que anguilla, culebreaba deslizándose al resuello de las palabras. Echábase de ver en las manos que vivía de fregar y barrer y de fregar los arcaduces y de vaciar los que la Fortuna llevaba.

Todos los dioses mostraron mohína de ver a la Fortuna, y algunos dieron señales de asco cuando ella, con chillido desentonado, hablando a tiento, dijo:
-Por tener los ojos acostados y la vista a buenas noches, no atisbo quién sois los que asistís a este acto; empero, seáis quien fuéredes, con todos hablo, y primero contigo, ¡oh! Jove, que acompañas las toses de las nubes con gargajeo trisulco. Dime: ¿qué se te antojó ahora de llamarme habiendo tantos siglos que de mí no te acuerdas? Puede ser que se te haya olvidado a ti y a esotro vulgo de diosecillos lo que yo puedo, y que así he jugado contigo y con ellos como con los hombres.

Júpiter, muy prepotente, la respondió:

-Borracha, tus locuras, tus disparates y maldades son tales, que persuaden a la gente mortal que, pues no te vamos a la mano, que no hay dioses, que el cielo está vacío y que soy un dios de mala suerte. Quéjanse que das a los delitos lo que se debe a los méritos y los premios de la virtud, al pecado; que encaramas en los tribunales a los que habías de subir a la horca, que das las dignidades a quien habías de quitar las orejas y que empobreces y abates a quien debieras enriquecer.

La Fortuna, demudada y colérica, dijo:

-Yo soy cuerda y sé lo que hago, y en todas mis acciones ando pie con bola. Tú, que me llamas inconsiderada y borracha, acuérdate que hablaste por boca de ganso en Leda, que te derramaste en lluvia de bolsa por Dánae, que bramaste y fuiste *Inde toro pater* por Europa, que has hecho otras cien mil picardías y locuras, y que todos esos y ésas que están contigo han sido avechuchos, hurracas y grajos, cosas que no se dirán de mí. Si hay beneméritos arrinconados y virtuosos sin premios, no toda la culpa es mía: a muchos se los ofrezco que los desprecian, y de tu templanza fabricáis mi culpa. Otros, por no alargar la mano a tomar lo que les doy, lo dejan pasar a otros, que me lo arrebatan sin dárselo. Más son los que me hacen fuerza que los que yo hago ricos; más son los que me huntan lo que les niego que los que tienen lo que les doy. Muchos reciben de mí lo que no saben conservar: piérdenlo ellos y dicen que yo se lo quito. Muchos me acusan por mal dado en otros lo que estuviera peor en ellos. No hay dichoso sin invidia de muchos; no hay desdichado sin desprecio de todos. Esta criada me ha servido perpetuamente. Yo no he dado un paso sin ella. Su nombre es la Ocasión. Oídla; aprended a juzgar de una fregona.

Y desatando la taravilla la Ocasión, por no perderse a sí misma, dijo:

-Yo soy una hembra que me ofrezco a todos. Muchos me hallan, pocos me gozan. Soy Sansona femenina, que tengo la fuerza en el cabello. Quien sabe asirse a mis crines, sabe defenderse de los corcovas de mi alma. Yo la dispongo, yo la reparto, y de lo que los hombres no saben recoger y gozar me acusan. Tiene repartidas la necedad por los hombres estas infernales cláusulas:

«Quién dijera, no pensaba, no miré en ello, no sabía, bien está, qué importa, qué va ni viene mañana se hará, tiempo hay, no faltará ocasión, descuidéme, yo me entiendo, no soy bobo, déjese deso, yo me lo pasaré, ríase de todo, no lo crea, salir tengo con la mía, no faltará, Dios lo ha de proveer, más días hay que longanizas, donde una puerta se cierra otra se abre, bueno está eso, qué le va a él, paréceme a mí, no es posible, no me diga nada, ya estoy al cabo, ello dirá, ande el mundo, una muerte debo a Dios, bonito soy yo para eso, sí por cierto, diga quien dijere, preso por mil, preso por mil y quinientos, no es posible, todo se me alcanza, mi alma en mi palma, ver veamos, diz que, y pero, y quizás.»

Y el tema de los porfiados:

«Dé donde diere.»

Estas necedades hacen a los hombres presumidos, perezosos y descuidados. Estas son el hielo en que yo me deslizo, en éstas se trastorna la rueda de mi alma y trompica la bola que la sirve de chapín. Pues si los tontos me dejan pasar, ¿qué culpa tengo yo de haber pasado? Si a la rueda de mi ama son tropezones y barrancos, ¿por qué se quejan de sus vaivenes? Si saben que es rueda, y que sube y baja, y que, por esta razón, baja para subir y sube para bajar, ¿para qué se devanan en ella? El sol se ha parado; la rueda de la Fortuna, nunca. Quien más seguro pensó haberla fijado el clavo, no hizo otra cosa que alentar con nuevo peso el vuelo de su torbellino. Su movimiento digiere las felicidades y miserias, como el del tiempo las vidas del mundo, y el mundo mismo poco a poco. Esto es verdad, Júpiter. Responda quien supiere.

La Fortuna, con nuevo aliento, bamboleándose con remedos de veleta y acciones de barrena, dijo:

-La Ocasión ha declarado la ocasión injusta de la acusación que se me pone; empero yo quiero de mi parte satisfacerte a ti, supremo atronador, y a todos eso tras que te acompañan, sorbedores de ambrosía y néctar, no obstante que en vosotros he tenido, tengo y tendré imperio, como lo tengo en la canalla más soez del mundo. Y yo espero ver vuestro endiosamiento muerto de hambre por falta de víctimas y de frío, sin que alcancéis una morcilla por sacrificio, ocupados en sólo abultar poemas y poblar coplones, gastados en consonantes y en apodos amorosos, sirviendo de munición a los chistes y a las pullas.

-Malas nuevas tengas de cuanto deseas -dijo el Sol-, que con tan insolentes palabras blasfemas de nuestro poder. Si me fuera lícito, pues soy el Sol, te friyera en caniculares, y te asara en buchornos, y te desatinara a modorras.

-Vete a enjugar lodazales -dijo Fortuna-, a madurar pepinos y a proveer de tercianas a los médicos y a adestrar las uñas de los que se espulgan a tus rayos; que ya te he visto yo guardar vacas y correr tras una mozuela, que, siendo sol, te dejó a escuras. Acuérdate de que eres padre de un quemado. Cósete la boca, y deja de hablar, y hable quien le toca.

Entonces Júpiter severo pronunció estas razones:

-En muchas de las que tú y esa picarona que te sirve habéis dicho, tenéis razón: empero, para satisfacción de las gentes está decretado irrevocablemente que en el mundo, en un día y en una propia hora, se hallen de repente todos los hombres con lo que cada uno merece. Esto ha de ser: señala hora y día.

La Fortuna respondió:

-Lo que se ha de hacer, ¿de qué sirve dilatarlo? Hágase hoy. Sepamos qué hora es.

El Sol, jefe de relojeros, respondió:

-Hoy son 20 de junio, y la hora, las tres de la tarde y tres cuartos y diez minutos.

-Pues en dando las cuatro -dijo la Fortuna- veréis lo que pasa en la tierra.

Y diciendo y haciendo, empezó a untar el eje de su rueda y encajar manijas, mudar clavos, enredar cuerdas, aflojar unas y estirar otras, cuando el Sol, dando un grito, dijo:

-Las cuatro son, ni más ni menos: que ahora acabo de dorar la cuarta sombra posmeridiana de las narices de los relojes de sol.

En diciendo estas palabras, la Fortuna, como quien toca sinfonía, empezó a desatar su rueda, que arrebatada en huracanes y vueltas, mezcló en nunca vista confusión todas las cosas del mundo, y dando un grande aullido, dijo:

-Ande la rueda, y coz con ella.

I. En aquel propio instante, yéndose a ojeo de calenturas, paso entre paso un médico en su mula, le cogió la *hora* y se halló de verdugo, perneando sobre un enfermo, diciendo *credo* en lugar de *récipe*, con aforismo escurrídízo.

II. Por la misma calle, poco detrás, venía un azotado, con la palabra del verdugo delante chillando y con las mariposas del sepan cuantos, detrás y el susodicho borrico, desnudo de medio arriba, como nadador de rebenque. Cogióle la hora, y, derramando un rocín al alguacil que llevaba y el borrico al azotado, el rocín se puso debajo del azotado y el borrico debajo del alguaoil, y, mudando lugares, empezó a recibir los pencazos el que acompañaba al que los recibía, y el que los recibía a acompañar al que le acompañaba.

III. Atravesaban por otra calle unos chirriones de basura, y, llegando enfrente de una botica, los cogió la hora, y empezó a rebosar la basura y salirse de los chirriones y entrarse en la botica, de donde saltaban los botes y redomas, zampándose en los chirriones con un ruido y admiración increíble. Y como se encontraban al salir y al entrar los botes y la basura, se notó que la basura, muy melindrosa, decía a los botes:
-Háganse allá.
Los basureros andaban con escobas y palas traspalando en los chirriones mujeres afeitadas y gangosos y teñidos, sin poder nadie remediarlo.

IV. Había hecho un bellaco una casa de grande ostentación con resabios de palacio y portada sobreescrita de grandes genealogías de piedra. Su dueño era un ladrón que, por debajo de su oficio, había robado el caudal con que la había hecho. Estaba dentro y tenía cédula a la puerta para alquilar tres cuartos. Cogióle la hora. ¡Oh, inmenso Dios, quién podrá referir tal portento! Pues, piedra por piedra y ladrillo por ladrillo, se empezó a deshacer, y las tejas, unas se iban a unos tejados y otras a otros. Veíanse vigas, puertas y ventanas entrar por diferentes casas con espanto de los dueños, que la restitución tuvieron a terremoto y a fin del mundo. Iban las rejas y las celosías buscando sus dueños de calle en calle. Las armas de la portada partieron, como rayos, a restituirse a la montaña, a una casa de solar, a quien este maldito había achacado su pícaro nacimiento. Quedó desnudo de paredes y en cueros de edificio, y sólo en una esquina quedó la cédula de alquiler que tenía puesta, tan mudada por la fuerza de la hora, que, donde decía:

«Quien quisiera alquilar esta casa vacía, entre: que dentro vive su dueño», se leía: «Quien quisiera alquilar este ladrón, que está vacío de su casa, entre sin llamar, pues la casa no lo estorba.»

V. Vivía enfrente déste un mohatrero, que prestaba sobre prendas, y viendo afufarse la casa de su vecino, quiso prevenirse, diciendo:
—¿Las casas se mundan de los dueños? ¡Mala invención!

Y por presto que quiso ponerse en salvo, cogido de la hora, un escritorio, y una colgadura y un bufete de plata, que tenía cautivos de intereses argeles, con tanta violencia se desclavaron las paredes y se desasieron, que al irse a salir por la ventana un tapiz le cogió en el camino y, revolviéndosele al cuerpo, amortajado en figurones, le arrancó y llevó en el aire más de cien pasos, donde desliado cayó en un tejado, no sin crujido del costillaje; desde donde, con desesperación, vio pasar cuanto tenía en busca de sus dueños, y detrás de todo una ejecutoria, sobre la cual, por dos meses, había prestado a su dueño doscientos raeales, con ribete de cincuenta más. Esta, ¡oh extraña maravilla!, al pasar, le dijo:
—Morato, arráez de prendas: si mi amo por mí no puede ser preso por deudas, ¿qué razón hay para que tú por deudas me tengas presa?

Y diciendo esto se zampó en un bodegón, donde el hidalgo estaba disimulando ganas de comer, con el estómago de rebozo, acechando unas tajadas que so el poder de otras muelas rechinaban.

VI. Un hablador plenario, que de lo que le sobra de palabras a dos leguas pueden moler otros diez habladores, estaba anegando en prosa su barrio, desatada la taravilla en diluvios de conversación. Cogióle la *hora* y quedó tartamudo y tan zancajoso de pronunciación que, a cada letra que pronunciaba, se ahorcaba en pujos de *be* a *ba*, y como el pobre padecía, paró la lluvia. Con la retencién empezó a rebosar charla por los ojos y por los oídos.

VII. Estaban unos senadores votando un pleito. Uno dellos, de puro maldito, estaba pensando cómo podría condenar a entrambas partes. Otro incapaz, que no entendía la justicia de ninguno de los dos litigantes, estaba determinando su voto por aquellos dos textos de los idiotas: «Dios se la depare buena» y «dé donde diere». Otro caduco, que se había dormido en la relación, discípulo de la mujer de Pilatos en alegar sueños, estaba trazando a cuál de sus compañeros seguiría sentenciando a trochemoche. Otro, que era docto y virtuoso juez, estaba como vendido al lado de otro, que estaba como comprado, senador brujo untado. Este alegó leyes torcidas, que pudieran arder en un candil, trujo a su voto al dormido y al tonto y al malvado. Y habiendo hecho sentencia, al pronunciarla, los cogió la hora, y en lugar de decir: «Fallamos que debemos condenar y condenamos», dijeron: «Fallamos que debemos condenarnos y nos condenamos.»

-Ese sea tu nombre -dijo una voz.

Y, al instante, se les volvieron las togas pellejos de culebras, y arremetiendo los unos a los otros, se trataron de monederos falsos de la verdad. Y de tal suerte se repelaron, que las barbas de los unos se veían en las manos de los otros, quedando las caras lampiñas y las uñas barbadas, en señal de que juzgaban con ellas, por lo cual les competía la zalea jurisconsulta.

VIII. Un casamentero estaba empozoñando el juicio de un buen hombre, que, no sabiendo qué se hacer de su sosiego, hacienda y quietud, trataba de casarse. Proponíale una picarona, y guisábala con prosa eficaz, diciéndole:

-Señor, de *nobleza* no digo nada, porque gloria a Dios, a vuesa merced le sobra para prestar. Hacienda vuesa merced no la menester. Hermosura, en las mujeres propias antes se debe huir, por peligro. Entendimiento, vuesa merced la ha de gobernar, y no la quiere para letrado. Condición, no la tiene. Los años que tiene, son pocos, y decía entre sí: «por vivir». Lo demás es a pedir de boca.

El pobre hombre estaba furioso, diciendo:

-Demonio, ¿qué será lo demás, si ni es noble, ni rica, ni hermosa ni discreta? Lo que tiene sólo es lo que no tiene, que es condición.

En esto los cogió la *hora*, cuando el maldito casamentero, sastre de bodas, que hurta, y miente, y engaña, y remienda, y añade, se halló desposado con la fantasma que pretendía pegar al otro y hundiéndose a voces sobre: «¿Quién sois vos, qué trujistes vos? No merecéis descalzarme», se fueron comiendo a bocados.

IX. Estaba un poeta en un corrillo, leyendo una canción cultísima, tan atestada de latines y tapida de jerigonzas, tan zabucada de cláusulas, tan cortada de parentesis, que el auditorio pudiera comulgar de puro en ayunas que estaba. Cogióle la *hora* en la cuarta estancia, y a la oscuridad de la obra, que era tanta que no se vía la mano, acudieron lechuzas y murciélagos, y los oyentes, encendiendo lanternas y candelillas, oían de ronda a la musa, a quien llaman

la enemiga del día,
que el negro manto descoge.

Llegóse un tanto con un cabo de vela al poeta, noche de invierno, de las que llaman boca de lobo, que se encendió el papel por en medio. Dábase el autor a los diablos, de ver quemada su obra, cuando el que la pegó fuego le dijo:
—Estos versos no pueden ser claros y tener luz si no los queman: más resplandecen luminaria que canción.

X. Salía de su casa una buscona piramidal, habiendo hecho sudar la gota tan gorda a su portada, dando paso a un inmenso contorno de faldas, y tan abultadas, que pudiera dar por debajo rellena de ganapanes, como la tarasca. Arrempujaba con el ruedo las dos aceras de una plazuela. Cogióla la *hora*, y, volviéndose del revés las faldas del guardainfante y arboladas, la sorbieron en campana vuelta del revés, con facíones de tolva, y descubriese que, para abultar de caderas, entre diferentes legajos de arrapiezos que traía, iba un repostero plegado y la barriga en figura de taberna, y al un lado, un medio tapiz. Y lo más notable fue que se veía un Holofernes degollado, porque la colgadura debía de ser de aquella historia. Hundíase la calle a silbas y gritos. Ella aullaba, y, como estaba sumida en dos estados de carcavueso, que formaban los espartos del ruedo, que se había erizado, oíanse las voces como de lo profundo de una sima, donde yacía con pinta de carantamaula. Ahogáranse en la caterva que concurrió si no sucediera que, viniendo por la calle rebosando narcisos uno con pantorrillas postizas y tres dientes, y dos teñidos y tres calvos con sus cabelleras, los cogió la *hora* de pies a cabeza, y el de las pantorrillas empezó a desangrarse de lana, y sintiendo mal acostadas, por falta de los colohones, las canillas, y queriendo decir: «¿Quién me despierna?», se le desempedró la boca al primer bullicio de la lengua. Los teñidos quedaron con requesones por barbas, y no se conocían unos a otros. A los calvos se les huyeron las cabelleras con los sombreros en grupa, y quedaron melones con bigotes, con una cortesía de *memento homo*.

XI. Era muy favorecido de un señor un criado suyo. Este le engañaba hasta el sueño, y a éste, un criado que tenía, y a este criado, un mozo suyo, y a este mozo, un amigo, y a este amigo, su amiga, y a ésta el diablo. Pues cógelos la *hora*, y el diablo, que estaba, al parecer, tan lejos del señor, revístese en la puta; la puta, en su amigo; el amigo, en el mozo; el mozo, en el criado; el criado, en el amo; el amo, en el señor. Y como el demonio llegó a él destilado por puta, y rufián, y mozo de mozo de criado de señor, endemoniado por pasadizo y hecho un infierno, embistió con su siervo; éste, con su criado; el criado, con su mozo; el mozo, con su amigo; el amigo, con su amiga; ésta, con todos, y chocando las arcaduces del diablo unos con otros, se hicieron pedazos, se deshizo la sarta de embustes, y Satanás, que enflautado en la cotorrera se paseaba sin ser sentido, rezumándose de mano en mano, los cobró a todos de contado.

XII. Estábase afeitando una mujer casada y rica. Cubría con hopalandas de solimán unas arrugas jaspeadas de pecas. Jalbegaba, como puerta de alojería, lo ranoio de la tez. Estábase guisando las cejas con humo, como chorizos. Acompañaba lo mortecino de sus labios con munición de lantemas a poder de cerillas. Iluminábase de vergüenza postiza con dedadas de salserilla de color. Asistíala como asesor de cachivaces una dueña, calavera, confitada de untos. Estaba de rodillas sobre sus chapines, con un moñazo imperial en las dos manos, y a su lado una doncellita, platicanta de botes, con unas costillas de barrenas, para que su ama lanaplenase las concavidades que le resultaban de un par de jibas que la trompicaban el talle. Estándose, pues, la tal señora dando pesadumbre y asco a su espejo, cogida de la *hora*, se confundió en manotadas, y, dándose con el solimán en los cabellos, y con el humo en los dientes, y con la cerilla en las cejas, y con el color en todas las mejillas, y encajándose el moño en las quijadas, y atacandose las barrenas al revés, quedó cana y cisco y Antón Pintado y Antón Colorado, y barbada de rizos, y hecha abrojo, con cuatro corcovas, vuelta visión y cochino de San Antón. La dueña, entendiendo que se había vuelto loca, echó a correr con los andularios de requiem en las manos. La muchacha se desmayó, como si viera al diablo. Ella salió tras la dueña, hecha un infierno, chorreando pantasmas. Al ruido salió el marido, y viéndola, creyó que eran espíritus que se le habían revestido, y partió de carrera a llamar quien la conjurase.

XIII. Un gran señor fue a visitar la cárcel de su Corte, porque le dijeron servía de heredad y bolsa a los que la tenían a cargo, que de los delitos hacían mercancía y de los delincuentes tienda, trocando los ladrones en oro y los homicidas en buena moneda. Mandó que sacasen a visita los encarcelados, y halló que los habían preso por los delitos que habían cometido y que los tenían presos por los que su codicia cometía con ellos. Supo que a los unos contaban lo que habían hurtado y podido hurtar, y a otros, lo que tenían y podían tener, y que duraba la causa todo el tiempo que duraba el caudal, y que, precisamente, el día del postrero maravedí era el día del castigo, y que los prendían por el mal que habían hecho, y los justiciaban porque ya no tenían. Saliéronse a visirtar dos, que habían de ahorcar otro día. Al uno, porque le había perdonado la parte, le tenían como libre; al otro, por hurtos ahorcaban, habiendo tres años que estaba preso, en los cuales le habían comido los hurtos y su hacienda y la de su padre y su mujer, en quien tenía dos hijos. Cogió la *hora* al gran señor en esta visita, y, demudado de color, dijo:

-A éste que libráis porque perdonó la parte, ahorcaréis mañana. Porque, si esto se hace es instituir mercado público de vidas y hacer que por el dinero del concierto con que se compra el perdón sea mercancía la vida del marido para la mujer, y la del hijo para el padre, y la del padre para el hijo, y, en puniéndose los perdones de muertes en venta, las vidas de todos están en almoneda pública, y el dinero inhibe en la justicia el escarmiento, por ser muy fácil de persuadir a las partes que les serán más útil mil escudos o quinientos que un ahorcado. Dos partes hay en todas las culpas públicas: la ofendida y la justicia. Y es tan conveniente que ésta castigue lo que le pertenece como aquélla perdone lo que le toca. Este ladrón, que después de tres años de prisión queréis ahorcar, echaréis a galeras. Porque, como tres años ha estuviera justamente ahorcado, hoy será injusticia muy cruel, pues será ahorcar con el que pecó a su padre, a sus hijos y a su mujer, que son inocentes, a quien habéis vosotros comido y hurtado con la dilación las haciendas.

Acuérdome del cuento de que, enfadado de que los ratones le roían papelillos y mendrugos de pan, y cortezas de queso y los zapatos viejos, trujo gatos que le cazasen los ratones; y viendo que los gatos se comían los ratones; y juntamente un día le sacaban la carne de la olla, otra se la desensartaban del asador, que ya le cogían una paloma, ya una pierna de carnero, mató los gatos, y dijo: «Vuelvan los ratones.» Aplicad vosotros este chiste, pues, como gatazos, en lugar de limpiar la república, cazáis y corréis los ladrones ratoncillos, que cortan una bolsa, agarran un pañizuelo, quitan una capa y corren un sombrero, y juntamente os engullís el reino, robáis las haciendas y asoláis las familias. Infames, ratones quiero, y no gatos.

Diciendo esto, mandó soltar todos los presos y prender todos los ministros de la cárcel. Armóse una herrería y confusión espantosa. Trocaban unos con otros quejas y alaridos. Los que tenían los grillos y las cadenas se las echaban a los que se las mandaron echar y se las echaron.

XIV. Iban diferentes mujeres por la calle, las unas a pie. Y aunque algunas dellas se tornaban ya de los años, iban gorjeándose de andadura y desviviéndose de ponleví y enaguas. Otras iban embolsadas en coches, desantañándose de navidades, con melindres y manoteado de cortinas. Otras, tocadas de gorgoritas y vestidas de *noli me tangere*, iban en figura de camarines, en una alhacema de cristal, con resabios de hornos de vidrio, romanadas por dos moros, o, cuando mejor, por dos pícaros. Llevan las tales transparentes los ojos en muy estrecha vecindad con las nalgas del mozo delantero, y las narices molestadas del zumo de sus pies, que, como no pasa por escarpines, se perfuma de Fregenal. Unas y otras iban reciennaciéndose, arrulladas de galas y con niña postiza, callando la vieja, como la caca, pasando a la arismética de los ojos los ataúdes por las cunas. Cogiólas la *hora*, y, topándolas

Estoflerino y Magino y Origano y Argolo, con sus efemérides desenvainadas, embistieron con ellas a ponerlas todas las fechas de sus vidas, con día, mes y año, hora, minutos y segundos. Decían con voces descompuestas:

-Demonios, reconoced vuestra fecha, como vuestra sentencia. Cuarenta y dos años tienes, dos meses, cinco días, seis horas, nueve minutos y veinte segundos.

¡Oh, inmenso Dios, quién podrá decir el desaforado zurrido que se levantó! No se oía otra cosa que «mentíses; no hay tal: no he cumplido quince; ¡Jesús! ¿Quién tal dice? Aún no he entrado en dieciocho; en trece estoy; ayer nací; no tengo ningún año; miente el tiempo».

Y una, a quien Origano estaba sobreescribiendo como escritura: «Fue fecha y otorgada esta mujer el año de 1587», viendo ella que se le averiguaban sesenta y siete años, entigrecida y enserpentada, dijo:

-Yo no he nacido, legalizador de la muerte; aún no me han salido los dientes.

-Antigualla, mamotreto de siglos, no salen sobre raigones; tente a la fecha.

-No conozco fecha.

Y arremetiendo el uno al otro, se confundió todo en una resistencia espantosa.

XV. Estaba un potentado, después de comer, arrullando su desvanecimiento con lisonjas arpadas en los picos de sus criados. Oíase el rugir de las tripas galopines, que en la cocina de su barriga no se podían averiguar con la carnicería que había devorado. Estaba espumando en salivas, por la boca, los hervores delas azumbres, todo el *coramvobis* iluminado de panarras, con arreboles de brindis. A cada disparate y necedad que decía, se desatinaban en los encarecimientos y alabanzas los circunstantes. Unos decían: «¡Admirable discurso!» Otros: «No hay más que decir. ¡Grandes y preciosísimas palabras!» Y un lisonjero, que procuraba pujar a los otros la adulación, mintiendo de puntillas, dijo:

-Oyéndote ha desfallecido pasmada la admiración y la doctrina.

El tal señor, encantusado y dando dos ronquidos, parleros del ahíto, con promesas de vómito, derramó con zollipo estas palabras:

-Afligido me tiene la pérdida de las dos naves mías.

En oyéndolo, se afilaron los lisonjeros de embeleco, y, revistiéndoseles la mesma mentira, dijeron unos que «antes la pérdida le había sido autoridad y a pedir de boca, y que por útil debiera haber deseádola, pues le ocasionaba causa justa para romper con los amigos y vecinos que le habían robado, y que por dos les tomaría ducientos y que esto él se obligaba a disponerlo.» Salpicó el detestable adulador este enredo de ejemplos.

Otros dijeron «había sido la pérdida glorioso suceso y lleno de majestad, porque aquél era gran príncipe, que venía más que perder, y que en eso se conocía su grandeza, y no en gañar y adquirir, que es mendíguez propia de piratas y ladrones.» Y añadió que «aquesta pérdida había de ser su remedio». Y luego empezó a granizarle de aforismos y autores, ensartando a Tácito y a Salustio, a Polibio y Tucídides, embutiendo las grandes pérdidas de los romanos y griegos y otra gran cáfila de dislates. Y como el glotonazo no buscaba sino disculpas de su flojedad, alegró la pérdida con el engaño. No hiciera más el diablo.

En esto, a persuasión de las crudezas, por el mal despacho de la digestión, disparó un regüeldo. No le hubieron oído, cuando los malvados lisonjeros, hincando con suma veneración la rodilla, por hacerle creer había estornudado, dijeron: «Dios le ayude.» Pues cógele la *hora*, y, revestido de furias infernales, aullando, dijo:

-Infames, pues me queréis hacer encreyentes que es estornudo el regüeldo, estando mi boca a los umbrales de mis narices, ¿qué haréis de lo que ni veo ni güelo? y dándose de manotadas en las orejas y mosqueándose de mentiras arremetió con ellos y los derramó a coces de su palacio, diciendo:

-Príncipe, si me cogen acatarrado, me destruyen. Por un sentido que me dejaron libre se perdieron: no hay cosa como oler.

XVI. Los codiciosos, escarmentados, se apartaron de los tramposos, y los tramposos, por no pagar de balde el embuste, se embistieron unos a otros, disimulándose en las palabras y dándose un baño exterior de simplicidad. Decíanse el un embustero al otro:

-Señor mío, escarmentado de tratar con tramposos, que me tienen destruido, vengo a que, pues sabéis mi puntualidad, me prestéis tres mil reales en vellón, de que os daré letra acetada a dos meses, que se pagará en plata, en persona tan abonada que es como tenerlos en la bolsa, y que no es menester más de negar y contar.

Y era éste en quien daba la letra la misma trampa. Mas el tramposo, que oía al otro tramposo que le abonaba al tercer tramposo, disimulando el conocerlos, y adargándose del trampantojo, con lamentación ponderada le dijo que él andaba a buscar cuatro mil reales sobre prenda que valía ocho, y que a ese efecto había salido de su casa.

Andaban chocando los unos con los otros con cadenas de alquimia, hipócritas del oro, y letras falsas acetadas, y con fiadores falidos y escrituras falsas, y hipotecas ajenas, y plata que habían pedido prestadas para un banquete, y migajas de pies de taza de vidrio, y claveles con apellido de diamantes. Era admirable la prosa que gastaban. Uno decía:

-Yo profeso verdad, y se ha de hallar en mí, si se perdere. No profeso sino pan por pan y vino por vino. Antes moriré de hambre, pegada la boca a la pared, que hacer ruindad. No quiero sino crédito. No hay tal como para poder traer la cara descubierta. Esto me enseñaron mis padres.

Respondía el otro tramposo:

-No hay cosa como la puntualidad. Sí por sí y no por no. Por malos medios no quiero hacienda. Toda mi vida he tenido esta condición. No quiero tener que restituir; lo que importa es el alma. No haría una trampa por los haberes del mundo. Más quiero mi conciencia que cuanto tiene la tierra.

En esto estaban las ratoneras vivas, arrebozando de cláusulas justificadas las intenciones cardas, cuando los cogió de medio a medio la *hora*, y, creyéndose los unos tramposos a los otros, se destruyeron. El de la cadena de alquimia la daba por la letra falsa, y el de los diamantes claveques tomaba por ellos la plata prestada. Los tres partieron al contraste. El otro a verificar la letra y asegurarla y perder la mitad porque se la pagasen antes que se averiguase el cadenón de hierro viejo. Llegó volando a la casa del hombre en cuyo nombre estaba acetada, el cual le dijo que aquella letra no era suya ni conocía tal hombre y envióle noramala. El se salió, letra entre piernas, diciendo:

-¡Oh, ladrón! ¡Cuál me la habías pegado si la cadena no fuera de trozos de jeringa.

El de los claveques decía, estando vendiendo la plata a un platero sin hechura y por menos del peso.

-¡Bien se la pegué con mendrugos de vidrio!

En esto llegó el dueño, y conociendo su plata, que andaba dando cosetadas en el peso, llamó a un alguacil y hizo prender al tramposo por ladrón. Empelazgáronse. Al ruido salió el de los diamantes falsos dando gritos. El que vendía la plata, dijo:

-Ese infame me la vendió.

El otro decía:

-Miente; que ése me la ha hurtado.

El platero decía:

-Ese maulero me traía chinas por diamantes.

El dueño de la plata requería que los prendíesen a entrambos. El escribano decía que a todos tres hasta que se averiguase. El alguacil, poniéndose a vara en la boca y asiendo a los dos tramposos con las dos manos, y el escribano de la capa al dueño de la plata, después de haberse desgarrado las jetas unos a otros, con gran séquito de pícaros fueron entregados en la cárcel al guardajoyas del verdugo.

XVII. En Dinamarca había un señor de una isla poblada con cinco lugares. Estaba muy pobre, más por la ansia de ser más rico que por lo que le faltaba. Castigó el cielo a los vecinos y naturales desta isla con inclinación casi universal a ser arbitrístas. En este nombre hay mucha dilferencla en los manuscnitos: en unos se lee arbitristes; en otros, arbatristes, y en los más armachismes. Cada uno enmiende la lección como mejor le paleciere a sus acontecimientos. Por esta causa, esta tierra era habitada de tantas plagas como personas. Todos los circunvecinos se guardaban de las gentes desta isla como de pestes andantes, pues de sólo el contagio del aire que pasado por ella los tocaba, se les consumían los caudales, se les secaban las haciendas, se les desacreditaba el dinero y se les asuraba la negociación. Eran tan inmensa la arbitrería que producía aquella tierra, que los niños, en naciendo, decían arbitrio por decir taita. Era una población de laberintos, porque las mujeres con sus maridos, los padres con los hijos, los hijos con los padres y los vecinos unos con otros, andaban a daca mis arbitrios y torna los tuyos, y todos se tomaban del arbitrio como del vino.

Pues este buen señor, en las partes de allende convencido de la cudicía, que es uno de los peores demonios que esgrimen cizaña en el munido, mandó tocar a arbitrios. Juntáronse legiones de arbitrianos en el teatro del palacio, empapeladas las pretinas y asaeteadas de legajos de discursos las aberturas de los sayos. Díjoles su necesidad, pidióles el remedio. Todos a un tiempo echando mano a sus discursos, y con cuadernos en ristre, embistieron en *turba multa*, y, ahogándose unos en otros por cuál llegaría antes, nevaron cuatro bufetes de cartapeles. Sosegó el runrún que tenían, y empezó a leer el primer arbitrio. Decía así:

«Arbitnio para tener inmensa cantidad de oro y plata sin pedirla ni tomarla a nadíe.»

-Durillo se me hace -dijo el señor-. Segundo:

«Para tener inmensas riquezas en un día, quitando a todos cuanto tienen y enriquociéndolos con quitárselo.»

-La primera parte de quitar a todos, me agrada; la segunda, de enriquecerlos quitándoselo, tengo por dudosa; mas allá se avengan. Tercero:

«Arbitrio fácil y gustoso y justificado para tener gran suma de millones, en que los que los han de pagar no lo han de sentir; antes han de creer que se los dan.»

-Me place, dejando esta persuasión por cuenta del arbitrista -dijo el señor-. Cuarto arbitrio:

«Ofrece hacer que lo que falta sobre, sin añadir nada ni alterar cosa alguna, y sin queja de nadie.»

-Arbitrio tan bienquisto no puede ser verdadero. Quinto:

«En que se ofrece cuanto se desea. Rase de tomar y quitar y pedir a todos y todos se darán a los diablos.»

-Este arbitrio, con lo endemoniado, asegura lo platicable.

Animado con la aprobación, el autor dijo:

-Y añado que los que le cobraren serán consuelo para los que le han de padecer.

-¿Quién fuiste tú, que tal dijiste?

Alza Dios su ira y emborrúllanse en remolinos furiosos los arbitristas, chasqueando barbulla, llamándole de borraoho y perro. Decíanle:

-Bergante, ¿propusiera Satanás el consuelo en los cobradores, siendo ellos la enfermedad de todos los remedios?

Llamábanse de hidearbitristas, contradiciéndose los arbitrios los unos a los otros, y cada uno sólo aprobaba el suyo. Pues estando encendidos en esta brega, entraron de repente muchos criados, dando voces, desatinados, que se abrasaba el palacio por tres partes, y que el aire era grande. Coge la *hora* en este susto al señor y a los arbitristas. El humo era grande y crecía por instantes. No sabía el pobre señor qué hacerse. Los arbitristas le dijeron se estuviese quedo, que ellos lo remediarían en un instante. Y saliendo del teatro a borbotones, los unos agarraron de cuanto había en palacio, y, arrojando por las ventanas los camarines y la recámara, hicieron pedazos cuantas cotechos y asolándolo todo. Y ninguno de los arbitristas sas tenía de precio. Los otros, con picos, derribaron una torre. Otros, diciendo que el fuego en respirando se moría, deshicieron gran parte de los tejados, arruinado los acudió a matar el fuego y todos atendieron a matar la casa y cuanto había en ella. Salió el señor, viendo el humo casi aplacado, y halló que los vasaílos y gente porpular y la justicia habían ya apagado el fuego. Y vio que los arbitristas daban tras los oimientos y que le habían derribado su casa y hecho pedazos cuanto tenía y, desatinado con la maldad y hecho una sierpe, decía:

-Infames, vosotros sois el fuego. Todos vuestros arbitrios son desta manera. Más quisiera, y me fuera más barato, habenme quemado, que haberes creído. Todos vuestros remedios son desta suerte: derribar toda una casa, porque no se caiga un rincón. Llamáis defender la hacienda echarla en la calle y socorrer el rematar. Dais a comer a los príncipes sus pies, y sus manos y sus miembros, y decís que le sustentáis, cuando le hacéis que se coma a bocados a sí propio. Si la cabeza se come todo su cuerpo, quedará cáncer de sí misma, y no persona. Perros: el fuego venía con harta razón a quemarme a mí porque os junté y os consiento. Y como me vio en poder del arbitrista, cesó y me dio por quemado. El más piadoso arbitrista es el fuego: él se ataja con el agua; vosotros crecéis con ella y con todos los elementos y contra todos. El Anticristo ha de ser arbitrista. A todos os he de quemar vivos y guardar vuestra ceniza para hacer della carnada y colar las manchas de todas las repúblicas. Los príncipe pueden ser pobres;

mas, en tratando con arbitristas para dejar de ser pobres, dejan de ser príncipes.

XVIII. Las alcahuetas y las chillonas estaban juntas en parlamento nefando. Hablaban muy bellacamente en ausencia de las bolsas y reían al dinero los zancajos. La más antigua de las alcahuetas, mal asistida de dientes y mamona de pronunciación, tableteando con las encías, dijo:
-El mundo está para dar un estallido. Mirad qué gentil dádiva. El tiemrpo hace hambre. Todo está en un tris. Las ferias y los aguinaldos días ha que pudren. Las albricias contadías con los muertos. El dinero está tan trocado, que no se conoce: con los premios se ha desvanecido, como ruin en honra. Un real de a ocho se enseña a dos cuartos como un elefante. De los doblones se dice lo que de los Infantes de Aragón:

¿Qué se hicieron?

Yo daré hace los papeles de *toma*. Item: *fíe vuesa merced de mi palabra*, es mataperros; *libranza*, es gozque mortecino. Mancebito de piernas con guedejas y sienes con ligas, son ganas de comer y un ayuno barbiponiente. Hijas, lo que conviene es tengamos y tengamos, y encomendaros al contante y al antemano. Yo administro unos hombres a medio podrir entre vivos y muertos, que traen bienaliñada pantasma y tratan de que los herede su apetito, y pagan en buena moneda lo roñoso de su estantigua. Niñas, la codicia quita el asco. Cerrad los ojos y tapad las narices, como quien toma purga. Beber lo amargo por el provecho, es medicina. Haced cuenta que quemáis franjas viejas para sacarlas el oro, o que chupáis huesos para sacar la medula. Yo tengo para cada una de vosotras media docena de canroños, amantes pasas, arrugados, que gargajean mejicanos. Yo no quiero tercera parte; con un porte moderado que se me pague estoy contenta, para conservar esta negra honra, de que me he preciado toda mi vida.

Acabó de murmurar estas razones, y, juntando la nariz con la barbilla, a manera de garra, las hizo un gesto de la impresión del grifo. Una de las pidonas y tomascas, arrebatiña en naguas, moño rapante, la respondió:

-Agüela, endílgadora de refocílos, engarzadora de cuerpos, eslabonadora de gentes, enflautadora de personas, tejedora de caras, has de advertir que somos muy mozas para vendernos a la pu barbada y a los cazasiglos. Gasta esa munición en dueñas, que son mayas de los difuntos y mariposas del *aquí yace*. Tía, la sangre que bulle, más quiere tararira que dineros y gusto que dádivas. Toma otro oficio; que los coches se han alzado a mayores con la coroza, y espero verlos tirar pepinazos por alcahuetes.

No hubo la buscona acabado estas palabras cuando a todas las cogió la *hora*, y, entrando una bocanada de acreedores, embistíeron con ellas. Uno, por el alquiler de la casa las embargaba los trastos y la cama: otro, porque eran suyos desde las almohadas a la guitarra, las asía de los vestidos por los alquileres y asía de todo. Y de palabra en palabra, el uno al otro se empujaron las caras con los puños cerrados. Hundí a la vecindad a gritos un ropero por unos guardainfantes. Las mancebitas de la sonsaca formaban una capilla de chillidos, diciendo que qué término era aquél y que para ésta y para aquélla, y como creo en Dios, y bonitas somos nosotras, y lo del negro, a quien apelan las venganzas de las andorras. La maldita vieja se santiguaba a manotadas, y no cesaba de clamar: ¡Jesús y en Jesús! Cuando a la tabaola entró el amigo de la una de las busconas, y, sacando la espada, sin prólogo de razonamiento, embistió con los cobradores, llamándolos pícaros y ladrones. Sacaron las espadas y, tirándose unos a otros, hicieron pedazos cuanto había en la casa. Las busconas, a las ventanas, desgañitándose, pregonaban el *que se matan* y *¿no hay justicia?* Al ruido subió un alguacil con todos sus arrabales, con el favor al Rey, ténganse a la justicia.

Emburujáronse todos en la escalera; salieron a la calle, unos heridos y otros desgarros. El rufián, abierta la media cabeza y la otra media, a lo que sospeoho, no bien cerrada, sin capa y sombrero, se fue a una iglesia. El alguacil entró en la casa y, en viendo a la buena vieja, embistió con ella, diciendo:

-¿Aquí estás, bellaca, después de desterrada tres veces? Tú tienes la culpa de todo.

Y asiéndola y a las demás todas, y embargando lo que hallaron, las llevaron en racimo a la cárcel, desnudas y remesadas, acompañadas del vayan las pícaras, pronunciado por toda la vecindad.

XIX. Un letrado bien frondoso de mejillas, de aquellos que, con barba negra y bigotes de buces, traen la boca con sotana y manteo, estaba en una pieza atestada de cuerpos tan sin alma como el suyo. Revolvía menos los autores que las partes. Tan preciado de rica librería, siendo idiota, que se puede decir que en los libros no sabe lo que se tiene. Había adquirido fama por lo sonoro de la voz, lo eficaz de los gestos, la inmensa corriente de las palabras en que anegaba a los otros abogados. No cabían en su estudio los litigantes de pies, cada uno en su procese como en su palo, en aquel peralvillo de las bolsas. El salpicaba de leyes a todos. No se le oía otra cosa sino:

-Ya estoy al cabo; bien visto lo tengo; su justicia de vuesa merced no es dubitable; ley hay en propios términos; no es tan claro el día; éste no es pleito, es caso juzgado; todo derecho habla en nuestro favor; no tiene muchos lances; buenos jueces tenemos; no alega el contrario cosa de provecho; lo actuado está lleno de nulidades; es fuerza que se revoque la sentencia dada: déjese vuesa merced gobernar.

Y con esto, a unos ordenaba peticiones: a otros querellas; a otros, interrogatorios; a otros, protestas; a otros, súplicas, y a otros, requerimientos. Andaban al retortero los Bártulos, los Baldos, los Abades, los Surdos, los Farinacios, los Tuscos, los Cujacios, los Fabros, los Ancharanos, el señor presidente Covarrubias, Chasaneo, Oldrado, Mascardo, y tras la ley del reino, Montalvo y Gregario López, y otros inumerables, burrajeados de párrafos, con sus dos corcovas de la *ce* abreviatura, y de la *efe* preñada con grande prole de números, y su *ibi* a las ancas. La nota de petición pedía dineros: el platicante, la pitanza de escribirla; el procurador, la de presentarla; el escribano de la cámara, la de su oficio; el relator la de su relación. En estos dacas, los cogió la *hora*, cuando los pleiteantes dijeron a una voz:

-Señor licenciado: en los pleitos, lo más barato es *la parte contraria*, porque ella pide lo que pretende que la den, y lo pide a su costa, y vuesa merced, por la defensa, pide y cobra a la nuestra; el procurador, lo que le dan; el escribano y el relator, lo que le pagan. El contrario aguarda la sentencia de vista y revista, y vuesa merced y sus secuaces sentencian para sí sin apelación. En el pleito podrá ser que nos condenen o nos absuelvan, y en seguirle no podemos dejar de ser condenados cinco veces cada día. Al cabo, nosotros podemos tener justicia; más no dinero. Todos esos autores, textos y decisiones y consejos no harán que no sea abominable necedad gastar lo que tengo por alcanzar lo que otro tiene y puede ser que no alcance. Más queremos una *parte contraria* que cinco. Cuando nosotros ganemos el pleito, el pleito nos ha perdido a nosotros. Los letrados defienden a los litigantes en los pleitos como los pilotos en las borrascas los navíos, sacándoles cuanto tienen en el cuerpo, para que, si Dios fuere servido, lleguen vacíos y despojados a la orilla. Señor mío: el mejor jurisconsulto es la concordia, que nos da lo que vuesa merced nos quita. Todos, corriendo, nos vamos a concertar con nuestros contrarios. A vuesa merced le vacan las rentas y tributos que tiene situados sobre nuestra terquedad y porfía. Y cuando por la conveniencia perdamos cuanto pretendemos, ganamos cuanto vuesa merced pierde. Vuesa merced ponga cédula de alquiler en sus textos; que buenos pareceres los dan con más comodidad las cantoneras. Y pues ha vivido de revolver caldos, acomódese a cocinero y profese de cucharón.

XX. Los taberneros, de quien, cuando más encarecen el vino, no se puede decir que lo suben a las nubes, antes que bajan las nubes, al vino, según le llueven, gente más pedigüeña del agua que los labradores, aguadores de cueros, que desmienten con el piezgo los cántaros, estaban con un grande auditorio de lacayos, esportilleros y mozos de sillas y algunos escuderos, bebiendo de rebozo seis o siete dellos en maridaje de mozas gallegas, haciendo sed bailando para bailar bebiendo. Dábanse de rato en rato grandes cimbronazos de vino. Andaba la taza de mano en mano, sobre los dos dedos, en figura de gavilán. Uno de ellos, que reconoció el pantano mezclado dijo: «¡Rico vino!» a un pícarazo a quien brindó. El otro, que, por lo aguanoso, esperaba antes pescar en la copa ranas que soplar mosquitos, dijo:

-Este es, verdaderamente, rico vino y no otros vinos pobretones, que no llueve Dios sobre cosa suya.

El tabernero, sentido de los remoquetes, dijo:

-Beban y callen los borrachos.

-Beban y naden, ha de decir -replicó un escudero.

Pues cógelos a todos la *hora*, y, amotinados, tirándole las tazas y jarros, le decían:

-Diluvio de la sed, ¿por qué llamas borrachos a los anegados? ¿Vendes por azumbres lo que llueves a cántaros y llamas zorras a los que haces patos? Más son menester fieltros y botas de baqueta para beber en tu casa que para caminar en invierno, infame falsificador de las viñas.

El tabernero, convencido de Neptuno, diciendo: «¡Agua, Dios, agua», con el pellejo en brazos, se subió a una ventana y empezó a gritar derramando el vino:

-Agua va, que vacío.

Y los que iban por la calle, respondían:

-Aguarda, fregona de las uvas.

XXI. Estaba un enjambre de treinta y dos pretendientes de un mismo oficio aguardando al señor que había de proveerle. Cada uno hallaba en sí tantos méritos como faltas en todos los demás. Estábanse santiguando mentalmente unos de otros. Cada uno decía entre sí que eran locos y desvergonzados los otros al pretender lo que merecía él solo. Mirábanse con un odio infernal, tenían los corazones rellenos de víboras, preveníanse afrentas e infamias para calumniarse, mostraban los semblantes aciagos y las coyunturas azogadas de reverencias y sumisiones. A cada movimiento de la puerta se estremecían de acatamientos, bamboleándose con alferecía solícita. Tenían ajadas las caras con la frecuencia de gestos meritorios, flechados de obediencia, con las espaldas en jiba, entre pisarse el ranzal y pelícanos. No pasaba paje a quien no llamasen *mi rey*, frunciendo las jetas en requiebros. Pasó el secretario con andadura de flecha. Aquí fue ella, que, desapareciéndose de estatura y gandujando sus cuerpos en cincos de guarismo, le sitiaron de adoración en cuclillas. El con un «perdonen vuesas mercedes, que voy de prisa», trotando en la pronunciación, se entró con miradura de novia. Pidió el señor la caja. Oyóse una voz que dijo:

-Venga el servicio.

-Yo soy -dijo uno de los pretendientes.

Otro:

-Ya entro.

Otro:

-Aquí estoy.

Apretábanse con la puerta hasta sacarse zumo. El pobre señor, que supo la tabaola que le aguardaba de plegarias, y columbró a los malditos pretendientes terciando contra él los memoriales enherbolados, no sabía qué se hacer de sus orejas. Dábase a los demonios entre sí mismo, diciendo que el tener que dar era la cosa mejor del mundo, si no hubiera quien lo pretendiera, y que las mercedes, para no ser persecución del que las hace, habían de ser recibidas y no solicitadas. Los quebrantahuesos, que veían se dilataba su despacho, se carcomían, considerando que el oficio era uno y ellos muchos. Atollábaseles la arismética en decir:

-Un oficio entre treinta y dos, ¿a cómo les cabe?

Y restaban:

-Recibir uno y pagar treinta y dos, no puede ser.

Y todos se hacían el *uno* y encajaban a los otros en el *no puede ser*. El señor decía:

-Fuerza es que yo deje uno premiado y treinta y uno quejosos.

Mas al fin, se determinó, por limpiarse dellos, a que entrasen. Diose un baño de piedra de mármol y revistióse en estatua para mesurarse de audiencia. Embocáronse en manada y rebaño. Y viendo empezaban a quererle informar en bulla, les dijo:

-El oficio es uno, vosotros muchos: yo deseo dar a uno el oficio y dejaros contentos.

Estando diciendo esto, los cogió la *hora*, y el señor, haciendo a uno la merced, empezó a ensartados a todos en futura sucesión de futuras sucesiones perdurables, que nunca se acaban. Los pobres futurados empezaron a desearse la muerte, invocar garrotillos, pleurites, pestes, tabardillos, muertes repentinas, apoplejías, disenterías y puñaladas. Y no habiendo un instante que lo dijo, les parecía a los futuros sucesores que habían vivido ya sus antecesores diez Matusalenes en retahíla. Y siendo así que el décimo reculaba en su futura en quinientos años veníderos, todos acetaron la posmuerte de su antecedente; sólo el treinta y uno, que halló hecha bien la cuenta, que llegaba su plazo horas con horas con la fin del mundo, allende del Antecristo, dijo:

-Yo vengo a poseer entre las cañitas y el fuego. ¡Bien haré yo mi oficio quemado! El día del juicio, ¿quién hará que me paguen mis gajes las calaveras? Por mí, viva muchos años el treinta futuro, que, cuando a él llegue la tanda, estará el mundo dando arcadas.

El señor los dejó sobreviviéndose y trasmatándose unos a otros, y se fue podrido de ver que se arrempujaban las edades hacia el *saeculum per igmen* y que pretendían emparejar con *saecula saeculorum*: El que pescó el oficio estaba atónito viéndose con tan larga retahíla de herederos. Fuese tomándose el pulso y propuniendo de no cenar y guardarse de soles. Los demás se miraban como venenos eslabonados, y, anatematizándose las vidas, se iban levantando achaques, y añadiéndose años y amenazándose de ataúdes, y zahiriéndose la buena disposición, y enfermando de la salud de sus precedentes y dándose a médicos como a perros.

XXII. Unos hombres, que piden prestado, a imitación del día que pasó para no volver, discípulos de las arañas en cazar la mosca, se estaban en la cama al anochecer, por tener las carnes a letra vista. Habían gastado entre todos, en oblea, tinta y pluma y papel, ocho reales, que habían juntado a escote, y todo lo consumieron en billetes, bacinicas de demanda, con nota rematada y cláusulas de extrema necesidad, «por ser negocio de honra, en que les iba la vida»; con el fiador, de que «se volvería con toda gravedad, que sería echarlos una *S* y un clavo». Y por si faltaba el dinero, remataban con la plegaria, que es las mil y quinientas de la bríbia, diciendo que, si no se hallasen con algún contante, se sirviesen de enviar una prenda, que los buscarían sobre ella, y se guardaría como los ojos de la cara, con su contera de que: «Perdone el atrevimiento», y «que no se avergonzaran a otra persona». Habían, pues, flechado cien papeles déstos, rociando de estafa todo el lugar. Llevábalos un compañero panza al trote, insigne clamista, que, con una barba de cola de pescado y una capa larga, pintaba en platicante de médico. Quedó el nido de emprestillones haciendo la cuenta de cuánto dinero traería, y sobre si serían seiscientos o cuatrocientos reales, armaron una zalagarda del diablo. Llegaron a reñir y a desmentirse sobre lo que se había de hacer de lo que pillasen. Y tanto se enfurecieron, que saltaron de las camas, con tal dieta de camisas las partes bajas, que era más fácil darse de azotes que de sopapos. Entró en este punto la estafeta de los enredos, con tufo de «no hay, no tengo, Dios los provea». Traía las dos manos descubiertas, sin codo manco: señal de desembarazo. Víanse las dos barajas de billetes. Quedáronse transidos viendo que su fábrica pintada en solas respuestas de retorno, y con prosa falida de voz, dijeron:

-¿Qué tenemos?

-Que no tienen -respondió el sacatrapos-; entreténganse vustedes en leer, ya que no pueden contar.

Empezaron a abrir billetes. El primero decía:

«No he sentido en mi vida cosa tanta como no poder servir a vuesa merced con esta niñería.»

-Pues socorriérame y lo sintiera más.

El segundo:

«Señor mío: si ayer recibiera su papel de vuesa merced, le pudiera servir con mil gustos.»

-¡Válgate el diablo por *ayer*, que te andas cada día tras los bestidores!

El tercero:

«El tiempo está de manera...»

-¡Oh, maldito caballero almanac! ¿Pídente dinero y das pronósticos?

El cuarto:

«No siente vuesa merced tanto su necesidad como yo no poder socorrerla.»

-¿Quién te lo dijo, demonio? ¿Profeta te haces, miserable? ¿Cuando te piden adivinas?

-No hay más que leer -dijeron todos.

Y alzando un zurrido infernal, dijeron:

-Ya es de noche: desquitémonos de lo gastado royendo las obleas de los sellos, a falta de cena, y juntemos estos billetes con otros dos cahices que tenemos, y véndanse a un confitero, que por lo menos, dará por ellos cuatro reales para amortajar especias, y encorozar confites, y hacer mantellinas al azúcar de las pellas y calzar los bizcochos.

-Esto de pedir prestado -decía bostezando el andadero-, diez años ha que murió súpito; ya no hay qué prestar sino paciencia. Por no ver los gestos y garambainas que hacen con las caras los embestidos, puede uno darles lo que les pide, y, hecha la cuenta, se gasta más en secretaría y trotes que se cobra. Caballeros de la arrebatiña, no hay sino ojo avizor.

En esto estaban los pescadores de papel, cuando los cogió la *hora*, y dijo el más desembainado de persona:

-Mucho se nos hacen de rogar los bienes ajenos, y, si aguardamos a que se nos vengan a casa, pereceremos en la calle. No es buena ganzúa la oratoria, y la prosa se entra por los oídos y no por las faltriqueras. Dar audiencia al que pide cuartos es dar al diablo. Más fácil es tornar que pedir. Cuando todos guardan, no hay que aguardar. Lo que conviene es hurtar de boga arrancada y con consideración: quiero decir, considerando que se ha de hurtar de suerte que haya hurto para el que acusa, para el que escribe, para el que prende, para el que procura, para el que aboga, para el que solicita, para el que relata y para el que juzga, y que sobre algo; porque donde el hurto se acaba, el verdugo empieza. Amigos, si nos desterraren es mejor que si nos enterrasen. Los pregones, por un oído se entran y por otro se salen. Si nos sacan a la vergüenza, es saca que no *escuece*, y yo no sé quién tiene la vergüenza adonde nos han de sacar. Si nos azotaren, a quien dan no escoge, y, por lo menos, oye un hombre alabar sus carnes, y en apeándose un jubón, cubre otro. En el tormento no tenemos riesgo los mentirosos, pues toda su tema es que digan la verdad, y, con *hágome sastre*, se asegura la persona. Ir a galeras es servir al Rey y volverse lampiños: los galeotes son candiles, que sirven a falta de velas. Si nos ahorcan, que es el *inibus terrae*, tal día hizo un año, y, por lo menos, no hay ahorcado que no honre a sus padres, diciendo los ignorantes que los deshonran, pues no se oye otra cosa, aunque el ahorcado sea un pícaro, sino que es muy bien nacido y hijo de buenos padres. Y aunque no sea sino por morirse uno dejando de la agalla a la botica y al médico, no le está mal la enfermedad del esparto. Caballeros, no hay sino manos a la obra.

No lo hubo dicho, cuando, revolviéndose las sábanas de las camas al cuerpo y engulléndose el candil en el balsopeto, se descolgaron por una manta a la calle desde una ventana y partieron como rayos a sofaldar cofres y retozar pestillos y manosear faltriqueras.

XXIII. La imperial Italia, a quien sólo quedó lo augusto del nombre, viendo gastada su Monarquía en pedazos, con que añadieron tan diferentes Príncipes sus dominios, y ocupada su jurisdicción en remendar señoríos, poco antes desarrapados;

desengañada de que, si pudo con dicha quitar ella sola a todos los que poseían, había sido fácil quitarla a ella todos lo que sola les había quitado; hallándose pobre y sumamente ligera, por haber dejado el peso de tantas provincias, dio en volatín, y, por falta de suelo, andaba en la maroma, con admiración de todo el mundo. Fijó los ejes de su cuerda en Roma y en Saboya. Eran auditorio y aplauso España del un lado y Francia del otro. Estaban cuidadosos estos dos grandes Reyes, aguardando hacia dónde se inclinaba en las mudanzas y vueltas que hacía, por si por descuido cayese, recogerla cada una. Italia, advertida de la prevención del auditorio, para tenerse firme y pasear segura tan estrecha senda, tomó por bastón la señoría de Venecia en los brazos, y equilibrando sus movimientos, hacía saltos y vueltas maravillosas, unas veces fingiendo caer hacia España, otras hacia Francia; teniendo por entretenimiento la ansia con que una y otra extendían los brazos a recogerla, y siendo fiesta a todos la burla que, restituyéndose en su firmeza, les hacía. Pues estando entretenidos en esto, cógelos la *hora*. Y el rey de Francia, desconfiado de su arrebatiña, para que diese zaparrazo a su lado, empezó a falsear el asiento del eje de la maroma, que estaba afirmado en Saboya. El monarca de España, que lo entendió, le añadía por puntales el Estado de Milán y el reino de Nápoles y a Sicilia. Italia, que andaba volando, echó de ver que el bastón de Venecia, que, trayéndole en las manos, la servía de equilibrio, por otra parte la tenía crucificada, le arrojó, y, asiéndose a la maroma con las manos, dijo:

-Basta de volatín, que mal podré volar si los que me miran desean que caiga y quien me bilanza y contrapesa, me crucifica.

Y con sospecha de los puntales de Saboya, se pasó a los de Roma, diciendo:

-Pues todos me quieren prender, Iglesia me llamo donde, si cayere, habrá quien me absuelva.

El rey de Francia se fue llegando a Roma con piel de cardenal, por no ser conocido; empero el rey de España, que penetró la maula de disfrazar el monsieur en monseñor, haciéndole al pasar cortesía, le obligó a que, quitándose el capello, descubriese lo calvino de su cabeza.

XXIV. El caballo de Nápoles, a quien algunos han hurtado la cebada, otros ayudado a comer la paja, algunos le han hecho rocín, otros posta azotándole, otros yegua, viendo que en poder del Duque de Osuna, incomparable virrey, invencible capitán general, juntó pareja con el famoso y leal caballo que es timbre de sus armas, y que le enjaezó con las granas de las dos mahonas de Venecia y con el tesoro de la nave de Brindis; que el hizo caballo marino con tantas y tan gloriosas batallas navales, que le dio verde en Chipre y de beber en el Tenero, cuando se trujo a las ancas la nave poderosa de la Sultana y de Salónique para que le almohazase al capitán de aquellas galeras con su capitana, por lo cual Neptuno le reconoció por su primogénito, el que produjo en competencia de Minerva; acordábase que el Grande Girón le había hecho gastar por herraduras las medias lunas del turco, y que con ellas fueron sus coces sacamuelas de los leones venecianos en la prodigiosa batalla sobre Raguza, donde, con quince velas, les desbarató ochenta, obligándolos a retirarse vergonzosamente, con pérdida de muchas galeras y galeazas, y de la mayor y mejor parte de la gente. Cuando se acordaba destos triunfos, se vía sin manta y con mataduras y muermo, que le procedía de plumas de gallina que le echaban en el pesebre. Víase ocupado en tirar un coche quien fue tan áspero, que nunca supieron, con ser buenos bridones, los franceses tenerse encima dél, habiéndolo intentado muchas veces. Ocasionóle el miserable estado en que se vía tal tristeza y desesperación, que, enfurecido y relinchando clarines y resollando fuego, quiso ser caballo de Troya, y, a corcovos y manotadas, asolar la ciudad. Al ruido entraron los sexos de Nápoles, y, arrojándole una toga en la cara, le taparon los ojos, y con halagos, hablándole calabrés cerrado, le pusieron maneatas y cabestro. Y estándole atando a un aldabón del establo, cógelos la *hora*, y dos de los sexos dijeron que convenía y era más barato dar a Roma de una vez el caballo que cada año una hacanea con dote, y quitarse de ruidos, pues, según le miraban, se podía temer que le matasen de ojo los nepotes. A esto, demudados, respondieron los otros que el rey de España le aseguraba de tal enfermedad con tres castillos, que le tenía puestos en la frente por texón, y que prímero le cortarían las piernas que verle servir de mula y escondido en hopalandas. Los dos replicaron que parecía lenguaje de herejes no querer ser papistas, y que ninguna silla le podía estar tan bien como la de San Pedro. A esto dijeron coléricos los demás que, para que los herejes no hiciesen al Pontífice perder los estribos en aquella silla, convenía que sólo el rey de España se sirviese deste caballo. Unos decían *bonete*; otros, *corona*, y de una palabra en otra, se envedijaron de suerte, que si no entra en el electo del pueblo, se hacen pedazos. El cual, sabiendo dellos la ocasión de la pendencia, les dijo:

-Este caballo, con ser desbocado, ha tenido muchos amos, y las más veces se ha ido él por su pie dejándose llevar del ranzal. Lo que conviene es guardarle con cuidado, que anda en Italia mucha gente de a pie que busca bagaje, y cuatreros con botas y espuelas, y el gitano trueca borricas que le ha hurtado otras veces, y ahora tiene puerta falsa a la estala y no conviene que le almohace ningún mozo de caballos francés, que le hacen cosquillas en lugar de limpiarle, y tanto ojo con los monsiures, que se visten manteo y sotana pará echarle la pierna encima.

XXV. Estaban ahorcando dos rufianes por media docena de muertes: el uno estaba ya hecho badajo de la *ene* en palo, el otro acababa de sentarse en el poyo donde se pone a cabaño el jinete de gaznates. Entre la multitud de gente que los miraba pasando en alcance de unos tabardillos, se pararon dos médicos, y viéndolos, empezaron a llorar como unas criaturas, y con tantas lágrimas, que unos tratantes que estaban junto a ellos los preguntaron si eran sus hijos los ajusticiados. A lo cual respondieron que no los conocían, empero que sus lágrimas eran de ver morir dos hombres sin pagar nada a la facultad. En esto los cogió a todos la *hora*, y columbrando el ahorcado a los médicos, dijo:

-¡Ah, señores dotores! Aquí tienen vuestedes lugar, si son servidos, pues por los que han muerto merecen el mío, y por lo que saben despachar, el del verdugo. Algún entierro ha de haber sin galeno, y también presume de aforismo el esparto. En lo que tienen encima, y en los malos pasos, sus mulas de vuestedes son escaleras de la horca de pelo negro. Tiempo es de verdades. Si yo hubiera usado de receta, como de daga, no estuviera aquí, aunque hubiera asesinado a cuantos me ven. Una docena de misas les pido, pues les es fácil acomodarlas en uno de los infinitos codicillos a que dan prisa.

XXVI. El gran duque de Moscovia, fatigado con las guerras y robos de los tártaros, y con frecuentes invasiones de los turcos, se vio obligado a imponer nuevos tributos en sus estados y señoríos. Juntó sus favorecidos y criados, ministros y consejeros y el pueblo de su Corte, y díjoles:

-Ya los constaba de la necesidad extrema en que le tenían los gastos de sus ejércitos para defenderlos de la invidia de sus vecinos y enemigos, y que no podían las repúblicas y monarquías mantenerse sin tributos, que siempre eran justificados los forzosos y suaves, pues se convierten en la defensa de los que los pagan, redimiendo la paz y la hacienda y las vidas de todos aquella pequeña y casi insensible porción que de cada uno al repartimiento, bienquisto por igual y moderado; que él los juntaba para su mesmo negocio; que le respondiesen como en remedio y comodidad propia.

Hablaron primero los allegados y ministros, diciendo que la propuesta era tan santa y ajustada que ella se era respuesta y concesión; que todo era debido a la necesidad del Príncipe y defensa de la Patria; que así podía arbitrar conforme a su gusto en imponer todos y cualesquier tributos que fuese servido a sus vasallos, pues cuanto diesen pagaban a su útil y descanso, y que cuanto mayores fuesen las cargas, mostraría más la grande satisfación que tenía de su lealtad, honrándolos con ella. Oyólos con gusto el duque, mas no sin sospecha, y así, mandó que el pueblo le respondiese por sí. El cual, en tanto que razoriaban los magistrados, había susurrádose en conferencia callada. Eligieron uno que hablase por ellos conforme al sentir de todos. Este, saliendo a lugar desembarazado, dijo:

-Muy poderoso señor: vuestros buenos vasallos por mí os besan con suma reverencia la mano por el cuidado que mostráis de su amparo y defensa, y como pueblo que en vuestra sujeción nació y vive con amor heredado, confiesa que son vuestros a toda vuestra voluntad, con ciega obediencia, y os hacen recuerdo que su blasón es haberlo mostrado así en todo el tiempo de vuestro imperio, que Dios prospere. Conocen que su protección es vuestro cuidado y que esa congoja os baja de príncipe soberano de todos y en todo, a padre de cada uno: amor y benignidad que inestimablemente aprecian. Saben las urgentes y nuevas ocasiones que os acrecientan gastos inexcusables, que por ellos y por vos no podéis evitar, y entienden que por vuestra pobreza no los podéis atender. Yo, en nombre de todos, os ofrezco, sin exceptar algo, cuanto todos tienen; empero, pongo a vuestro celo dos cosas en consideración: la una, que si tomáis todo lo que tienen vuestros vasallos, agotaréis el manantial que perpetuamente ha de socorreros a vos y a vuestra sucesión; y si vos, señor, lo acabáis, hacéis lo que teméis que hagan vuestros enemigos, tanto más en vuestro daño, cuanto en ello, es dudosa la ruina, y, en vos, cierta; y quien os aconseja que os asoléis porque no os asuelen, antes es munición de vuestros contrarios que consejero vuestro, Acordaos del labrador a quien Júpiter, según Isopo, concedió una pájara que para su alimento le ponía cada día un güevo de oro. El cual, vencido de la codicia, se persuadió a que ave que cada día le daba un huevo de oro, tenía ricas minas de aquel metal en el cuerpo, y que era mejor tomárselo todo de una vez que recibido continuamente poco a poco y como Dios lo había dispuesto. Mató la pájara, y quedó sin ella y sin el huevo de oro. Señor, no hagáis verdad esta que fue fábula en el filósofo: que os haréis fábula de vuestro pueblo. Ser príncipe de pueblo pobre más es ser pobre y pobreza que príncipe. El que enriquece los súbditos tiene tantos tesoros como vasallos: el que los empobrece, otros tantos hospitales y tantos temores como hombres y mujeres y menos hombres que enemigos y miedos. La riqueza se puede dejar cuando se quiere; la pobreza, no. Aquélla pocas veces se quiere dejar; ésta, siempre. La otra es que debéis considerar que vuestra ultimada necesidad presente nace de dos causas: la una, de lo mucho que os han robado y usurpado los que os asisten; la otra, de las obligaciones que hoy se os añaden. No hay duda que aquélla es la primera; si es también la mayor, a vos os toca averiguarlo. Repartid, pues, vuestro socorro como mejor os pareciere entre restituciones de los usurpadores y tributos de los vasallos, y sólo podrá quejarse quien os fuere traidor.

    En estas palabras los cogió la *hora*, y el duque, levantándose en pie, dijo:

-Denme lo que me falta de lo que tenía, los que me lo han quitado, y páguenme lo demás que hubiere menestes mis pueblos. Y por que no se dilate, todos vosotros y los vuestros, que desde lejos, con la esponja de la intercesión, me habéis chupado el patrimonio y tesoro, quedaréis solamente con lo que trujistes a mi servicio, descontados los sueldos.

Fue tan grande y tan universal el gozo de los inferiores, viendo la justa y piadosa resolución del duque, que, aclamándole Augusto, y los más de rodillas, dijeron:

-Queremos, en agradecimiento, después de servir con lo que nos repartieses, pagar otro tanto más y que esta parte quede por servicio perpetuo para todas las veces que cobrares lo que te tomaren; de que resultará que los codiciosos aún tendrán escrúpulo de recibir lo que les dieres.

XXVII. Un fullero, con más flores que mayo en la baraja y más gatos que enero en las uñas, estaba jugando con un tramposo sobre tantos, persuadido de que se pierde más largo que con el dinero delante. Concedíale la trocada y la derecha, y la derecha, como la quería, porque, retirando las cartas, la derecha se la volvía zurda y la trocada se la cobraba con premio. Las suertes del fullero eran unos Apeles en pintar, y las del tramposo boqueaban de tabardillo a puras pintas; las suertes del maullón siempre eran veinte y cuatro, con licencia del cabíldo de Sevilla; las del tramposo se andaban tras el mediodía, sin pasar de la una. Pues cógelos la *hora*, y contando el fullero los tantos, dijo:

-Vuesa merced me debe dos mil reales.

El tramposo respondió, después de haberlos vuelto a contar, como si pensara pagarlos:

-Señor mío: a su ramillete de vuesa merced le falta mi flor, que es perder y no pagar. Vuesa merced se la añada, y no tendrá que invidiar a Daraja. Haga vuesa merced cuenta que ha jugado con un saúco, cuya flor es ahorcar bolsas; lo que aquí se ha perdido es el tiempo, que tampoco lo cobrará vuesa merced como yo.

XXVIII. Los holandeses, que por merced del mar pisan la tierra en unos andrajos de suelo que la hurtan por detrás de unos montones de arena que llaman diques, rebeldes a Dios en la fe y a su Rey en el vasallaje, amasando su discordia en un comercio político, después de haberse con el robo constituido en libertad y soberanía delincuente, y crecido en territorio por la traición bien armada y atenta, y adquirido con prósperos sucesos opinión belicosa y caudal opulento, presumiendo de hijos primogénitos del Océano, y persuadidos a que el mar, que les dio la tierra que cubría para habitación, no les negaría la que le rodeaba, se determinaron, escondiéndose en naves y poblándole de cosarios, a pellizcar y roer por diferentes partes el occidente y el oriente. Van por oro y plata a nuestras flotas, como nuestras flotas van por él a las Indias. Tienen por ahorro y atajo tomarlo de quien lo trae y no sacarlo de quien lo cría. Dales más barato los millones el descuido de un general o el descamino de una borrasca que las minas. Para esto los ha sido aplauso, confederación y socorro la invidia que todos los reyes de Europa tienen a la suprema grandeza de la Monarquía de España. Animados, pues, con tan numerosa asistencia, han establecido tráfago en la India de Portugal, introduciendo en el Japón su comercio, y, cayendo y levantando con porfía providente, se han apoderado de la mejor parte del Brasil, donde, no sólo tienen el mando y el palo, como dicen, sino el tabaco y el azúcar, cuyos ingenios, si no los hacen doctos, los hacen ricos, dejándonos sin ellos rudos y amargos. En este paraje, que es garganta de las dos Indias, asisten tarascas con hambre peligrosa de flotas y naves, dando qué pensar a Lima y Potosí (por afirmar la geografía), que pueden, paso entre paso, sin mojarse los pies, ir a rondar aquellos cerros, cuando, enfadados de navegar, no quieran resbalarse por el río de la Plata o irse, en forma de cáncer, mordiendo la costa por Buenos Aires, y fortificarse trampantojos del pasaje. Estábase muy despacio aquel senado de hambrones del mundo sobre un globo terrestre y una carta de marear, con un compás, brincando climas y puertos y escogiendo provincias ajenas, y el Príncipe de Orange, con unas tijeras en la mano, para encaminar el corte en el mapa por el rumbo que determinase su albedrío. En esta acción los cogió la *hora*, y tomándole un viejo, ya quebrantado de sus años, las tijeras, dijo:

    -Los glotones de provincias siempre han muerto de ahíto: no hay peor repleción que la de dominios. Los romanos, desde el pequeño círculo de un surco que no cabía medio celemín de siembra, se engulleron todas sus vecindades, y, derramando su codicia, pusieron a todo el mundo debajo del yugo de su primer arado. Y como sea cierto que quien se vierte se desperdicia tanto como se extiende, luego que tuvieron mucho que perder empezaron a perder mucho: porque la ambición llega para adquirir más allá de donde alcanza la fuerza para conservar. En tanto que fueron pobres, conquistaron a los ricos; los cuales, haciéndolos ricos y quedando pobres con las mismas costumbres de la pobreza, pegándoles las del oro y las de los deleites, los destruyeron, y con las riquezas que les dieron tomaron de ellos venganza. Calaveras son que nos amonestan los asirios, los griegos y los romanos: más nos convienen los cadáveres de sus monarquías por escarmiento que por imitación. Cuanto más quisiéremos encaramar nuestro poco peso, y llegarle en la romana del poder a la gran carga que se quiere contrastar, tanto menos valor tendremos, y cuanto más le retiráremos en ella, nuestra pequeña porción sola contrastará los inmensos quintales de equilibra, y si a nuestra última línea los retiráremos, uno nuestro valdrá mil. Trajano Bocalino apuntó este secreto en el peso de su *Piedra del parangón*, verificándose en la monarquía de España, de quien pretendemos quitar peso que, juntándole al nuestro, nos le desminuía con el aumento. Hacernos libres de sujetos fue prodigio; conservar este prodigio es ocupación para que nos habemos menester todos. Francia y Inglaterra, que nos han ayudado a limar a España de su señorío la parte con que las era formidable vecino, por la propia razón no consentirán que nos aumentemos en señorío que puedan temer. La segur que se añade con todo lo que corta del árbol, nadie la tendrá por instrumento, sino por estorbo. Consentirnos han en tanto que tuviéremos necesidad dellos y, en presumiendo de que ellos la tienen de nosotros, atenderán a nuestra mortificación y ruina. El que al pobre que dio limosna le ve rico, o cobra dél o le pide. Nada adquinimos de nuevo que no quieran para sí los príncipes que nos lo ven adquirir, y por vecino, al paso que desprecian al que pierde, temen al que gana, y nosotros, desparramándonos, somos estratagema del rey de España contra nosotros, pues cuando él, por dividirnos y enflaquecemos, dejara perder adrede las tierras que le tomamos, era treta y no pérdida, y nunca mas fácilmente podrá quitamos lo que tenemos que cuando más nos hubiere dejado tomar de lo que tiene tan lejos de sí como de nosotros. Con el Brasil, antes se desangra y despuebla Holanda que se crece. Ladrones somos: basta no restituir lo hurtado sin hurtar siempre, ejercicio con que antes se llega a la horca que al trono.

El Príncipe de Orange, enfadado, y cobrando las tijeras, dijo:

-Si Roma se perdió, Venecia se conserva, y fue cicatera de lugares al principio, como nosotros. La horca que dices, más se usa en los desdichados que en los ladrones, y en el mundo, el ladrón grande condena al chico. Quien corta bolsas, siempre es ladrón; quien hurta provoncias y reinos, siempre fue rey. El derecho de los monarcas se abrevia en viva quien vence. Engendrarse los unos de la corrupción de los otros es natural, y no violento: causa es quien se corrompe de quien se engendra. El cadáver no se queja de los gusanos que le comen, porque él los cría; cada uno mire que no se corrompa, porque será padre de los gusanos. Todo se acaba, y más presto lo poco que lo mucho. Cuando nos tenga miedo quien nos tuvo lástima, tendremos lástima a quien nos tuvo miedo, que es buen trueque. Seamos, si podemos, lo que son los que fueron lo que somos. Todo lo que has apuntado es bueno no lo sepan el rey de Inglaterra y Francia, y acuérdalo delante, que al empezar es estorbo lo que en el mayor aumento es consejo.

Y diciendo y haciendo, echó la tijera a diestro y siniestro, trasquilando costas y golfos, y de las cercenaduras del mundo se fabricó una corona y se erigió en majestad de cartón.

XXIX. El gran Duque de Florencia, que, por cuatro letras más o menos del título de *gran* es malquisto de todos los otros potentados, estaba cerrado en un camarín con un criado, de quien fiaba la comunicación más reservada. Conferían la grandeza de sus ciudades y la hermosura de su Estado, el comercio de Ligorna y las vitorias de sus galeras. Pasaron al grande esplendor con que su sangre se había mezclado con todos los monarcas y reyes de Europa en los repetidos casamientos con Francia pues, por la línea materna, eran sus descendientes los Reyes Católicos, el Cristianísimo y el de la Gran Bretaña. En este cómputo los cogió la *hora*, y, arrebatado della el criado, dijo:

-Señor: vuesa alteza de ciudadano vino a príncipe: *Memento homo*. En tanto que se trató como potentado, fue el más rico; hoy, que se trata como suegro de reyes y yerno de emperador, *pulvis es*, y si le alcanza la dicha de suegro, con Francia y las maldiciones de casamentero, *in pulverem reverteris*. El Estado es fertilísimo; las ciudades, opulentas; los puertos, ricos; las galeras, fortunadas; los parentescos, grandes; el demonio, por todas razones real; empero ahora he visto en él notables manchas, que le desaliñan y desautorizan, y son éstas: la memoria que conservan los vasallos de que fueron compañeros; la república de Luca, que cayó de meclio a medio de todo; los presidios de Toscana, que el rey de España tiene, y el *gran* sobre *Duque*, por la emulación de los vecinos.

El duque, que en algunas cosas destas no había reparado, dijo:

-¿Qué modo tendré para sacarme estas manchas?

Replicó el criado:

-Sacarlas según están reconcentradas, es imposible sin cortar el pedazo y es mal remedio, porque es mejor andar manchado que roto. Y si las manchas que digo se sacan con el pedazo, no le quedará pedazo a vuesa alteza, y vuesa alteza quedará hecho pedazos; éstas son manchas de tal calidad, que se limpian con meterse más adentro y no con sacarse. Use vuestra alteza de la saliva en ayunas para esto y vaya chupando para sí poco a poco. Y lo que gasta en dotes de reinas, gástelo en tapar los oídos a los atentos, porque no le sientan chupar.

XXX. Un alquimista hecho pizcas, que parecía se había distilado sus carnes y calcinado sus vestidos, estaba engarrafado de un miserable a la puerta de uno que vendía carbón. Decíale:

-Yo soy filósofo espagírico, alquimista: con la gracia de Dios he alcanzado el secreto de la piedra filosofal, medicina de vida y trasmutación trascendente, infinitamente multiplicable: con cuyos polvos haciendo proyección, vuelvo en oro de más quilates y virtud que el natural el azogue, el hierro, el plomo, el estaño y la plata. Hago oro de yerbas, de las cáscaras de güevos, de cabellos, de sangre humana, de la orina y de la basura: esto en pocos días y con menos costa. No oso descubrirme a nadie, porque si se supiese, los príncipes me engullirían en una cárcel, para ahorrar los viajes de las Indias y poder dar dos higas a las minas y al Oriente. Sé que vuesa merced es persona cuerda, principal y virtuosa, y he determinado fiarle secreto tan importante y admirable: con que en pocos días no sabrá que hacer de los millones.

Oíale el mezquino con una atención canina y lacerada, y tan encendido en codica con la turbamulta de millones, que le tecleaban los dedos en ademán de contar. Habíale crecido tanto el ojo, que no le cabía en la cara. Tenía ya entre sí condenadas a barras de oro las sartenes asadores y calderos y candiles. Preguntóle que cuánto sería menester para hacer la obra. El alquimista dijo que casi nada: que con solos seiscientos reales había para crecer y platíficar todo el universo mundo y que lo más se había de gastar en alambiques y crisoles; porque el elixir que era el alma vivificante del oro no costaba nada y era cosa que se hallaba de balde en todas partes, y que no se había de gastar un cuarto en carbón, porque con cal y estiércol lo sublimaba y digería y separaba, y retificaba y circulaba: que aquello no era hablar sino que delante dél y en su casa lo haría, y que sólo le encargaba el secreto. Estaba oyendo este embuste el carbonero, dado a los demonios de que había dicho no había de gastar carbón. Pues cógelos la *hora*, y, embistiendo afeitado con cisco y oliendo a pastillas de diablo con el alquimista, le dijo:

-Vagamundo, pícaro, sollastre, ¿para qué estás dando papilla de oro a ese buen hombre?

El alquimista, revestido de furias, respondió que mentía, y entre el mentís y un sopapo que le dio el carbonero, no cupiera un cabello. Armóse una pelaza entre los dos, de suerte que, a cachetes, el alquimista estaba hecho alambique de sangre y narices. No los podía despartir el miserable, que del miedo del tufo y de la tizne no se osaba meter en medio. Andaban tan mezclados, que ya no se sabía cuál era el carbonero ni quién había pegado la tizne al otro. La gente que pasaba los despartió. Quedaron tales que parecían bolas de lámpara o que venían de visitarse con tijeras de despavílar. Decía el carbonero:

-Oro dice el pringón que hará de la basura y del hierro viejo, ¡Y está vestido de torcidas de candiles y fardado de daca la maza! Yo conozco a éstos, porque a otro vecino mío engañó otro tragamallas, y en solo carbón le hizo gastar en dos meses, en mi casa, mil ducados, diciendo que haría oro, y sólo hizo humo y ceniza, y, al cabo, le robó cuanto tenía.

-Pero -replicó el alquimista- yo haré lo que digo, y pues tú haces oro y plata del carbón y de los cantazos que vendes por rizos, y de la tierra y basura con que lo polvoreas y de las maulas de la romana, ¿por qué yo, con la *Arte magna*, con Amaldo, Géber y Avicena, Morieno, Roger, Hermes, Theofrasto, Vistadio Evónymo Crollio, Libavio y la *Tabla smaragdina* de Hermes, no he de hacer oro?

El carbonero replicó, todo engrifado:

-Porque todos estos autores te hacen a ti loco, y tú, a quien te cree, pobre. Y yo vendo el carbón, y tú de quemas; por lo cual, yo le hago plata y oro y tú hollín. Y la piedra filosofal verdadera es comprar barato y vender caro, y váyanse noramala todos esos Fulanos y Zutanos que nombras, que yo de mejor gana gastara mi carbón en quemarte empapelado con sus obras que en venderte. Y vuesa merced haga cuenta que hoy ha nacido su dinero, y, si quiere tener más, el trato es garañón de la moneda, que empreña al doblón y le hace parir otro cada mes. Y si está enfadado con sus talegos, vácielos en una necesaria, y, cuando se arrepienta, los sacará con más facilidad y más limpieza que de los fuelles y hornillos deste maldito, que, siendo mina de arrapiezos, se hace Indias de hoz y de coz y amaga de Potosí.

XXXI. Venían tres franceses por las montañas de Vizcaya a España: el uno con un carretoncillo de amolar tijeras y cuchillos por barbador; el otro, con dos corcovas de fuelles y ratoneras, y el tercero, con un cajón de peines y alfileres. Topólos en lo más agrio de una cuesta descansando un español que pasaba a Francia a pie, con su capa al hombro. Sentáronse a descansar a la sombra de unos árboles. Trabaron conversación. Oíanse tejidos el *hui monsieur* con el *pesia tal* y el *per ma fue* con el *voto a cristo*. Preguntado por ellos el español dónde iba respondió que a Francia, huyendo, por no dar en manos de la justicia, que le perseguía por algunas travesuras; que de allí pasaría a Flandes a desenojar los jueces y desquitar su opinión, sirviendo a su Rey; porque los españoles no sabían servir a otra persona en saliendo de su tierra. Preguntado cómo no llevaba oficio ni ejercicio para sustentarse en camino tan largo, dijo que el oficio de los españoles era la guerra, y que los hombres de bien, pobres, pedían prestado o limosna para caminar, y los ruines lo hurtaban, como los que lo son en todas las naciones, y añadió que se admiraba del trabajo con que ellos caminaban desde Francia por tierras extrañas y partes tan ásperas y montuosas, con mercancía, a riesgo de dar en manos de salteadores. Pidióles refiriesen qué ocasión los echaba de su tierra y qué ganancia se podían prometer de aquellos trastos con que venían brumados espantando con la visión mulas y rocines y dando qué pensar a los caminantes desde lejos. El amolador, que hablaba el castellano menos zabucado de gabacho, dijo:

-Nosotros somos gentithombres malcontentos del rey de Francia; hémonos perdido en los rumores, y yo he perdido más por haber hecho tres viajes a España, donde, con este carretoncillo y esta muela sola, he mascado a Castilla mucho y grande número de *pistolas*, que vosotros llamáis doblones.

Acedósele al español todo el gesto, y dijo:

—Arrebócese su sanar de lamparones el rey de Francia si sufre por malcontentos *mercan fuelles y peines y alfileres y amoladores.*

Replicó el del carretón:

—Vosotros debéis mirar a los amoladores de tijeras como a flota terrestre, con que vamos amolando y aguzando más vuestras barras de oro que vuestros cuchillos. Mirad bien a la cara a ese cantarillo quebrado, que se orina con estangurria, que él nos ahorra, para traer la plata, de la tabaola del Océano y de los peligros de una borrasca, y con una rueda, de velas y pilotos. Y con este edificio de cuatro trancas y esta piedra de amolar, y con los peines y alfileres derramados por todos los reinos, aguzamos, peinamos y sangramos poco a poco las venas de las Indias. Y habéis de persuadiros que no es el menor miembro del Tesoro de Francia el que cazan las ratoneras y el que soplan los fuelles.

—Voto a Dios —dijo el español—, que sin saber yo eso, echaba de ver que con los fuelles nos llevábades el dinero en el aire, y que las ratoneras, antes llenaban vuestros gatos que disminuían nuestros ratones. Y he advertido que, después que vosotros vendéis fuelles, se gasta más carbón y se cuecen menos las ollas, y que después que vendéis ratoneras, nos comemos de ratoneras y de ratones, y que después que amoláis cuchillos, se nos toman y se nos gastas, y se nos mellan y se nos embotan las herramientas, y que, amolando cuchillos, los gastáis y echáis a perder, para que siempre tengamos necesidad de compraros lo que vendéis. Y ahora veo que los franceses sois los piojos que comen a España por todas partes, y que venís a ella en figura de bocas abiertas, con dientes de peines y muelas de aguzar, y creo que su comezón no se remedia con rascarse, sino que antes crece, haciéndose pedazos con sus propios dedos. Yo espero en Dios he de volver presto y he de advertir que no tiene otro remedio su comezón sino espulgarse de vosotros y condenaros a muerte de uñas. Pues, ¿qué diré de los peines, pues con ellos nos habéis introducido las calvas, porque estuviésemos algo de Calvino sobre nuestras cabezas? Yo haré que

España sepa estimar sus ratones y su caspa y su moho, para que vais a los infiernos a gastar fuelles y ratoneras.

En esto los cogió la *hora*, y desatinándole la cólera, dijo:

-Los demonios me están retentando de mataros a puñaladas y abernardarme y hacer Roncesvalles estos montes.

Los bugres, viéndole demudado y colérico, se levantaron con un zurrído *monsiur,* hablando galalones, pronunciando el *mondiu* en tropa y la palabra *coquin*. En mal punto la dijeron, que el español, arrancando la daga y arremetiendo al amolador, le obligó a soltar el carretoncillo, el cual, con el golpe, empezó a rodar por aquellas peñas abajo, haciéndose andrajos. En tanto, por un lado de las ratoneras, le tiró un fuelle; mas, embistiendo con él a puñaladas, se los hizo flautas y astillas las ratoneras. El de los peines y alfileres, dejando el cajón en el suelo, tomó pedrisco. Empezaron todos tres contra el pobre español, y él contra todos tres a descortezarse a pedradas: munición que a todos sobra en aquel sitio, aun para tropezar. De miedo de la daga, tiraban los gabachos desde lejos. El español, que se reparaba con la capa, dio un puntapié al cajón de alfileres, el cual, a tres calabazadas que rodando se dio en unas peñas, empezó a sembrar peines y alfileres, y viéndole disparar púas de azófar, hecho erizo de madera, dijo:

-Ya empiezo a servir a mi Rey.

Y viendo llegar pasajeros de a mula que los despartieron, les pidió le diesen fe de aquella vitoria que a fuer de espulgo había tenido contra las comezones de España. Riéronse los caminantes sabida la causa, y, llevándose al español a las ancas de una mula, dejaron a los franceses ocupados en dar tapabocas a los fuelles y bizmar las ratoneras, y remendar el carretón, y buscar los alfileres, que se habían sembrado por aquellos cerros. El español desde lejos, yendo caminando, les dijo a gritos:

-Gabachos, si son malcontentos en su tierra agradézcanme el no dejar de ser quien son en la mía.

XXXII. La serenísima república de Venecia, que, por su gran seso y prudencia, en el cuerpo de Europa hace oficio de cerebro, miembro donde reside la corte del juicio, se juntó en la grande sala a consejo pleno. Estaba aquel consistorio encordado de diferentes voces, graves y leves, en viejos y en mozos; unos doctos por las noticias, otros por las experiencias: instrumento tan bien templado y de tan rara armonía, que, al son suyo, hacen mudanzas todos los señores del mundo. El Dux, príncipe coronado de aquella poderosa libertad, estaba en solio eminente con tres consejeros por banda; de la una parte, un capo de cuarenta; de la otra, dos. Asistían próximos los secretarios que cuentan las, boletas, y en sus lugares, en pie, los ministros que las llevan. El silencio desapareció a los oídos de tan grande concurso, excediendo de tal manera al de un lugar desierto, que se persuadían los ojos era auditorio de escultura: tan sin voz estaban los achaques en los ancianos y el orgullo en los mancebos. Rompiendo esta atención, dijo:

-La malicia introduce la discordia, y la disimulación hace bienquisto al que siembra la cizaña del propio que la padece. A nosotros nos ha dado la paz y las vitorias la guerra que habernos ocasionado a los amigos, no la que hemos hecho a los contrarios. Seremos libres en tanto que ocupáremos a los demás en cautivarse. Nuestra luz nace de la disensión; somos discípulos de la centella, que nace de la contienda del pedernal y del eslabón. Cuanto más se aporrean y más se descalabran los monarcas más nos encendemos en resplandores. Italia, después que falleció, es a la manera de una doncella rica y hermosa, que, por haber muerto sus padres, quedó en poder de tutores y testamentarios, con deseo de casarse; empero los testamentarios, como cada uno se le ha quedado con un pedazo, por no restituida su dote y quedarse con lo que tienen en su poder unos se la niegan y afean al rey de España, que la pretende; otros, al rey de Francia, que la pide, poniendo en los maridos las faltas que estudian en sí. Estos tutores tramposos son los potentados, y, entre ellos no se puede negar que nosotros no la hemos arrebatado grande parte de su patrimonio. Hoy aprietan la dificultad por casarse con ella estos dos pretensores. Del rey de Francia nos hemos valido para trampear esta novia al Rey Católico, que, por la vecindad de Milán y Nápoles, la hace señas y registra desde sus ventanas las suyas. El Rey Cristianísimo, que, por estar lejos, no la podía rondar ni ver, y se valía de papeles, hoy, con las tercerías de Saboya y Mantua y Parma, y llegándose a Piñarol, la acecha y galantea, nos obliga a que se la trampeemos a él. Esto es fácil, porque los franceses con menos trabajo se arrojan que se traen; con su furia, echan a los otros, y con su condición, a sí mismos. Empero conviene que se disponga esta zancadilla de suerte que, haciendo efectos de divorcio, cobremos caricias de casamenteros.

Derramada tiene la atención el Rey Cristianísimo y delincuente la codicia en Lorena, y peligrosas en Alemania las armas, pobres sus vasallos. Tiene desacreditada la seguridad en el mundo, por esto, temerosos en Italia los confidentes. Entradas son que no apurarán nuestra sutileza para lograrlas, pues su propio ruido disimulará nuestros pasos. No hemos menester gastar sospecha en los que se han fiado de él, que sus arrepentimientos nos la ahorran. Lo que me parece es que, con alentarle a que prosiga en los hervores de su ambicioso y crédulo desvanecimiento, conquistaremos al rey de los franceses con Luis XIII. El esfuerzo último se ha de poner en conservar y crecer en su gracia a su privado. Este, que le quita cuanto se añade, le disminuye al paso que crece. Mientras el vasallo fuere señor de su rey, y el rey vasallo de su criado, aquél será aborrecido por traidor, y éste despreciado por vil. Para decir *muera el Rey* en público, no sólo sin castigo, sino con premio, se consigue con decir viva el privado. No sé si le fue más aciago a su padre Francisco Revellac, que a él Richeleu; lo que sé es que entre los dos le han dejado huérfano: aquél, sin padre; éste, sin madre. Dure Armando, que es como la enfermedad, que durando acaba u se acaba. Por muy importante juzgo el pensar sobre la sucesión del Rey Cristianísimo, la cual no se espera en descendientes, antes que vuelva a su hermano, cuyo natural da buenas promesas a nuestro acecho. Es fuego que podremos derramar a soplos, y de tal condición, que se atiza a sí mismo; hombre quejoso del bien que recibe, por lo que tiene desobligado al rey de España y atesorada discordia, que podremos encaminar como nos convenga. Francia está sospechosa con la descendencia real que el privado se achaca con genealogías compradas, y temerosa de ver agotados todos los cargos en su familia y todas las fuerzas en poder de sus cómplices. Esles recuerdo Momorancí degollado y tantos grandes señores y ministros o en destierro o en desprecios. Sospechan que en la sucesión ha de haber rebatiña y no herencia. Las cosas de Alemania no admiten cura con el Palatino, desposeído, y con el de Lorena, y los desinios del Duque de Sajonia, y los protestantes por el imperio contra la Casa de Austria. Italia está, al parecer, imposibilitada de paz por los presidios que los franceses tienen en ella. Al rey de España sobran ocupaciones y gastos con los holandeses, que en Flandes le han tomado lo que tenía y le quieren tomar lo que tiene; que se han apoderado en la mejor y mayor parte del Brasil del palo, tabaco y azúcar, con que se aseguran flota; que se han fortificado en una isla de las de barlovento. Júntase a esto el cuidado de mantener al Emperador la oposición a los franceses por el Estado de Milán. Nosotros, como las pesas en el reloj de faltriquera, hemos de mover cada hora y cada punto estas manos, sin ser vistos ni oídos, derramando el ruido a los otros, sin cesar ni volver atrás. Nuestra razón de estado es vidriero, que, con el soplo, da las formas y hechuras a las cosas, y de lo que sembramos en la tierra a fuerza de fuego, fabricamos hielo.

En esto, los cogió la *hora*, que, apoderándose del capricho de un republicón de los *Capidiechi*, le hizo razonar en esta manera:

-Venecia es el mismo Pilatos. Pruébolo. Condenó al Justo y lavó sus manos: *ergo*. Pilatos soltó a Barrabás, que era la sedición, y aprisionó a la paz, que era Jesús: *igitur*. Pilatos, constante, digo pertinaz, dijo: «Lo que escribí, escribí»: *tenet consequentia*. Pilatos entregó la salud y la paz del mundo a los alborotadores para que la crucificasen, *non potest negari*.

Alborotóse todo el consistorio en voces. El Dux con acuerdo de muchos y de los semblantes de todos, mandó poner en prisiones al republicón y que se averiguase bien su genealogía, que, sin duda, por alguna parte decendía de alguno que decendía de otro, que tenía amistad con alguno que era conocido de alguno que procedía de quien tuviese algo de español.

XXXIII. Juntó el preclaro e ilustrísimo Dux de Génova todo aquel excelentísimo Senado para oír desta manera:

-Serenísima República: el Rey, mi señor, que siempre ha tenido las libertades de Italia en igual precio que la majestad de su corona, asistiendo a su conservación con todo su poderío, celoso de vuestra paz, sin pretender otro aumento que el de los Príncipes que en ella, en división concorde, poseen la mejor y más hermosa parte del mundo, hoy me manda que, en su nombre, os haga recuerdo de que, como muy obediente hijo de la Iglesia romana y seguro vecino de todos los potentados, desea justificar sus acciones en vuestros oídos y desempeñar para con todos su afecto y benevolencia. Mejor sabéis vosotros lo que padecéis que nosotros lo que oímos y vemos desde lejos. Muchos años han pasado por vosotros en guerras continuadas, introducidas por las desavenencias del duque de Saboya, cuyos confines siempre os fueron sospeohosos y molestos, a los cuales se opuso el Rey Católico con nombre de árbitro. Habéis visto los campos anegados en sangre y horribles con cuerpos muertos; las ciudades, asoladas por sitios y por asaltos; el país, robado por los alojamientos; en vuestras tierras los alemanes, gente feroz, número a quien acompaña en las almas la herejía; en los cuerpos, la hambre y la peste. No hallará vuestra advertencia culpado al Rey, mi señor, en alguna de estas calamidades, pues solamente ha asistido al socorro de la parte más flaca, no con intento de que, venciendo, se aumentase, sino de que, defendiéndose, no dejase aumentar al contrario, para que el derecho de cada uno quedase sin ofensa y justificado, y el Monferrato, que ha sido vientre destas disensiones, no fuese premio de alguna codicia. Con este fin ha sustentado grandes ejércitos, y alguna vez acompañándoles en persona, venciendo las fortificaciones del invierno en los Alpes, por abrir la puerta en vuestros socorros, volviendo triunfante con sólo este útil. Hoy, que parece estar furioso el mundo y que vuestra asistencia le ha solicitado odios poderosos en todas partes, se promete que esta serenísirna República le tendrá por tan buen amigo en sus puertos como al rey de España, cuando, con mantener con los dos neutralidad, mostrará que conoce el santo celo del Rey, mi señor, y la justificación de sus armas,

El Dux, viendo que el monsiur había dado fin a su propuesta, respondió:

-Damos gracias a Dios que, en asistir con amor y reverencia al Rey Crístianísimo, no tenemos qué ofrecer sino la continuación de lo que hasta el día de hoy se ha hecho. Hemos oído en vuestras palabras lo que hemos visto: fácil es persuadir a los testigos. Y si bien pudiera turbar nuestra confianza el haber abrigado vuestro rey, con los socorros de la Digera, las discordias con que la alteza de Saboya pretendió destruir o molestar esta República, que a no socorrerla el Rey Católico, se viera en confusión, y asimismo pudiera escarmentarla el haber apoderádose las armas francesas de Susa y Piñarol y el Casal, en Italia, a imitación del que, en achaque de meter paz en una pendencia, se va con las capas de los que riñen; acrecentando con horror esta sospecha el haber la Majestad Cristianísima hecho al duque de Lorena la vecindad del humo, que le echó de su casa llorando; empero nosotros, no reparando en los semblantes destas acciones, somos y seremos simpre los más afectos a su corona. Esto cuanto dieren lugar las grandes obligaciones que esta señoría y todos sus particulares tienen y conocen al monarca de las Españas, en cuyo poder estamos defendidos, con cuya grandeza ricos, en cuya verdad y religión descansamos seguros. Y así, para resolver el punto de la neutralidad que se nos pide, es justo se llamen a este consejo todos los repúblicos, en cuyo caudal está la negociación.

Pareció bien al embajador y al Senado. Fue persona grave al llarnarlos, con orden les dijese a qué fin, y que viniesen luego. Fue el diputado, y negando a Banchi, donde los halló juntos, les dio su embajada y la razón della. En esto los cogió a todos la *hora*, y demudándose los nobilísimos ginoveses, dijeron al magnífico que respondiese al serenísimo Dux que:

«Habiendo entendido la propuesta del rey de Francia, y queriendo ir a obedecer su mandato, se les habían pegado de suerte los asientos de España que no se podían levantar. Y que fueran con los asientos arrastrando; mas no era posible arrancarlos por estar clavados en Nápoles y Sicilia y remachados con los juras de España. Que advertían a su serenidad que el rey de Francia caminaba como galeote con las espaldas vueltas hacia donde quiere ir derecho, tirando para sí, y que abra los ojos, que aquella majestad ha sido inquisidor contra herejes y hoy es hereje contra inquisidores.»

Volvió al magnífico y dio en alta voz esta respuesta. Quedó monsiur amostazado y confuso, con bullicio mal atacado, arrebañando una capa de estatura de mantellina, con cuello de garnacha. El Dux, por alargarle la sañana, le dijo:

-Decid al Rey Cristianísimo que ya que esta República no puede servirle en lo que pide, le ofrece, si prosiguiere en venir a Italia, un aniversario perpetuo en altar de alma por los franceses que, muriendo, acompañaren a los que hicieron cimenterio el bosque de Pavía, empedrándole de calaveras, y de hacer a su Majestad la costa todo el tiempo que estuviere preso en el Estado de Mílán, y desde luego le ofrecemos para su rescate cien mil ducados, y vos llevaos esa historia del Emperador Carlos V para entreteneros en el camino, y servirá de itinerario a vuestro gran Rey.

El monsiur, ciego de cólera, dijo:

-Vosotros habéis hablado como buenos y leales vasallos del Rey Católico, a quien los propios asientos que me niegan la neutralidad han hecho gallegos de allende y ultramarinos.

XXXIV. Los alemanes, herejes y protestantes en quienes son tantas las herejías como los hombres, que se gastan en alimentar la tiranía de los suecos, las traiciones del duque de Sajonia, marqués de Brandenburg y Landtgrave de Hessen: hallándose corrompidos de mal francés, trataron de curarse de una vez, siendo que los sudores de tantos trabajos no habían aprovechado, ni las unciones que con ungüento de azogue los dieron en la estufa de Nortlingen, ni las copiosas sangrías, *usque ad animi deliquium*, de tantas rotas. Juntaron todos los mejores médicos racionales y espagíricos que hallaron y, haciéndoles relación de sus achaques, les dieron remedio eficaz. Algunos fueron de parecer que la medicina era purgarlos de todos los humores franceses que tenían en los huesos. Otros, afirmando que el mal estaba en las cabezas, ordenaron evacuaciones, descargándolas de opiniones crasas con el tetrágono de Hipócrates, tan celebrado de Galeno, a que corresponde el tabaco en humo en la forma. Otros, supersticiones y dados a las artes secretas, afirmaron que lo que padecían no era enfermedades naturales, sino demonios que los agitaban, y que, como endemoniados, necesitaban de exorcismos y conjuros. En esta discordia estudiosa estaban cuando los cogió la *hora*, y, alzando la voz, un médico de Praga, dijo:
-Los alemanes no tienen en su enfermedad remedio, porque sus dolencias y achaques solamente se curan con la *dieta*, y en tanto que estuvieren abiertas las tabernas de Lutero y Calvino, y ellos tuvieron gaznates y sed y no se abstuvieron de los bodegones y burdeles de Francia, no tendrán la *dieta* de que necesitan.

XXXV. El Gran Señor, que así se llama el emperador de los turcos, monarca, por los embustes de Mahoma, en la mayor grandeza unida que se conoce, mandó juntar todos los cadís, capitanes, beyes y viseres de su Puerta, que llama excelsa, y con ellos todos los morabitos y personas de cargos preeminentes, capitanes generales y bajaes, todos, o la mayor parte, renegados; y asimismo los esclavos cristianos que en perpetuo cautiverio padecen muerte viva en las torres de Constantinopla, sin esperanza de rescate, por la presunción de aquella soberbia majestad, que tiene por indecente el precio por esclavos y por plebeya la celestial virtud de la misericordia. Fue por esto grande el concurso y mayor la suspensión de todos viendo un acto en aquella forma, sin ejemplar en la memoria de los más ancianos. El Gran Señor, que juzga a desautoridad que sus vasallos oigan su voz y traten su persona aun con los ojos, estando en trono sublime, cubierto con velos que sólo daban paso confuso a la vista, hizo seña muda para que oyesen a un morisco de los expulsas de España las novedades a que procuraba persuadirle. El morisco, postrado en el suelo, a los pies del emperador tirano, en adoración sacrílega, y volviéndose a levantar, dijo:

-Los verdaderos y constantes mahometanos, que en larga y trabajosa captividad en España, por largas edades abrigamos oculta en nuestros corazones la ley del profeta descendiente de Agar, reconocidos a la benignidad con que el todopoderoso monarca del mundo, Gran Señor de los turcos, nos consintió lastimosas reliquias de expulsión dolorosa, hemos determinado hacer a su grandeza y majestad algún considerable servicio, valiéndonos de la noticia que trujimos, por falta del caudal que, con el despojo nos dejó número inútil. y para que se consiga, proponemos que, para gloria desta nación, y el premio de los invencibles capitanes y beyes en las memorias de sus hazañas, conviene, a imitación de Grecia, y Roma, y España, dotar universidades y estudios, señalar premios a las letras, pues por ellas, habiendo fallecido los monarcas y las monarquías, hoy viven triunfantes las lenguas griega y latina, y en ellas florecen, a pesar de la muerte, sus hazañas y virtudes y nombres, rescatándose del olvido de los sepulcros por el estudio que los enriqueció de noticias y sacó de bárbaras a sus gentes. Lo segundo, que se admita y platíque el derecho y leyes de los romanos, en cuanto no fueren contra la nuestra, para que la policía crezca, las demasías se repriman, las virtudes se premien, se castiguen los vicios y la justicia se administre por establecimientos que no admiten pasión ni enojo ni cohecho, con método seguro y estilo cierto y universal. Lo tercero, que para el mejor uso del rompimiento en las batallas, se dejen los alfanjes corvos por las espadas de los españoles, pues en la ocasión son para la defensa y la ofensa más hábiles, ahorrando con las estacadas grandes rodeos de los movimientos circulares; por lo cual, negando a las manos con los españoles, que siempre han usado mejor que todas las naciones esta destreza, hemos padecido grandes estragos. Son las espadas mucho más descansadas al pulso y a la cinta. Lo cuarto, para conservar la salud y cobrarla si se pierde, conviene alargar en todo y en todas maneras el uso del beber vino, por ser, con moderación, el mejor vehículo del alimento y la más eficaz medicina, y para aumentar las rentas del Gran Señor y de sus vasallos con el tráfico (el tesoro más numeroso), por ser las viñas artífices de muchos licores diferentes con sus frutos y en todo el mundo mercancía forzosa, y para esforzar los espíritus al coraje de la guerra y encender la sangre en hervores temerarios, más eficaces que el Anfión y más racionales, a que no se debe obstar por la prohibición de la ley en que se ha empezado a dispensar. Y para que se disponga, darás e interpretación conveniente y ajustada. Y ofrecemos para la disposición de todo lo referido arbitrios y artífices que lo dispongan sin costa ni inconveniente alguno, asegurando gloriosos aumentos y esplendor inestimable a todos los reinos del grande emperador de Constantinopla.

Acabando de pronunciar esta palabra postrera se levantó Sinan bey, renegado, y encendido en coraje rabioso, dijo:

-Si todo el Infierno se hubiera conjurado contra la monarquía de los turcos, no hubiera pronunciado cuatro pestes más nefandas que las que acaba de proponer este perro morisco, que entre cristianos fue mal moro y entre moros quiere ser mal cristiano. En España quisieron levantarse éstos; aquí quieren derribarnos. No fue aquélla mayor causa de expulsión que ésta; justo será desquitarnos de quien nos los arrojó para volvérselos. No pretendió con tan último fin don Juan de Austria acabar con nuestras fuerzas cuando en Lepanto, derramando las venas de tantos genízaros, hizo nadar en sangre los peces y a nuestra costa dio competidor al mar Bermejo; no con enemistad tan rabiosa el Persiano, con turbante verde, solicita la desolación de nuestro imperio: no don Pedro Girón, duque de Osuna, virrey de Sicilia y Nápoles, siendo terror del mundo, procuró con tan eficaces medios, horrendo en galeras y naves y infantería armada, con su nombre formidable esconder en noche eterna nuestras lunas, que borró tantas veces, cuando, de temor de sus bajeles, se aseguraban las barcas desde Estambol a Pera, como tú, marrano infernal, con esas cuatro proposiciones que has ladrado. Pero, las monarquías con las costumbres que se fabrican se mantienen. Siempre las han adquirido capitanes, siempre las han corrompido bachilleres. De su espada, no de su libro, dicen los reyes que tienen sus dominios; los ejércitos, no las universidades, ganan y defienden; victorias, y no disputas, los hacen grandes y formidables. Las batallas dan reinos y coronas; las letras grados y borlas. En empezando una república a señalar premios a las letras, se ruega con las dignidades a los ociosos, se honra la astucia, se autoriza la malignidad y se premia la negociación, y es fuerza que dependa el vitorioso del graduado, y el valiente del dotar, y la espada de la pluma. En la ignorancia del pueblo está seguro el dominio de los príncipes; el estudio que los advierte, los amotina. Vasallos datos, más conspiran que obedecen, más examinan al señor que le respetan; en sabiendo qué es libertad, la desean; saben juzgar si merece reinar el que reina, y aquí empiezan a reinar sobre su príncipe. El estudio hace que se busque la paz, porque la ha menester, y la paz procurada induce la guerra más peligrosa. No hay peor guerra que la que padece el que se muestra codicioso de la paz: con las palabras y embajadas pide ésta y negocia con el temor de los ruegos de otra. En dándose una nación a doctos y a escritores, el ganso pelado vale más que los mosquetes y lanzas, y la tinta escrita, más que la sangre vertida, y al pliego de papel firmado no le resiste el peto fuerte, que se burla de las cóleras del fuego, y una mano cobarde, por un cañón tajado se sorbe desde el tintero las honras, las rentas, los títulos y las grandezas. Mucha gente baja se ha vestido de negro en los tinteros, de muchos son los algodones solares, muchos títulos y Estados decienden burrajear. Roma, cuando desde un surco que no cabía dos celemines de sembradura se creció en República inmensa, no gastaba dotores ni libros sino soldados y astas. Todo fue ímpetu, nada estudio. Arrebataba las mujeres que había menester, sujetaba lo que tenía cerca, buscaba lo que tenía lejos. Luego que Cicerón, y Bruto, y Hortensia, y César, introdujeron la parola y las declamaciones, ellos propios la turbaron en sedición, y, con las conjuras, se dieron muerte unos a otros y otros a sí mismos, y siempre la República, y los emperadores y el Imperio, fueron deshechos, y, por la ambición de los elegantes, aprisionados. Hasta en las aves sólo padecen prisión y jaula las que hablan y chirrean, y, cuanto mejor y más claro, más bien cerrada y cuidadosa. Entonces, pues, los estudios fueron armerías contra las armas, las oraciones santificaban delitos y condenaban virtudes, y, reinando la lengua, los triunfos yacían so el poder de las palabras. Los griegos padecieron la propia carcoma de las letras: siguieron la ambición de las Academias: éstas fueron invidia de los ejércitos y los filósofos persecución de los capitanes. Juzgaba el ingenio a la valentía: halláronse ricos de libros y pobres de triunfos. Dices que hoy, por sus grandes autores, viven los varones grandes que tuvieron; que vive su lengua, ya que murió su monarquía. Lo mismo sucede al puñal que hiere al hombre, que él dura y el hombre acaba, y no es consuelo ni remedio al muerto. Más valiera que viviera la monarquía, muda y sin lengua, que vivir la lengua sin la monarquía. Grecia y Roma quedaron ecos: fórmanse en lo hueco y vacío de su majestad, no voz entera, sino apenas cola de la ausencia de la palabra. Esos escritores que la alabaron quedaron después de acabarla con vida, que les tasa el lector tan breve, que se regula en unos con el entretenimiento; en otros, con la curiosidad. España, cuya gente en los peligros siempre fue pródiga de la alma, ansiosa de morir, impaciente de mucha edad, despreciadora de la vejez, cuando con incomparable valentía se armó en su total ruina y vencimiento y poca ceniza derramada, se convocó en rayo, y de cadáver se animó en portento; más atendía a dar que a escribir; antes a merecer alabanzas que a componerlas; por su coraje hablaban las cajas y las trompas, y toda su prosa gastaba en Sant Yago, muchas veces repetidos. Ellos admiraron el mundo con Viriato y Sertorio: dieron esclarecidas vitorias a Aníbal, y a César, que en todo el orbe de la tierra había peleado por la honra, obligaron a pelear por la vida. Pasaron de lo posible los encarecimientos del valor y de la fortaleza en Numancia. Destas y de otras innumerables hazañas nada escribieron: todo lo escribieron los romanos. Servíase su valentía de ajenas plumas: tomaron para sí el obrar; dejaron a los latinos el decir; en tanto que no supieron ser historiadores, supieron merecerlos. Inventóse poco a poco la artillería contra las vidas seguras y apartadas, falseando el calicanto a las murallas y dando más vitorias al certero que al valeroso. Empero luego se inventó la emprenta contra la artillería, plomo contra plomo, tinta contra pólvora, cañones contra cañones. La pólvora no hace efecto mojada: ¿quién duda que la moja la tinta por donde pasan las órdenes que la aprestan y previenen? ¿Quién duda que falta el plomo para balas después que se gasta en moldes fundiendo letras, y el metal en láminas? Pero, las batallas nos han dado el imperio y las vitorias los soldados, y los soldados los premios. Estos se han de dar siempre a los que nos han dado los triunfos. Quien llamó hermanas las letras y las armas poco sabía de sus abalarios, pues no hay más diferentes linajes que hacer y decir. Nunca se juntó el cuchillo a la pluma que éste no la cortase; más ella, con las propias heridas que recibe del acero, se venga dél. Vilísimo morisco, nosotros deseamos que entre nuestros contrarios haya muchos que sepan, y entre nosotros, muchos que venzan; porque de los enemigos queremos la vitoria, y no la alabanza.

Lo segundo que propones es introducir las leyes de los romanos. Si esto consiguieras, acabado habías con todo. Dividiérase todo el imperio en confusión de actores y reos, jueces y sobre jueces, y en la ocupación de ahogados, pasantes, escribientes, relatores, procuradores, solicitadores, secretarios, escribanos oficiales y alguaciles, se agotaran las gentes y la guerra, que hoy escoge personas, será forzada a servirse de los inútiles y desechados del ocio contencioso. Habrá más pleitos, no porque habrá más razón, sino porque habrá más leyes. Con nuestro estilo tenemos la paz que habemos menester, y los demás la guerra que nosotros queremos que tengan; las leyes por sí buenas son y justificadas; más, habiendo legistas, todas son tontas y sin entendimiento. Esto no se puede negar, pues los mismos jurisprudentes lo confiesan todas las veces que dan a la ley el entendimiento que quieren, presuponiendo que ella por sí no le tiene. No hay juez que no afirme que el entendimiento de la leyes el suyo, y con decir que se le dan, suponen que no le tiene. Yo, renegado soy, cristiano fui y depongo de vista que no hay ley civil ni criminal que no tenga tantos entendimientos como letrados y jueces, como glosadores y comentadores, y a fuerza de entendimientos que le achacan, le falta el que tiene y queda mentecata. Por esto, al que condenan en el pleito, le condenan en lo que le pide el contrario y en lo que no le pide, pues se lo gasta la defensa, y nadie gana en el pleito sin perder en él todo lo que gasta en ganarle, y todos pierden y en todo se pierde. Y cuando falta razón para quitar a uno lo que posee, sobran leyes que, torcidas o interpretadas, inducen el pleito y la padecen igualmente el que le busca y el que le huye. Véase qué dos proposiciones nos encaminaba el agradecimiento del morisco. La tercera fue que dejásemos los alfanjes por las espadas. En esto, como no había muy considerable inconveniente, no hallo utilidad considerable para que se haga. Nuestro carácter es la media luna: ése esgrimimos en los alfanjes. Usar de los trajes y costumbres de los enemigos, ceremonia es de esclavos y traje de vencidos, y por lo menos es premisa de lo uno u de lo otro. Si hemos de permanecer, arrimémonos al aforismo que dice: *Lo que siempre se hizo, siempre se haga.; lo que nunca se hizo, nunca se haga*; pues, obedecido, preserva de novedades. Pique el cristiano y corte el turco, y a este morisco que arrojó aquél, éste le empale. En cuanto al postrero punto, que toca en el uso de las viñas y del vino, allá se lo haya la sed con el Alcorán. No es poco lo que en esto se permite días ha; empero advierto que si universalmente se da licencia al beber vino y a las tabernas, servirá de que paguemos la agua cara y bebamos a precio de lagares los pozos por azumbres. Mi parecer es, según lo propuesto, que este malvado perro aborrece más a quien le acoge que a quien le espele.

Oyeron todos con gran silencio. El morisco estaba muy trabajoso de semblante, toda la frente rociada de trasudores de miedo, cuando Halí, primero visir, que estaba más arrimado a las cortinas del Gran Señor, después de haber consultado su semblante, dijo:

-Esclavos cristianos: ¿qué decís de lo que habéis oído?

Ellos viendo la ceguedad de aquella engañada nación, y que amaban la barbaridad y ponía su conservación en la tiranía y en la ignorancia, aborreciendo la gloria de las letras y la justicia de las leyes hicieron que por todos respondiese un caballero español, de treinta años; de prisión, con tales palabras:

-Nosotros españoles no hemos de aconsejaron cosa que os esté bien, que sería ser traidores a nuestro monarca y faltar a nuestra religión; ni os hemos de engañar, porque no necesitamos de engaños para nuestra defensa los cristianos: dispuestos estamos a aguardar la muerte en este silencio inculpable.

El Gran Señor, cogido de la *hora*, y corriendo las cortinas de su solio, cosa nunca vista, con voces enojadas, dijo:

-Esos cristianos sean libres; válgales por rescate su generosa bondad: vestidlos y socorredíos para su navegación con grande abundancia de las haciendas de todos los moriscos, y a ese perro quemaréis vivo, porque propuso novedades, y se publicare por irremisible la propia pena en los que le imitaren. Yo elijo ser llamado bárbaro vencedor y renuncio que me llamen docto vencido: saber vencer ha de ser el saber nuestro, que pueblo idiota es seguridad del tirano. Y mando a todos los que habéis estado presentes que os olvidéis de lo que oísteis al morisco. Obedezcan mis órdenes las potencias como los sentidos y acobardad con mi enojo vuestras memorias.

Dio con esto la *hora* a todos lo que merecían: a los bárbaros infieles, obstinación en su ignorancia; a los cristianos, libertad y premio, y al morisco, castigo.

XXXVI. Dio una tormenta en un puerto de Chile con un navío de olandeses, que, por su sedición y robos, son propiamente dádiva de las borrascas y de los furores del viento. Los indios de Chile que asistían a la guama de aquel puerto, como gente que en todo aquel mundo vencido guarda belicosamente su libertad para su condenación en su idolatría, embistieron con armas a la gente de la nave, entendiendo eran españoles, cuyo imperio les es sitio y a cuyo dominio perseveran excepción. El capitán del bajel los sosegó, diciendo eran olandeses y que venían de parte de aquella República con embajada importante a sus caciques y principales, y acompañando estas razones con vino generoso, adobado con las estaciones del norte, y ablandándolos con butiro y otros regalos, fueron admitidos y agasajados. El indio que gobernaba a los demás fue a dar cuenta a los magistrados de la nueva gente y de su pretensión. Juntáronse todos los más principales y mucho pueblo, bien en orden con las armas en las manos. Es nación tan atenta a lo posible y tan sospechosa de lo aparente, que recibieron las embajadas con el propio aparato que a los ejércitos. Entró en la presencia de todos el capitán del navío, acompañado de otros cuatro soldados, y por un esclavo intérprete le preguntaron quién era, de dónde venía y a qué y en nombre de quién. Respondió, no sin recelo de la audiencia belicosa:

-Soy capitán olándés; vengo de Olanda, república en el último occidente, a ofreceros amistad y comercio. Nosotros vivimos en una tierra que la miran seca con indignación debajo de sus olas los golfos; fuimos, pocos años ha, vasallos y patrimonio del grande monarca de las Españas y Nuevo Mundo, donde sola vuestra valentía se ve fuera del cerco de su corona, que compite por todas partes con el que da el sol a la tierra. Pusímonos en libertad con grandes trabajos, porque el ánimo severo de Felipe II quiso más un castigo sangriento de dos señores que tantas provincias y señorío. Armónos de valor la venganda desta venganza, y con guerras de sesenta años y más, continuas, hemos sacrificado a estas dos vidas más de dos millones de hombres, siendo sepulcro universal de Europa las campañas y sitios de Flandes. Con las vitorias nos hemos hecho soberanos señores de la mitad de sus Estados, y, no contentos con esto, le hemos ganado en su país muchas plazas fuertes y muchas tierras, y en el oriente hemos adquirido grande señoría y ganándole en el Brasil a Pernambuco, la Parayba, Y hecho nuestro el tesoro del palo, tabaco y azúcar, y en todas partes, de vasallos suyos, nos hemos vuelto su inquietud y sus competidores. Hemos considerado que no sólo han ganado estas infinitas provincias los españoles, sino que, en tan pocos años, las han vaciado de tan innumerables poblaciones y pobládolas de gente forastera, sin que de los naturales guarden aun los sepultureros memoria, y que sus grandes emperadores y reyes, caciques y señores fueron desaparecidos y borrados en tan alto olvido que casi los esconde con los que nunca fueron. Vemos que vosotros solos, o sea bien advertidos o mejor escarmentados, os mantenéis en libertad hereditaria y que en vuestro coraje se defiende a la esclavitud la generación americana. Y como es natural amar cada uno a su semejante, y vosotros y mi república sois tan parecidos en los sucesos, determinó enviarme por tan temerosos golfos y tan peligrosas distancias a representaros su afecto, buena amistad y segura correspondencia, ofreciéndoos como por mí os ofrece, para vuestra defensa o pretensiones, navíos y artillería, capitanes y soldados a quienes alaba y admira la parte del mundo que no les teme, y para la mercancía, comercio en sus tierras y estados, con hermandad y alianza perpetua pidiendo escala franca en vuestro dominio y correspondencia igual en capitulaciones generales, con cláusula de amigos de amigos y enemigos de enemigos, y, por más demostración, en su poder grande os aseguran muchas repúblicas, reyes y príncipes confederados.

Los de Chile respondieron con agradecimiento, diciendo que para oír bastaba la atención; mas, para responder, aguardaban las prevenciones del Consejo; que a otro día se les respondería a aquella hora.

Hízose así, y el olandés, conociendo la naturaleza de los indios, inclinada a juguetes y curiosidades por engañarles la voluntad, les presentó barriles de butiro, quesos y frasqueras de vino, espadas, y sombreros, y espejos, y, últimamente, un *cubo óptico*, que llaman antojo de larga vista. Encarecióles su uso y con razón, diciendo que con él verían las naves que viniesen a diez o doce leguas de distancia y conocerían por los trajes a banderas si eran de paz o de guerra, y lo propio en la tierra, añadiendo que con él verían en el cielo estrellas que jamás se han visto y que sin él no podrían verse; que advertirían distintas y claras manchas que en la cara de la luna se miente ojos y boca, y en el cerco del sol una manaba negra, y que obraba estas maravillas porque con aquellos dos vidrios traía al ojo las cosas que estaban lejos y apartadas en infinita distancia. Pidiósele el indio que entre todos tenía mejor lugar. Alargósele el olandés en sus puntos doctrinóle la vista para el uso y diósele. El indio le aplicó al ojo derecho, y, asestándole a unas montañas, dio un grande grito, que testificó su admiración a los otros, diciendo había visto a distancia de cuatro leguas ganados, aves y hombres, y las peñas y matas tan distintamente y tan cerca, que aparecían en el vidrio postrero incomparablemente crecidas. Estando en esto, los cogió la *hora*, y zurriándose en su lenguaje, al parecer razonamientos coléricos, el que tomó el antojo, con él en la mano izquierda, habló al olandés estas palabras.

-Instrumento que halla mancha en el sol y averigua mentiras en la luna y descubre lo que el cielo esconde es instrumento revoltoso, es chisme de vidrio, y no puede ser bienquisto del Cielo. Traer a sí lo que está lejos, es sospechoso para los que estamos lejos: con él debistes de vernos en esta gran distancia, y con él hemos, visto nosotros la intención que vosotros retiráis tanto de vuestros ofrecimientos. Con este artificio espulgáis los elementos y os metéis de mogollón a reinar: vosotros vivís enjutos debajo del agua y sois tramposos del mar. No será nuestra tierra tan boba que quiera por amigos los que son malos para vasallos, ni que fíe su habitación de quien usurpó la suya a los peces. Fuistes sujetos al rey de España, y, levantándoos con su patrimonio, os preciáis de rebeldes, y queréis que nosotros, con necia confianza, seamos alimento a vuestra traición. Ni es verdad que nosotros somos vuestra semejanza, porque, conservándonos en la Patria que nos dio la naturaleza, defendemos lo que es nuestro, conservamos la libertad, no la robamos. Ofrecéisnos socorro contra el rey de España, cuando confesáis que le habéis quitado el Brasil, que era suyo. Si a quien nos quitó las Indias se las quitáis, ¿cuánto mayor razón será guardarnos de vosotros que dél? Pues advertid que América es una ramera rica y hermosa, y que, pues fue adúltera a sus esposos, no será leal a sus rufianes. Los cristianos dicen que el Cielo castigó a las Indias porque adoraban a los ídolos, y los indios decimos que el Cielo ha de castigar a los cristianos porque adoran a las Indias. Pensáis que lleváis oro y plata y lleváis invidia de buen color y miseria preciosa. Quitáisnos para tener que os quiten: por lo que sois enemigos, sois enemigos unos de otros. Salid con término de dos horas deste puerto, y si habéis menester algo, decidlo, y si nos queréis granjear, pues sois invencioneros, inventad instrumentos que nos aparte muy lejos lo que tenemos cerca y delante de los ojos, que os damos palabras que con éste, que trae a los ojos lo que está lejos, no miraremos jamás a vuestra tierra ni a España. Y llevaos esta espía de vidrio, soplón del firmamento, que, pues con los ojos en vosotros vemos más de lo que quisiéramos, no le habemos menester. Y agradézcale el sol que con él le hallaste la manaba negra, que si no, por el color intentárades acuñarle y de planeta hacerle doblón.

XXXVII. Los negros se juntaron para tratar de su libertad, cosa que tantas veces han solicitado con veras. Convocáronse en numeroso concurso. Uno de los más principales, que entre los demás interlocutores bayetas era negro limiste, y había propuesto esta pretensión en la Corte romana, dijo:
 -Para nuestra esclavitud no hay otra causa sino la color, y la color es accidente, y no delito. Cierto es que no dan los que nos cautivan otra color a su tiranía sino nuestro color, siendo efecto de la asistencia de la mayor hermosura, que es el sol. Menos son causa de esclavitud cabezas de borlilla y pelo en burujones, narices despachurradas y hocicos góticos. Muchos blancos pudieran ser esclavos por estas tres cosas, y fuera más justo que lo fueran en todas partes los naricísimos, que traen las caras con proas y se

suenan un peje espada, que nosotros, que traemos los catarros a gatas y somos contrasayones. ¿Por qué no consideran los blancos que si uno de nosotros es borrón entre ellos, uno dellos será mancha entre nosotros? Si hicieran esclavos a los mulatos, aún tuviera disculpa, que es canalla sin rey, hombres crepúsculos entre anochece y no anochece, la estraza de los blancos y los borradores de los trigueños y el casi casi de los negros y el tris de la tizne. De nuestra tinta han florecido en todas las edades varones admirables en armas y letras, virtud y santidad. No necesita su noticia de que yo refiera su catálogo. Ni se puede negar la ventaja que hacemos a los blancos en no contradecir a la naturaleza la librea que dio a los pellejos de las personas. Entre ellos, las mujeres, siendo negras o morenas, se blanquean con guisados de albayalde, y las que son blancas, sin hartarse de blancura, se nievan de solimán. Nuestras mujeres solas, contentas con su tez anochecida, saben ser hermosas a escuras, y en sus tinieblas, con la blancura de los dientes, estorzada en lo tenebroso, imitan, centelleando con la risa, las galas de la noche. Nosotros no desmentimos las verdades del tiempo, ni con embustes asquerosos somos reprehensión de la pintura de los nueve meses. ¿Por qué, pues, padecemos desprecio y miserable castigo? Esto deseo que consideréis, mirando cuál medio seguirá nuestra razón para nuestra libertad y sosiego.

Cogiólos la *hora*, y levantándose un negro, en quien la tropelía de la vejez mostraba con las canas, contra el común axioma, que sobre negro no hay tintura, dijo:

-Despáchense luego embajadores a todos los reinos de Europa, los cuales propongan dos cosas: la primera, que si la color es causa de esclavitud, que se acuerden de dos bermejos, a intercesión de Judas, y se olviden de los negros, a intercesión de uno de los tres reyes que vinieron a Belén, y que pues el refrán manda que de aquel color no haya gato ni perro, más razón será que no haya hombre ni mujer, y ofrezcan de nuestra parte arbitrios para que en muy poco tiempo los bermejos, con todos sus arrabales, se consuman. La segunda, que tomen casta de nosotros, y, aguando sus bodas en nuestro tinto, hagan casta aloque y empiecen a gastar gente prieta, escarmentados de blanquecinos y cenecientos, pues el ampo de los flamencos y alemanes tiene revuelto y perdido el mundo, colorada con sangre las campanas y hirviendo en traiciones y herejías tantas naciones, y, en particular, acordarán lo boquirubio de los franceses, y vayan advertidos los nuestros si los estornudaren, de consolarse con el tabaco y responder: «Dios nos ayude», gastando en sí propios la plegaria.

XXXVIII. El serenísimo rey de Inglaterra, cuya isla es el mejor lunar que el Océano tiene en la cara, juntando el Parlamento en su palacio de Londres, dijo:
-Yo me hallo rey de unos Estados que abraza sonoro el mar, que aprisionan y fortifican las borrascas; señor de unos reinos, públicamente, de la religión reformada; secretamente, católicos. Ingerí en rey lo sumo pontífice: soy corona, bonete y dos cabezas: seglar y eclesiástica. Sospecho, aunque no la veo, la división espiritual de mis vasallos: temo que gastan mucha Roma sus corazones, y que aquella ciudad, con las llaves de San Pedro, se pasea por los retiramientos de Londres. Esto, para mí, es tanto más peligroso cuanto más oculto. Veo con ojos enconados creer en muy poderosa república la rebelión de los olandeses. Conozco que mi invidia y la de mis ascendientes contra la grandeza de España, de menudo marisco los abultó en estatura, como dice Juvenal, mayor que la ballena británica. Véolos introducidos en cáncer de las dos Indias, y padezco los piojos que me comen porque los crié. Sé que de sus dominios hurtados tienen flotas los más años, y algunos las flotas enteras o buena parte de las que trae el Rey Católico, y que les es copioso el ejercicio de tantos años, soldados con crédito de inumerables vitorias, a quienes hace la experiencia en el obedecer doctos y suficientes para mandar. Por el mar los cuentos inumerables en bajeles, inimitables en fortuna, incontrastables en consejo, superiores en reputación militar. Por otra parte, veo al rey de Francia, mi vecino, a quien por las pretensiones antiguas aborrezco, aspirar al imperio de Alemania y al de Roma; introducido en Italia, y en ella, con puestos y ejércitos y séquito de algunos de los potentados, y acariciando, al parecer, de los buenos semblantes del Pontífice. Es mancebo nacido a las armas y crecido en ellas, que, en edad que pudieron serle juguetes, le fueron triunfos. Con si dérole con unido vasallaje por haber demolido todas las fortificaciones, hasta las inexpugnables, de los hugonotes, luteranos y calvinistas, y dejando el dominio y potestad en solos católicos. Por por esto le juzgo buen católico: antes le presumo astuto político. Y en su interior me persuado es conmodista y que

tiene sus conveniencias por evangelios, y que cree en lo que desea y no en lo que adora: religión que tienen muchos debajo del nombre de otra religión. Esto disimula, porque como su intento es tomar a Milán y a Nápoles, mañosamente ha asistido en su reino a los católicos, por ser sin comparación la mayor parte; débenlo al número, no a la doctrina. Acompañase del celo católico, por ser este título disposición para distilar en Italia poco a poco su codicia de dominios, y deben su crecimiento tanto a su hipocresía como a su valor. En Alemania, llamando a los suecos y amotinando al de Sajonia y al de Brandenburg y al Lanzgrave, ha jurado *in verba Luteri*. Para ocupar sus Estados al duque de Lorena, se aplicó a la conciencia de Calvino. Con esto es el Jano de la religión, que con una cara mira al turco, y con la otra al Papa, sirviéndole de calzador de púrpura para calzarse aquella Corte el cardenal de Richeleu. Viendo esto, me crece arrugada en gran volumen la nariz, considerando que para sus intentos no ha hecho caso de mi poder y afinidad y se ha abrigado con la buena dicha de los olandeses, despreciando a Ingalaterra, como si tuviera en su mano otra doncella milagrosa Juana de Arc, a quien la mala tradución llamó *poncella*. Todas estas acciones son a mi paladar de tan mal sabor y de tan desabrida dentera, que me amarga el aire que respiro, y con el suceso de la isla de Res tengo la memoria con ascos. No halla la confederación con quien juntar mis filos por ser tijera que cercene al uno y al otro, si no es con el rey de España. Inmenso monarca es y sumamente poderoso y rico, señor de las más belicosas naciones del mundo, príncipe en edad floreciente. Advierto, empero, que la restitución del Palatinado me tiene empeñada la sangre y la reputación, y ésta no la debo esperar de los católicos, y por eso la puedo dudar de los españoles y de los imperialistas, por la diferencia de religiones y el grande hastío que muestran los protestantes de más casa de Austria. Y por mí sospecho que el rey de España no habrá olvidado mi ida a su Corte, pues no olvido yo mi vuelta a la mía, de que es recuerdo la entrada de mis bajeles en Cádiz. Yo querría volver a cerrar en sus orillas al Rey Cristianísimo, que con grande avenida ha salido de madre y esplayádose por toda Europa, y, juntamente, reducir a su principado a los olandeses. Quiero me aconsejéis el mejor y más eficaz medio, advirtiendo estoy determinado, no sólo a salir en persona, sino codicioso de salir, porque creo que el príncipe que teniendo guerra forzosa no acompaña su gente condena a soldados a sus vasallos, en vez de hacerlos soldados, y, conducidos por este castigo, más padecen que hacen, y los obliga a que igualmente esperen su libertad y su venganza del ser vencidos que del ser vencedores. De llevar ejércitos a enviarlos va la diferencia quede veras a burlas: juicio es de los sucesos. Respondedme a la necesidad común, sin hablar con mi descanso. Ni oiga yo en vuestro sentir fines particulares: informadme los oídos, no me los embaracéis.

Todos quedaron suspensos en silencio reverente y cuidadoso, confiriendo en secreto la resolución, cuando el gran Presidente, con estas palabras, dio principio a la respuesta:

-Vuestra majestad, serenísimo señor, ha sabido preguntar de manera que nos ha enseñado a saberle responder: arte de tanto precio en los reyes, que es artífice de todo buen conocimiento y desengaño. Señor: la verdad es una y sola y clara; pocas palabras la pronuncian, muchas la confunden; ella rompe poco silencio y la mentira deja poco por romper. Todo lo que habéis considerado en el rey de Francia y en los olandeses es develo de la real providencia. El peligro inminente pide resolución varonil y veloz. El rey de España es hoy, para vuestros desinios, vuestra sola confederación, y sumamente eficaz si vos en persona asistís con él a la mortificación destos dos malos vecinos. Y advertid que mandar y hacer son tan diferentes como obras y palabras. Confieso que vuestra sucesión es muy infante para dejada; empero es menor inconveniente dejarla tierna que, siendo padre, acompañarla niño.

No bien hubo pronunciado estas últimas palabras, cuando, levantándose sobre su báculo un senador marañado todo el seno con las canas de su barba, la cabeza en el pecho y la corcova en que le habían los años doblado la espalda en lugar de la cabeza, dijo:

-Mal puede disculparse de temerario el consejo de que su majestad salga en persona, cuando sus reinos están minados de católicos en cubiertos, cuyo número es grande, a lo que se sabe; infinito, a lo que se sospecha, y verdaderamente formidable por el desprecio en que tienen la vida y el precio que se aseguran en la muerte. Los tormentos se han cansado en sus cuerpos, no sus cuerpos en los tormentos; entre ellos, por su religión, los despedazados persuaden, no escarmientan. Esto saben las horcas, los cuchillos y las llamas, que buscaron ansiosos y padecieron constantes. Pues si en tierra por todas partes prisionera del mar, y en presencia de sus reyes, tantas veces han conspirado para restituirse ¿qué harán si sale y los desembaraza su persona? Vasallo tiene vuesa majestad de quien poder fiar cualquiera empresa: enviad con pie de ejército de nuestra religión los más importantes de los que se entienden son católicos, que con esto irá su intención sujeta y vuestras reinos con menos enemigos dentro. No aventuréis vuestra persona, en que se aventura todo y en que todo se restaura, que yo del parecer del Presidente colijo que maquina como católico, no que responde como ministro.

Alborotáronse, y en esta disensión los cogió la fuerza de la *hora*, y demudándose de color el Rey, dijo:

-Vosotros dos, en lugar de aconsejarme, me habéis desesperado. El uno dice que si no salgo me quitarán el reino los enemigos; el otro, que si salgo, me lo quitarán los vasallos; de suerte que tú quieres que tema más a mis súbditos que a los contrarios. Sumamante es miserable el estado en que me hallo: lo que resta es que cada uno de vosotros, con término de un día natural, me diga quién y qué cosas me tiene reducido a esta desventura, nombrando las personas y las causas, sin perdonaros unos a otros, o yo sospecharé sobre todos; porque la culpa no sale de los que me aconsejáis, que yo estoy resuelto de atender a la dirección de mis conveniencias dentro y fuera de mis reinos. Sale el rey de Francia sin sucesión y sin esperanzas de ella que puedan entristecer a su hermano, y deja un reino por tantas causas dividido, y en parcialidades toda la nobleza, manohada con la sangre de Memoranci; los herejes, sujetos, mas no desenojados; los pueblos, despojados de tributos, y todo el reino en opresión de las demasías de un privado, y yo, que tengo sucesión y menores y menos sensibles inconvenientes, ¿estaré arrullando a mis hijos y atendiendo a sus dijes y juguetes? Porque me he dejado en el ocio y porque no he salido, me son Francia y Olanda formidables: si no salgo, me serán ruina; si me quedo por temor de mis vasallos, yo los aliento a mi desprecio. Si mis enemigos se aseguran de que no puedo salir, no podré asegurarme de mis enemigos, y, por lo menos, si salgo y me pierdo, lograré la honra de la defensa y excusaré la infamia de la vileza. El rey que no asiste a su defensa disculpa a los que no le asisten; contra razón castiga a quien le imita, y contra lo que fue maestro no puede ser juez, ni castigar lo que de su persona aprenden los que para desamparar su defensa le obedecen maestro. Idos luego tolos y consultad con vuestras obligaciones mi real servicio, anteponiéndole a vuestras vidas y a mi descanso; que os aseguro hacer a vuestra verdad, cuanto más rigurosa, mejor recibímiento. Y no me embaracéis con el achaque de llevar toda la nobleza conmigo, pues los acontecimientos afirman que nadie la juntó en la guerra que no la perdiese y se perdiese: los anillos que se midieron por hanegas en Cannas, testifican con lágrimas en Roma: el bosque de Pavía, hecho sepulcro de toda la nobleza de Francia y de la libertad de su rey; la Armada española con el duque de Medina Sidonia, viniendo a invadir estos reinos, dejando en estos mares tan miserables despojos: el rey don Sebastián, que en Africa se perdió y sus reinos con su nobleza toda. Los nobles juntos inducen confusión y ocasionan ruina; porque, no sabiendo mandar, no quieren obedecer y estragan en presunciones desvanecidas la disciplina militar. Llevaré pocos, experimentados; los demás quedarán para freno de los hervores populares y triaca de los noveleros. Gente que piensa que me engaña en darme su vida por un real cada día es el aparato que me importa, no aquella, que, agotándome para que vaya, mi tesoro, pone demanda a mi patrimonio porque fue. Bueno fuera que toda la nobleza estuviera ejercitada, mas no seguro. Los particulares no han de dar las armas a los locos, ni los reyes a los nobles. Llevad esto entendido, y ahorra distraimientos vuestro discurso, y mi determinación tiempo.

XXXIX. En Salónique, ciudad de Levante, que, escondida en el último seno del golfo a que da nombre, yace en el dominio del emperador de Constantinopla, hoy llamado Estambol, convocados en aquella sinagoga los judíos de toda Europa por Rabbi Saadías, y Rabbi Isaac barbaniel, y Rabbi Salomón, y Rabbi Nissin, se juntaron: por la sinagoga de Venecia, Rabbi Samuel y Rabbi Maimón; por la de Raguza, Rabbi Aben Ezra; por la de Constantinopla, Rabbi Jacob: por la de Roma, Rabbi Chamaniel; por la de Ligorna, Rabbi Gersomi; por la de Ruán, Rabbi Gabirol: por la de Orán, Rabbi Asepha: por la de Praga, Ralbbi Mosche; por la de Viena, Rabbi Berchai; por la de Amsterdán, Rabbi Meir Arrnahah: por los hebreos disimulados, y que negocian de rebozo con traje y lengua de cristianos. Rabbi David Bar Nachman, y con ellos, los Monopantos, gente en república, habitadora de unas islas que entre el mar Negro y la Moscovia, confines de la Tartaria, se defienden sagaces de tan feroces vecindades, más con el ingenio que con las armas y fortificaciones. Son hombres de cuadruplicada malicia, de perfecta hipocresía, de extremada disimulación, de tan equívoca apariencia, que todas las leyes y naciones los tienen por suyos. La negociación les multiplica caras y los manda los semblantes, y el interés los remuda las almas. Gobiérnalos un príncipe a quien llaman Pragas Chincollos. Vinieron por su mandado a este sanedrín seis, los más doctos en carcomas y polillas del mundo: el uno se llama Philárgyros, y el otro, Chrysóstheos: el tercero, Danipe; el cuarto, Arpiotrotono; el quinto, Pacas Mazo; el sexto, Alkemiastos. Sentáronse por sus dignidades, respectivamente, a la preeminencia de las sinagogas, dando el primer banco por huéspedes a dos Monopantos. Poseyólos atento silencio, cuando Rabbi Saadías, después de haber orado el psalmo *In Exitu Israel*, dijo tales palabras:

-«Nosotros, primero linaje del mundo, que hoy somos desperdicio de las edades y multitud derramada que yace en esclavitud y vituperio congojoso viendo arder en discordias el mundo, nos hemos juntado a prevenir advertencia desvelada en los presentes tumultos, para mejorar en la ruina de todos nuestro partido. Confieso que el captiverio, y las plagas, y la obstinación en nosotros son hereditarias; la duda y la sospecha, patrimonio de nuestros entendimientos, que siempre fuimos malcontentos de Dios, estimando más al que hacíamos que al que nos hizo. Desde el primer principio nos cansó su gobierno, y seguimos contra su ley la interpretación del demonio. Cuando su omnipotencia nos gobernaba, fuimos rebeldes; cuando nos dio gobernadores, inobedientes. Fuenos molesto Samuel, que, en su nombre, nos regía y juntos en comunidad ingrata siendo nuestro Rey Dios; pedimos a Dios otro Rey. Dianas a Saúl con derecho de tirano, declarando haría esclavos nuestros hijos, nos quitaría las haciendas para dar a sus validos, y agravó este castigo con decir no nos le quitaría aunque se lo pidiésemos. El dijo a Samuel que a él le despreciábamos, no a Samuel ni a sus hijos. En cumplimiento desto, nos dura aquel Saúl siempre, y en todas partes, y con diferentes nombres. Desde entonces, en todos los reinos y repúblicas nos oprime en vil y miserable captividad, y para nosotros, que dejamos a Dios por Sául, permite Dios que sea un Sául cada rey. Quedó nuestra nación para con todos los hombres introducida en culpa, que unos la echan a otros, todos la tienen y todos se afrentan de tenella. No estamos en parte alguna sin que primero nos echasen de otra; en ninguna residimos que no deseen arrojarnos, y todas temen que seamos impelidos a ellas.

»Hemos reconocido que no tienen comercio nuestras obras y nuestras palabras y que nuestra boca y nuestro corazón nunca se aunaron en adorar un propio Dios. Aquélla siempre aclamó al Cielo, éste siempre fue idólatra del oro y de la usura. Acaudillados de Moisén cuando subió por la Ley al monte hicimos demonstración de que la religión de nuestras almas era el oro y cualquier animal, que dél se fabricase: allí adoramos nuestras joyas en el becerro y juró nuestra codicia, por su deidad, la semejanza de la niñez de las vacadas. No admitimos a Dios en otra moneda, y en ésta admitimos cualquiera sabandija por dios. Bien conocía la enfermedad de nuestra sed quien nos hizo beber el ídolo en polvos. Grande y ensangrentado castigo se siguió a este delito; empero, degollando a muchos millares, escarmentó a pocos, pues, haciendo después Dios con nosotros cuanto le pedimos, nada hizo de que luego no nos enfadásemos. Extendió las nubes en toldo, para que el desierto nos escondiese a los incendios del día. Esforzó con la coluna de fuego los descaecimientos de las estrellas y la luna, para que, socorridas de su movimiento relumbrante, venciesen las tinieblas a la noche, contrahaciendo el sol en su ausencia. Mandó al viento que granizase nuestras cosechas, y dispuso en moliendas maravillosas las reglones del aire, derramando guisados en el maná nuestros mantenimientos, con todas las sazones que el apetito desea. Hizo que las codornices, descendiendo en lluvia, fuesen cazadores y caza todo junto para nuestro regalo. Desató en fuga líquida la inmobilidad de las peñas, y que las fuentes naciesen aborto de los cerros, para lisonjear nuestra sed. Enjugó en senda tratable a nuestros pies los profundos del mar, y colgó perpendiculares los golfos, arrollando sus llanuras en murallas liquidas, deteniendo en edificio seguro las olas y las borrascas, que a nuestros padres fueron vereda y a Faraón sepulcro y tumba de su carro y ejército. Hizo su palabra levas de sabandijas, alistando por nosotros, en su millicia, ranas, mosquitos y langostas. No hay cosa tan débil de que Dios no componga huestes invencibles contra los tiranos. Debeló con tan pequeños soldados los escuadrones enemigos, formidables y relucientes en las defensas del hierro, soberbios en los blasones de sus escudos, pomposos en las ruedas de sus penachos. A tan milagrosos beneficios, que nuestro rey y profeta David cantó en el psalmo, según la división nuestra, 105, que empieza *Hodu la Adondi*, respondió nuestra dureza e ingratitud con hastío y fastidio en el sustento, con olvido en el paseo abierto sobre las ondas del mar. Pocas veces quien recibe lo que no merece, agradece lo que recibe. Muchas veces castiga Dios con lo que da y premia con lo que niega. Tales antepasados son genealogía delincuente de nuestra contumacia.

»Comúnmente nos tienen por los porfiados de la esperanza sin fin, siendo en la censura de la verdad la gente más desesperada de la vida. Nada aborrecemos, y hemos aborrecido tanto los judíos como la esperanza. Nosotros somos el extremo de la *incredulidad*, y esperanza e incredulidad no son compatibles: ni esperamos ni hay qué esperar de nosotros. Porque Moisén se detuvo un poco en el monte no quisimos esperarle, y pedimos dios a Aarón. La razón que dan de que somos tercos en esperanza perdurable es que aguardamos tantos siglos ha al Mesías; empero nosotros ni le recibimos en Cristo ni le aguardamos en otro. El decir siempre que ha de venir no es porque le deseamos ni le creemos: es por disimular con estas largas que somos aquel ignorante que empieza el psalmo 13, diciendo en su corazón: «No hay Dios.» Lo mismo dice quien niega al que ya vino y aguarda al que no ha de venir. Este lenguaje gasta nuestro corazón, y, bien considerado, es el *Quare*, del psalmo 2, *fremueruni gentes, et populi meditati sunt inanias, adversús Dominum, et adversas Christum ejus?* De manera que nosotros decimos que esperamos siempre por disimular que siempre desesperamos.

»De la ley de Moisén sólo guardamos el nombre, sobre escribiendo con él y con ella las excepciones que los talmudistas han soñado para desmentir las Escrituras, deslumbrar las profecías, y falsificar los preceptos, y habilitar las conciencias a la fábrica de la materia de estado, dotrinando para la vida civil nuestro ateísmo en una política sediciosa, prohijándonos de hijos de Israel a hijos del siglo. Cuando tuvimos ley no la guardábamos; hoy, que la guardamos, no es ley sino en la breve pronunciación de las tres letras.

»Ha sido necesario decir lo que fuimos para disculpar lo que somos y encaminar lo que pretendemos ser, creciéndonos en estos delirios rabiosos en que parece está frenético todo el orbe de la tierra, cuando no solamente los herejes toman contra los católicos, unos mueven contra otros los escuadrones parientes. Los protestantes de Alemania ha muchos años que pretenden que el emperador sea hereje. A esto los fomenta el Rey Cristianísimo, haciendo como que no lo es y desentendiéndose de Calvino y Lucero. Opónese a todos el Rey Católico, para mantener en la Casa de Austria la suprema dignidad de las águilas de Roma. Los olandeses, animados con haber sido traidores dichosos, aspiran a que su traición sea monarquía, y de vasallos rebeldes del gran rey de España, osan serle competidores. Robáronle lo que tenía en ellos y prosiguen en usunparle lo que tan lejos dellos tiene, como son el Brasil y las Indias, destinando sus conquistas sobre sus coronas. No hemos sido para todos estos robos las postrera disposición nosotros, por medio de los cristianos postizos, que, con lenguaje portugués, le habemos aplicado para minas, con títulos de vasallos. Los potentados de Italia (si no todos, los más) han hospedado en sus dominios franceses, dando a entender han descifrado en este sentir los semblantes del Summo Pontífice, y la tolerancia muda han leído por *motu proprio*. El rey de Francia ha usado contra el monarca de los españoles estratagema nunca oída, disparándole por batería todo su linaje, con achaques de malcontentos y huidos, para que, en sueldos y socorros y gastos consumiese las consignaciones de sus ejércitos. ¿Cuándo se vio un rey contra otro hacer munición de dientes y muelas de su madre y de su hermano, próximo heredero, para que se le comiesen a bocados? Ardid es mendicante, más pernicioso. Militar con el mogollón, más tiene de lo ridículo que de lo serio. Nosotros tenemos sinagogas en los Estados de todos estos príncipes, donde somos el principal elemento de la composición desta cizaña. En Ruán somos la bolsa de Francia contra España, y juntamente de España contra Francia, y en España, con traje que sirve de máscara a la circuncisión, socorremos a aquel monarca con el caudal que tenemos en Amsterdán en poder de sus propios enemigos, a quienes importa más el mandar que le diframos las letras que a los españoles cobradas. ¡Extravagante tropelía servir y arruinar con un propio dinero a amigos y a enemigos y hacer que cobre los frutos de su intención el que los paga del que los cobra! Lo mismo hacemos con Alemania, Italia y Constantinopla, y todo este enredo ciego y belicoso causamos con haber tejido el socorro de cada uno en el arbitrio de su mayor contrario; porque nosotros socorremos como el que da con interés dineros al que juega y pierde, para que pierda más. No niego que los *Monopantos* son gariteros de la tabaola de Europa, que dan cartas y tantos, y entre los que sacan de las barajas que meten y de luces, se quedan con todo el oro y la plata, no dejando a los jugadores sino voces y ruido, y perdición, y ansia de desquitarse a que los induce, porque su garito, que es fin de todos, no tenga fin. En esto son perfecto remedo de nuestros anzuelos. Es verdad que para la introducción nos llevan grande ventaja en ser los judíos del Testamento Nuevo, como nosotros del Viejo, pero así como nosotros no creímos que Jesús era el Mesías que había venido, ellos creyeron que Jesús era el Mesías que le dejan pasar por sus conciencias: de manera que parece que jamás llegó para ellos ni por ellos. Los *Monopantos* le creen (como de nosotros dice que le esperamos un grave autor: *Auream et gemmatam Hierusalemespectabant*) en Hierusalén de oro y joyas. Ellos y nosotros, de diferentes principios y con diversos medios, vamos a un mesmo fin, que es a destruir, los unos, la cristiandad que no quisimos; los otros, la que ya no quieren, y por esto nos hemos juntado a confederar malicia y engaños.

»Ha considerado esta sinagoga que el oro y la plata son los verdaderos hijos de la tierra que hacen guerra al Cielo, no con cien manos solas, sino con tantas como las cavan, los funden, los acuñan, los juntan, los cuentan, los reciben y los hurtan. Son dos demonios subterráneos empero bienquistos de todos los vivientes; dos metales, que cuanto tienen más de cuerpo, tienen más de espíritu. No hay condición que les sea desdeñosa, y si alguna ley los condena, los legistas e intérpretes dellas los absuelven. Quien se desprecia de cavarlos se aprecia de adquirirlos: quien de grave no los pide al que los tiene, de cortesano los recibe de quien los, y el que tiene por trabajo el ganarlos, tienen el robarlos por habilidad, y hay en la retórica de juntarlos un *no los quiero*, que obra *dénmelos*, y *nada recibo de nadie*, que es verdad, porque no es mentira *todo lo tomo*. Y como mentiría el mar si dijese que no mata su sed con tragarse los arroyuelos y fuentes, pues bebiéndose todos los ríos que se los bebe, en ellos se sorbe fuentes y arroyos, de da misma manera mientras los poderosos que dicen no reciben de los mendigos y pobres, cuando se engullen a los ricos que devoran a los pobres y mendigos. Esto supuesto, conviene encaminar la batería de nuestros intereses a los reyes y repúblicas y ministros, en cuyos vientres son todos los demás repleción que, conmovida por nosotros, o será letargo o apoplejía en las cabezas. En el método de disponerlo sea el primer voto el de los señores *Monopantones*»

Los cuales, habiéndose conficionado los unos con los chismes de los otros, determinaron que Pacas Mazo, como más abundante de lengua y más caudaloso de palabras, hablase por todos, lo que hizo con talles razones:

-Los bienes del mundo son de los solícitos; su fortuna de los disimulados y violentos. Los señoríos y los reinos, antes se arrebatan y usurpan que se heredan y merecen. Quien en las medras temporales es el peor de los malos, es el benemérito sin competidor, y crece hasta que se deja exceder en la maldad, porque en las ambiciones los justos y los honestos hacen delincuentes a los tiranos. Estos, en empezando a moderarse, se deponen; si quieren durar en ser tiranos, no han de consentir que salgan fuera las señas de que lo son. El fuego que quema la casa, con el humo que arroja fuera, llama a que le maten con agua. Deste discurso cada uno tome lo que le pareciere a propósito. La moneda es la Circe, que todo lo que se le llega u de ella se enamora, lo muda en varias formas: nosotros somos el *verbi gratia*. El dinero es un dios de rebozo, que en ninguna parte tiene altar público y en todas tiene adoración secreta; no tiene templo particular, porque se introduce en los templos. Es la riqueza una seta universal en que convienen los más espíritus del mundo, y la codicia, una heresiarca bienquisto de los discursos políticos y el conciliador de todas las diferencias de opiniones y humores. Viendo pues, nosotros que es el mágico y el nigromante que más prodigios obra, hémosle jurado por norte de nuestros caminos y por calamita de nuestro norte, para no desvariar en los rumbos. Esto ejecutamos con tal arte, que le dejamos para tenerle y le despreciamos para juntarle: lo que aprendimos de la hipocresía de la bomba, que con lo vacío se llena, y con lo que no tiene atrae lo que tienen otros, y sin trabajo sorbe y agota lo lleno con su vacío. Somos remedos de la pólvora, que, menuda, negra, junta y apretada, toma fuerza inmensa y velocidad de la estrechura. Primero hacemos el daño que se oiga el ruido, y como para apuntar cerramos un ojo y abrimos otro, lo conquistamos todo en un abrir y cerrar de ojos. Nuestras casas son cañones de arcabuz, que disparan por las llaves y se cargan por las bocas. Siendo, pues, tales, tenemos costumbres y semblantes que convienen con todos, y por esto no parecemos forasteros en alguna seta o nación. Nuestro pelo le admite el turco por turbante, el cristiano por sombrero y el moro por bonete y vosotros por tocado. No tenemos ni admitimos nombre de reino ni de república, ni otro que el de *Monopantos*: dejamos los apellidos a las repúblicas y a los reyes, y tomámosles el poder limpio de la vanidad de aquellas palabras magníficas: encaminamos nuestra pretensión a que ellos sean señores del mundo y nosotros de ellos. Para fin tan lleno de majestad no hemos hallado con quien hacer confederación igual, a pérdida y ganancia, sino con vosotros, que hoy sois los tramposos de toda Europa. Y solamente os falta nuestra calificación para acabar de corromperlo todo, la cual os ofrecemos plenaria, en contagio y peste, por medio de una máquina infernal que contra los cristianos hemos fabricado los que estamos presentes. Esta es que, considerando que la triaca se fabrica sobre el veloz veneno de la víbora (por ser el humor que más aprisa y derecho va al corazón, a cuya causa, cargándola de muchos simples de eficacísima virtud, los lleva al corazón para que le defiendan de la ponzoña, que es lo que se pretende por la medicina), así nosotros hemos inventado una contratriaca para encaminar al corazón los venenos, cargando sobre las virtudes y sacrificios, que se van derechos al corazón y al alma, los vicios y abominaciones y errores, que, como vehículos, introducen en ella. Si os determináis a esta alianza, os daremos la receta con peso y número de ingredientes, y boticarios doctos en esta confación, en que Danipe y Alkemiastos y yo hemos sudado, y no debe nuestro sudor nada a los trociscos de la víbora. Dejaos gobernar por nuestro Pragas, que no dejaréis de ser judíos y sabréis juntamente ser *Monopantos*.

    A raíz destas palabras los cogió la *hora*, levantándose Rabbi Maimón, uno de los dos que vinieron por la sinagoga de Venecia, se llegó al oído de Rabbi Saadías, y rempujando con la mano estado y medio de pico de nariz, para podérsela llegar a la oreja, le dijo:

-Rabbi, la palabrita dejaos gobernar, a roña sabe; conviene abrir el ojo con éstos, que me semejan Faraones caseros y mogigatos.

Saadías le respondió:

-Ahora acabo de reconocerlos por maná de dotrinas, que saben a todo lo que cada uno quiere: no hay sino callar, y, como a ratones de las repúblicas, darles que coman en la trampa.

Chrysóstheos, que vio el coloquio entre dientes, dijo a Philárgyros y a Danipe:

-Yo atisbo la sospecha destos perversos judíos: todo *Monopanto* se dé un baño de becerro enjoyado, que ellos caerán de rodillas.

Reconociéronse en lazos y embelecos unos contra otros, y para deslumbrar a los *Monopantos*, Rabbi Saadías dijo:

-Nosotros os juzgamos exploradores de la tierra de Promisión y la seguridad de nuestros intentos; para que nos amásemos en un compuesto rabioso, será bien se confiera el modo y las capitulaciones y se concluyan y firmen en la primera junta, que señalamos de hoy en tres días.

Pacas Mazo, compuniendo su rapiña en palomita, dijo que el término era bastante y la resolución providente, empero que convenía que el secreto fuese ciego y mudo. Y sacando un libro encuadernado en pellejo de oveja, cogida con torzales de oro en varias labores de lana, se la dio a Saadías, diciendo:

-Esta prenda os damos por rehenes.

Tomóle, y preguntó:

-*¿Cúyas son estas obras?*

Respondió Pacas Mazo:

-*De nuestras palabras*. El autor es Nicolás Machiavelo, que escribió el canto llano de nuestro contrapunto.

Mirándole con grande atención los judíos, y particularmente la encuadernación en pellejo de oveja, Rabbi Asepha, que asistía por Orán, dijo:

-Esta lana es de la que dicen los españoles que vuelven trasquilados quien viene por ella.

Con esto se apartaron, tratando unos y otros entre sí de juntarse, como pedernal y eslabón, a combatirse y aporrearse y hacerse pedazos hasta echar chispas contra todo el mundo, para fundar la nueva seta del dinerismo, mudando el nombre de ateistas en dineranos.

XL Los pueblos y súbditos a señores, príncipes, repúblicas y reyes y monarcas se juntaron en Lieja, país neutral, a tratar de sus conveniencias y a remediar y a descansar sus quejas y malicias y desahogar su sentir, apreso en el temor de la soberanía. Había gente de túdas naciones, estados y calidades. Era tan grande el número, que parecía ejército y no junta, por lo cual eligieron por sitio la campaña abierta. Por una parte, admiraba la maravillosa diferencia de trajes y de aspectos: por otra, confundía los oídos y burlaba la atención la diferencia de lenguas. Parecía romperse el campo con las voces: resonaba a la manera que cuando el sol cuece las mieses, se oye importuno rechinar con la infatigable voz de las chicharras: el más sonoro alarido era el que encaramaban, desgañitándose, las mujeres con acciones frenéticas. Todo estaba mezclado en tumulto ciego y discordia furiosa: los republicanos querían príncipes, los vasallos de los príncipes querían ser republicanos.

Esta controversia empelazgaron un noble saboyano y un ginovés plebeyo. Decía el saboyano que su duque era el movimiento perpetuo y que los consumía con guerras continuas por equilibrar su dominio, que se ve anegado entre las dos coronas de Francia y España, y que su conservación la tenía en revolver, a costa de sus vasallos, los dos reyes, para que, ocupado el uno con el otro, no pueda el uno y el otro tragárselo, viendo que sucesivamente entrambos príncipes, ya éste, ya aquél, le conquistan y le defienden, lo cual pagan los súbditos sin poder respirar en quietud. Cuando Francia le embiste, España le ayuda y cuando España le acomete, Francia le defiende. Y como ninguno de los dos le ampara por conservarle, sino porque el otro no crezca con su Estado y le sea más formidable y próximo vecino, de la defensa resulta a sus pueblos tanto daño como de la ofensa, y las más veces más. El duque recata en su corazón disimulada la pretensión de libertador de Italia, blasonando, para tener propicia la Santa Sede, toda la historia de Amadeo, a quien llamaron Pacífico, por haber sospechado algunos impíamente maliciosos que pensaba en reducir al Sumo Pontífice a solo el caudal de las gracias y indulgencias. Padece el duque achaques de rey de Chipre, y es molestado de recuerdos del señor de Ginebra, y adolece de soberanía desigual entre los demás potentados. Todas estas cosas son espuelas que se añaden a los alientos que en él necesitan de freno; que ya por estas razones viene a matar que la Saboya y el Piamonte se confederen en República donde la justicia y el consejo mandan y la libertad reina.

-¡Que la libertad reina! -dijo, dado a los diablos, el ginovés-. Tú debes de estar loco, y como no has sido repúblico, no sabes sus misenias y esclavitudes. No bastará toda la razón de Estado a concertarnos. Yo, que soy ginovés, hijo de aquella República, que por la vecindad y emulación os conoce a vosotros, vengo a persuadir a vuestro duque, con la asistencia de nosotros los plebeyos, se haga rey de Génova, y si él no lo aceta, he de ir a persuadir esta oferta al rey de España, y si no, al francés, y de unos reyes en otros, hasta topar con alguno que se apiade de nosotros. Dime, malcontento del bien que Dios te hizo en que nacieses sujeto a príncipe, ¿has considerado cuánto mayor descanso es obedecer a uno solo que a muchos, juntos en una pieza y apartado, y diferentes en costumbres, naturaleza, opiniones y desinios? Perdido, ¿no adviertes que en las repúblicas, como es anuo y sucesivo por las familis el gobierno, es respectivo, y que la justicia carece de ejecución, con temor de los que otro año u otro trienio mandarán se venguen de lo que hizo el que gobernó? Si el Senado república se compone de muchos, es confusión; si de pocos, no sirve sino de corromper la firmeza y excelencia de la unidad: ésta no se salva en el Dux, que, o no tiene absoluto poder, o es por tiempo limitado. Si mandan por igual nobles y plebeyos, es una junta de perros y gatos, que los unos proponen mordiscones con los dientes, ladrando, y los otros responden con araños y uñas. Si es de pobres y ricos, desprecian a los pobres los ricos y a los ricos invidian los pobres. Mira qué compuesto resultará de invidia y desprecio. Si el gobierno está en los plebeyos, ni los querrán sufrir los nobles ni ellos podrán sufrir el no serlo. Pues si los nobles solos mandan, no hallo otra comparación a los súbditos sino la de los condenados, y éstos somos los plebeyos gínoveses, y si se pudiera sin error encarecerlo más, me pareciera haber dicho poco. Génova tiene tantas repúblicas como nobles y tantos miserables esclavos como plebeyos. Y todas estas repúblicas personales se juntan en un palacio a sólo contar nuestro caudal y mercancías, para roérnosle o bajando o subiendo la moneda, y como malsines de nuestro caudal, atienden siempre a reducir a pobreza nuestra inteligencia. Usan de nosotros como de esponjas, envíandonos por el mundo a que, emparándonos en la negociación, chupemos hacienda, y, en viéndonos abultados de caudal, nos exprimen para sí. Pues dime, maldito y descomulgado saboyano: ¿qué pretendes con tu traición y tu infernal intento? ¿No conoces que nobles y plebeyos transfieren su poder en los reyes y príncipes, donde, apartado de la soberbia y poder de los unos y de la humildad de los otros, compone una cabeza asistida de pacífica y desinteresada majestad, en quien ni la nobleza presume ni la plebe padece?

Embistiéranse los dos, si no los apartara el mormullo de una manada de catedráticos, que venía retirándose de un escuadrón de mujeres, que, con las bocas abiertas, los hundían a chillidos y los amagaban a mordiscones. Una dellas, cuya hermosura era tan opulenta que se aumentaba con la disformidad de la ira, siendo afecto que en la suma fiereza de un león halla fealdad que añadir, dijo:

-Tiranos, ¿por cuál razón (siendo las mujeres de las dos partes del género humano la una, que constituye mitad) habéis hecho vosotros solos las leyes contra ellas, sin su consentimiento, a vuestro albedrío? Vosotros nos priváis de los estudios, por invidia de que os excederemos; de las armas, por temor de que seréis vencimiento de nuestro enojo los que lo sois de nuestra risa. Habéisos constituido por árbitros de la paz y de la guerra, y nosotras padecemos vuestros delirios. El adulterio en nosotras es delito de muerte, y en vosotros, entretenimiento de la vida. Queréisnos buenas para ser malos, honestas para ser distraídos. No hay sentido nuestro que por vosotros no esté encarcelado; tenéis con grillos nuestros pasos, con llave nuestros ojos; si miramos, decís que somos desenvueltas; si somos miradas, peligrosas, y, al fin, con achaque de honestidad, nos condenáis a privación de potencias y sentidos. Barbonazos, vuestra desconfianza, no nuestra flaqueza, las más veces nos persuade contra vosotros lo propio que cauteláis en nosotras. Más son las que hacéis malas que las que lo son. Menguados, si todos sois contra nosotras privaciones, fuerza es que nos hagáis todas apetitos contra vosotros. Infinitas entran en vuestro poder buenas, a quien forzáis a ser malas, y ninguna entra tan mala a quien los más de vosotros no hagan peor. Toda vuestra severidad se funda en lo frondoso y opaco de vuestras caras, y el que peina por barba más lomo de javalí, presume más suficiencia, como si el solar del seso fuera la pelambre prolongada de quien antes se prueba de cola que de juicio. Hoy es día en que se ha de enmendar esto, o con darnos parte en los estudios y puestos de gobierno, o con oírnos y desagraviamos de las leyes establecidas, instituyendo algunas en nuestro favor y derogando otras que nos son perjudiciales.

Un dotor, a quien la barba le chorreaba hasta los tobillos, que las vio juntas y determinadas, fiado en su elocuencia, intentó satisfacerlas con estas razones:

-Con grande temor me opongo a vosotras, viendo que la razón frecuentemente es vencida de la hermosura, que la retórica y dialéotica son rudas contra vuestra belleza. Decidme, empero: ¿qué ley se os podrá fiar, si la primera mujer estrenó su ser quebrantando la de Dios? ¿Qué armas se pondrán con disculpa en vuestras manos, si con una manzana descalabrastes toda la generación de Adán, sin que se escapasen los que estaban escondidos en las distancias de lo futuro? Decís que todas las leyes son contra vosotras; fuera verdad si dijérades que vosotras érades contra todas las leyes. ¿Qué poder se iguala al vuestro, pues si no juzgáis con las leyes estudiándolas, juzgáis a las leyes con los jueces, corrompiéndolos? Si nosotros hicimos las leyes, vosotras las deshacéis. Si los jueces gobiernan el mundo, y las mujeres a los jueces, las mujeres gobiernan el mundo y desgobiernan a los que le gobiernan, porque puede más con muchos la mujer que aman que el texto que estudian. Más pudo con Adán lo que el diablo dijo a la mujer que lo que Dios le dijo. Con el corazón humano muy eficaz es el demonio si le pronuncia una de vosotras. Es la mujer regalo que se debe temer y amar, y es muy difícil temer y amar una propia cosa. Quien solamente la ama, se aborrece a sí; quien solamente la aborrece aborrece a la naturaleza. ¿Qué Bártulo no borran vuestras lágrimas? ¿De qué Baldo no se ríe vuestra risa? Si tenemos los cargos y los puestos, vosotras los gastáis en galas y trajes. Un texto solo tenéis, que es vuestra lindeza: ¿cuándo le alegastes que no os valiese? ¿Quién le vio que no quedase vencido? Si nos cohechamos, es para cohecharos; si torcemos las leyes y la justicia, las más veces es porque seguimos la dotrina de vuestra belleza, y de las maldades que nos mandáis hacer cobráis los intereses y nos dejáis la infamia de jueces detestables. Invidiáisnos la asistencia y los cargos en la guerra siendo ella a quien debéis el descanso de viudas y nosotros el olvido de muertos. Quejáisos de que el adulterio es en vosotras delito capital y no en nosotros. Demonios de buen sabor, si una liviandad vuestra quita las honras a padres y hijos y afrenta toda una generación, ¿por qué se os antoja riguroso castigo la pena de muerte, siendo de tanto mayor estimación la honra de un inocente que la vida de un culpado? Estemos al aprecio que desto hacen vuestras propias obras. Vosotras, por infinitos, no podéis contar vuestros adulterios, y nosotros, por raros, no tenemos qué contar de los degüellos; el escarmiento sigue a la pena: ¿dónde está éste? Quejaros de que os guardamos es quejaros de que os estimemos: nadie guardó lo que desprecia. Según lo que he discurrido, de todo sois señoras, todo está sujeto a vosotras; gozáis la paz y ocasionáis la guerra. Si habéis de pedir lo que os falta a muchas, pedid moderación y seso.

¿*Seso* dijiste? No lo hubo pronunciado cuando todas juntas se dispararon contra el triste dotar en remolino de pellizcos y repelones, y con tal furia le mesaron, que le dejaron lampiño de la pelambre graduada, que pudiera, por lo lampiño, pasar por vieja en otra parte. Ahogáranle si no acudiera mucha gente a la pelazga y mormullo que habían armado un francés monsiur y un italiano monseñor.

Habíase ya pronunciado el enojo con algunos sopapos y dádose *sanctus* en las jetas, con séquito de coces y bocados. El francés se carcomía de rabia y el monseñor se destrizaba de cólera. Concurrieron por una y otra parte italianos y bugres. Pusiéronse en medio de los alemanes, y, sosegándolos con harta dificultad, los preguntaron la causa. El francés, arrebañándose con entrambas manos las bragas, que con la fuga se le habían bajado a las corvas, respondió:

—Hoy hemos concurrido aquí todos los súbditos para tratar del alivio de nuestras quejas. Yo estaba comunicando con otros de mi nación el miserable estado en que se halla Pranoia, mi patria, y la opresión de los franceses so el poder de Armando, cardenal de Rioheleu. Ponderaba con la maña que llamaba servir al rey lo que es degradarle: cuánta raposa vestía de púrpura, cómo con el ruido que inducía a la cristiandad disimulaba el de su lima que agotaba en su astucia la confianza del príncipe, que había puesto en manos de sus parientes y cómplices el mar y la tierra, fortalezas y gobiernos, ejércitos y armadas, infamando los nobles y engrandeciendo los viles. Acordaba a los de mi nación de las tajadas y pizcas en que resolvieron al mariscal de Ancre; acordábalos de Luines y cómo nuestro rey no se limpiaba de privados, y que esto sólo hada bien a esotros dos a quien acreditaba. Advertía que en Francia, de pocos años a esta parte, los traidores han dado en la agudeza más perniciosa del infierno, pues, viendo que levantarse con los reinos se llama traición y se castiga como traidor al que lo intenta, para asegurar su maldad se levantan con los reyes y se llaman privados, y en lugar de castigo de traidores, adquieren adoración de reyes. Proponía, y lo propongo, y lo propondré en la junta, que para la perpetuidad de la suceisión y de los reinos y extirpar esta seta de traidores, se promulgue ley inviolable e irremisible, que ordenase que el rey que en Francia se sujetare a privado, *ipso jure*, él y su sucesión perdiesen el derecho del reino, y que desde luego fuesen los súbditos absueltos del juramento de fidelidad, pues no previene tan manifiesto peligro la ley Sálica, que excluye las hembras, como ésta, que excluye validos. Decía que juntamente se mandase que el vasallo que con tal nombre se atreviese a levantarse con su rey muriese infamemente y perdiese todas las honras y bienes que tuviese, quedando su apellido siempre maldito y condenado. Pues sin más consideración ese desatinado bergamasco, ni acordarme de los nepotes de Roma, me llamó hereje *pezente y mascalzon*, diciendo que en detestar los privados, detestaba los nepotes, y que privado y nepote eran dos nombres y una cosa. Y no habiendo yo tomado en la boca disparate semejante, me embistió en la forma que nos hallastes.

Los alemanes quedaron, con los demás oyentes suspensos y pensativos. Encamináronlos a cada uno a su puesto, no sin dificultad, y dispusieron en auditorio pacífico aquellas multitudes para la propuesta que en nombre de todos hacía un letrado bermejo, que a todos los había revuelto y persuadido a pretensiones tan diferentes y desaforadas. Mandaron el silencio dos clarines, cuando él, sobre lugar eminente que en el centro del concurso los miraba en iguales distancias, dijo:

«-La pretensión que todos tenemos es la libertad de todos, procurando que nuestra sujeción sea a lo justo, y no a lo violento: que nos mande la razón, no el albedrío; que seamos de quien nos hereda, no de quien nos arrebata; que seamos cuidado de los príncipes, no mercancía, y en las Repúlblicas compañeros, no esclavos; miembros y no trastos; cuerpo y no sombra. Que el rico no estorbe al pobre que pueda ser rico, ni el pobre enriquezca con el robo del poderoso. Que el noble no desprecie al plebeyo, ni el plebeyo aborrezca al noble, y que todo el gobierno se ocupe en animar a que todos los pobres sean ricos y honrados los virtuosos, y en estorbar que suceda lo contcario. Hase de obviar que ninguno pueda ni valga más que todos, porque quien excede a todos destruye la igualdad, y quien le permite que exceda le manda que conspire. La igualdad es armonía, en que está sonora la paz de la república, pues en turbándola particular exceso disuena y se oye rumor lo que fue música. Las repúblicas han de tener con los reyes la unión que tiene la tierra, en quien ellas se representan, con el mar que los representa a ellos. Siempre están abrazados, mas siempre ésta se defiende de las insolencias de aquél con la orilla y siempre aquél la amenaza, la va lamiendo y procurando anegada y sorbérsela y ésta, cobrar de sí, por una parte, tanto como él la esconde por otra. La tierra, siempre firme y sin movimiento, se opone al bullicio y perpetua discordia en su inconstancia; aquél, con cualquier viento se enfurece; ésta, con todos se fecunda. Aquél se enriquece de lo que ésta le fía; ésta, con anzuelos y redes, y lazos, le pesca y le despuebla. Y de la manera que toda la seguridad del mar y el abrigo está en la tierra, que da los puertos, así en las repúblicas está el reparo de las borrascas y golfos de los reinos. Estas siempre han de militar con el seso, pocas veces con las armas: han de tener ejércitos y armadas prontas en la suficiencia del caudal, que es el luego que logra las ocasiones. Deben hacer la guerra a los unos reyes con los otros, porque los monarcas, aunque sean padres y hijos, hermanos y cuñados, son como el hierro y la lima, que siendo, no sólo parientes, sino una misma cosa y un propio metal, siempre la lima está cortando y adelgazando al hierro. Han de asistir las repúblicas a los príncipes temerarios lo que baste para que se despeñen, y a los reportados, para que sean temerarios. Harán nobilísima la mercancía, porque enriquece y lleva los hombres por el mundo ocupados en estudio práctico, que los hace doctos de experiencias, reconociendo puertos, costumbres, gobiernos y fortalezas y espiando desinios. Serán meritorios y matemáticos, y a ninguna cosa se dará peor nombre que al ocio más flustre y a la riqueza más vagamunda. Los juegos públicos se ordenarán del ejercicio de las armas, conforme a la disposición de las batallas, porque sean juntamente fiestas y estudios, y entonces será decente frecuentar los teatros cuando fueren academias. Hase de condenar por infame ostentación en trajes, y sólo ha de ser diferencia entre el pobre y el rico que éste dé el socorro y aquél le reciba, y entre noble y plebeyo, la virtud y el valor, pues fueron principio de todas las noblezas que son. Aquí se me caerán unas palabrillas de Platón: quien las hubiere menester, las recoja, que yo no sé a qué propósito las digo, mas no faltará quien sepa a qué propósito las dijo en el diálogo 3 *de Republica, vel de Justo.* Son éstas: *Igitur rempublicam administrantibus praecipué, si quibus aliis, mentir licet, vel hostiunm, vel civium causa, ad communemi civitatis utilitatern: reliquis autem a mendacio abstinendum est.* «Si a alguno es lícito mentir, principalmente es lícito a los que gobiernan las repúblicas, o por causa de los enemigos o ciudadanos, para la común utilidad de la ciudad: todos los demás se han de guardar de mentir.» Pondero que, condenando la Iglesia católica esta doctrina de la república de Platón, hay quien se precia y blasona de ser su república.

»Pasemos a la propuesta de los súbditos de los reyes. Estos se quejan de que ya todos son electivos, porque los que son y nacen hereditarios son electores de prevados, que son reyes por su elección. Esto les desespera, porque dicen los franceses que los príncipes que para mejor gobernar sus reinos se entregan totalmente a validos, son como los galeotes, que caminan forzados, volviendo las espaldas al puerto que buscan, y que los tales privados son como jugadores de manos, que, cuanto más engañan, más entretienen, y cuanto mejor esconden el embuste a los ojos y más burlas hacen a las potencias y sentidos, son más eminentes y alabados del que los paga los embelecos con que le divierten. La gracia está en hacerle creer que está lleno lo que está vacío, que hay algo donde no hay nada, que son heridas en otros lo que es mellas en sus armas, que arrojan con la mano lo que esconden en ella. Dicen que le dan dinero, y cuando lo descubre, se halla con una inmundicia o la muela de un asno. Las comparaciones son viles: válense dellas a falta de otras: por esto afirman que igualmente son reprehensibles el rey que no quiere ser lo que el grande Dios quiso que fuese y el que quiere ser lo que no quiso que fuera. Osan decir que el privado total introduce en el rey, como la muerte en el hombre *nova forma cadaveris*: nueva forma de cadáver, a que se sigue corrupción y gusanos, y que, conforme a la opinión de Aristóteles, en el *Prínoipe fit resolutio usque ad materiam primam*; quiere decir: no queda alguna cosa de lo que fue, sino la representación. Esto baste.

»Pasemos a las quejas contra los tiranos y a la razón dellas. Yo no sé de quién hablo ni de quién no hablo: quien me entendíere, me declare. Aristóteles dice que *es tirano quien mira más a su provecho particular que al común*. Quien supiere de algunos que no se comprehenden en esta difinición, lo vengan diciendo, y le darán su hallazgo. Quéjanse de los tiranos más lo que reciben beneficios que los que padecen castigos, porque el beneficio del tirano constituye delincuentes y cómplices, y el castigo, virtuosos y beneméritos; tales son, que la inocenoia, para ser dichosa, ha de ser desdichada en sus dominios. El tirano, por miseria y avaricia, es fiera; por soberbia, es demonio; por deleites y lujuria, todas las fieras y todos los demonios. Nadie se conjura contra el tirano primero que él mismo; por esto es más fácil matar al tirano que sufrirle. El beneficio del tirano siempre es funesto: a quien más favorece, el bien que le hace es tardarse en hacerle mal. Ejemplo de los tiranos fue Polifemo, en Homero: favoreció a Ulises con hablar con él solo, y con preguntarle supo sus méritos, oyó sus ruegos, vio su necesidad, y el premio que le ofreció fue que, después de haberse comido a sus compañeros, le comería el postrero. Del tirano que se come los que tiene debajo de su mano, no espera nadie otro favor sino ser comido el último. Y adviértase que, si bien el tirano lo concede por merced, el que ha de ser comido no lo juzga en la dilación sino por aumento de crueldad. Quien se ha de comer después de todos, te empieza a comer en todos los que come antes; más tiempo te lamentas vianda del tirano cuanto más tarda en comerte. Ulises duraba en su poder manjar y no huésped. Detenenle en la cueva para pasarle al estómago, más era sepoltura que hospedaje. Ulises con el vino le adormeció: su veneno es el sueño. Pueblos, dadles sueño, tostad las hastas, sacadles los ojos, que después ninguno hizo lo que todos desearon que se hiciese. Ninguno decía el tirano Polifemo que le había cegado, porque Ulises, con admirable astucia le dijo que se llamaba *Ninguno*. Nombrábale para su venganza y defendíale con la equivocación del nombre: ellos disculpan a quien los da muerte, a quien los ciega. Libróse Ulises disimulado entre las ovejas que guardaba. Lo que más guarda el tirano guarda contra él a quien le derriba.

»Esto supuesto, digo que hoy nos juntamos los sugetos a tratar de la defensa nuestra, contra el arbitrio de los que nos gobiernan mediata o inmediatamente. En las repúblicas y en los reinos, los puntos sustanciales que a mí se me ofrecen, son: que los consejeros sean perpetuos en sus consejos, sin poder tener ni pretender ascenso a otros, porque pretender uno y otro gobernar, no da lugar al estudio ni a la justicia, y la ambición de pasar a tribunal diferente y superior le tiene caminante, y no juez, y con lo que gobierna granjea lo que quiere gobernar, y, distraído, no atiende a nada: a lo que tiene, porque lo quiere dejar, y a lo que desea, porque aún no lo tiene. Cada uno es de provecho donde los años le han dado experiencia y estorbo donde empieza la primera noticia, porque pasan de las materias que ya sabían a las que aún no saben. Las honras que se les hicieren, no han de salir del estado de su profesión, porque no se mezclen con las militares, y la toga y la espada anden en ultraje: aquélla embarazada y extraña y ésta quejosa y confundida.

»Oue los premios sean indispensables; que no sólo no se den a los ociosos, sino que no s.e permita que los pidan, porque si el premio de las virtudes se gasta en los vicios, el príncipe o república quedará pobre de su mayor tesoro, y el metal del precio, vil y falsificado. No le han de aguardar el benemérito ni el indigno: aquél, porque se le han de dar luego; éste, porque nunca se le han de dar. Menos mal gastado sería el oro y los diamantes en grillos para aprisionar delincuentes que una disignia militar y de honor en un vagamundo y vicioso. Roma entendió esto bien, que pagaba con un ramo de laurel y de roble más heridas que daba hojas, victorias de ciudades, provincias y reinos. Para consejeros de Guerra y Estado sólo sean suficientes y admitidos los valientes y expedimentados: sea prerrogativa la sangre, o vertida o aventurada; no la presuntuosa en genealogías y antepasados. Para los cargos de la guerra se han de preferir los valientes y diohosos. Gran recomendación es la de los bienafortunados sobre valientes: Lucano lo aconseja:

> ...*Fatis accede, Deisque,*
> *Et cole felices, miseros ruge.*

Siempre he leído esto de buena gana, y a este admirable poeta, niégueselo quien quisiere, con atención en lo político y militar, preferida a todos después de Homero.
»Para las judicaturas se han de escoger los doctos y los desinteresados. Quien no es codicioso, a ningún vicio sirve, porque los vicios inducen el interés a que se venden. Sepan las leyes, empero no más que ellas; hagan que sean obedecidas, no obedientes. Este es el punto en que se salvan los tribunales. Yo he dicho. Vosotros diréis lo que se os ofrece y propondréis los remedios más convenientes y platicables.»

Calló. Y como era multitud diferente en naciones y lenguas, se armó un zurrído de gerigonzas tan confuso que parecía haberse apeado allí la tabaola de la torre de Nembrot: ni los entendían ni se entendían. Ardíase en sedición y discordia el sitio, y en los visajes y acciones parecía junta de locos u endemoniados. Cuando el gremio de los pastores, que con ondas ceñían los pellejos de las ovejas, que les eran más acusación que abrigo, dijeron que dos oyesen luego y los primeros, porque se les habían rebelado las ovejas, diciendo que ellos las guardaban de los lobos, que se las comían una a una, para trasquilarlas, desollarlas, matarías y venderlas todas juntas de una vez, y que pues los lobos, cuando mucho, se engullían uno, u dos, u diez u veinte, pretendían que los lobos las guardasen de los pastores, y no los pastores de los lobos, y que juzgaban más piadosa la hambre de sus enemigos que la codicia de sus mayorales, y que tenían hecha información contra nosotros con los mastines de ganado».

No quedó persona que no dijese:
-Ya entendemos: no son bobas las ovejas si lo consiguen.
En esto, los cogió la hora, y, enfurecidos, unos decían: «Lobos queremos»; otros: «Todos son lobos»; otros: «Todo es uno»; otros: «Todo es malo.» Otros muchos contradecían a éstos. Y viendo los letrados que se mezclaban en pendencia, por

sosegarlos, dijeron que el Caso pedía consideración grande, que lo difiriesen a otro día y, entre tanto, se acudiese por el acierto a los templos sagrados. Los franceses, en oyéndolo, dijeron:

-En siendo necesario acudir a los templos, somos perdidos, y tememos nos suceda lo que a la lechuza cuando estaba enferma, que, consultando a la zorra, a quien juzgó por animal más graduado, su mal, juntamente con la picaza, a quien, por verla sobre mulas matadas, juzgó por médico, la respondieron que no tenía remedio sino acudir a los templos, la cual lechuza, en oyéndolo, dijo:

-Pues no soy muerta si mi remedio es acudir a los santuarios, pues mi sed los tienes a escuras, por haberme bebido el aceite de las lámparas, y no hay retablo que no tenga sucio.

El monseñor, levantando la voz, dijo:

-Monsiures lechuzas: se os otorga esa comparación y se os acuerda a vosotros y a cuantos coméis de lo sagrado lo que Homero refiere de los ratones cuando pelearon con las ranas, que, acudiendo a los dioses que los favoreciesen, se excusaron todos, diciendo unos que les hacían roído una mano, otros un pie, otros las insignias, otros las coronas, otros los picos de las narices, y ninguno hubo que en su imagen o bulto no tuviese algo menos y señales de sus dientes. Aplicad ahora, ratones calvinistas, luteranos, hugonotes y reformados, y veréis en el cielo quién os ha de ayudar.

¡Oh, inmenso Dios! Cuál zacapella y turbamulta armaron los bugres con el monseñor. La discordia del campo de Agramante, en su comparación, era un convento de vírgenes vestales; para sosegarlos se vieron todos en peligro de perderse. En fin, detenidos y no acallados, se fueron todos quejosos de lo que cada uno pasaba y rabiando cada uno por trocar su estado con el otro.

Cuando esto pasaba en la tierra, viéndolo con atención los dioses, el Sol dijo:

-La *hora* está boqueando, y yo tengo la sombra del gnomon un tris de tocar con el número de las cinco. Gran padre de todos, determina si ha de continuar la Fortuna antes que la *hora* se acabe u volver a voltear y rodar por donde solía.

Júpiter respondió:

-He advertido que en esta hora, que ha dado a cada uno lo que merece, los que, por verse despreciados y pobres, eran humildes, se han desvanecido y demoníado, y los que eran reverenciados y ricos, que, por serlo eran viciosos tiranos, arrogantes y relincuentes, viéndose pobres y abatidos, están con arrepentimiento y retiro de piedad; de lo que se ha seguido que los que eran hombres de bien se hayan hecho pícaros, y los que eran pícaros, hombres de bien. Para la satisfacción de las quejas de los mortales, que pocas veces saben los que nos piden, basta este poco de tiempo, pues su flaqueza es tal, que el que hace mal cuando puede, le deja de hacer cuando no puede, y esto no es arrepentimiento, sino de dejar de ser malos a más no poder. El abatimiento y la miseria los encoge, no los enmienda; la honra y la prosperidad los hace hacer lo que si las hubieran alcanzado siempre hubieran hecho. La Fortuna encamine su rueda y su bola por las rodadas antiguas y ocasiones méritos en los cuerdos y castigo en las desatinados, a que asistirá nuestra providencia infalible y nuestra presciencia soberana. Todos reciban lo que les repartiere, que sus favores u desdenes, por sí no son malos, pues sufriendo éstos y despreciando aquéllos, son tan útiles los unos como los otros. Y aquel que recibe y hace culpa para sí lo que para sí toma, se queje de sí propio, y no de la Fortuna, que lo da con indiferencia y sin malicia. Y a ella la permitmos que se queje de los hombres que, usando mal de sus prosperidades u trabajos, la dísfaman y la maldicen.

En esto dio la *hora* de las cinco y se acabó *la de todos*, y la *Fortuna*, regocijada con las palabras de Júpiter, trocando las manos, volvió a engarbullar los cuidados del mundo y a desandar lo devanado, y afirmando la bola en las llanuras del aire, como quien se resbala por hielo, se deslizó hasta dar consigo en la tierra.

Vulcano, dios de bigornia y músico de martilladas, dijo:

-Hambre hace, y con la prisa de obedecer dejé en la fragua tostando dos ristras de ajos para desayunar con los cíclopes.

Júpiter prepotente mandó luego traer de comer y instantáneamente aparecieron allí Iris y Hebe con néctar, y Ganimedes con un velicomen de ambrosía. Juno, que le vio al lado de su marido, y que con los ojos bebía más del copero que del licor endragonida y enviperada, dijo:

-O yo o este bardaje hemos de quedar en el Olimpo, u he de pedir divorcio ante Himeneo.

Y si el águila, en que el picarillo estaba a la jineta, no se afufa con él, a pellizcos lo desmigaja. Júpiter empezó a soplar el rayo, y ella le dijo:

-Yo te le quitaré para quemar al pajecito nefando.

Minerva, hija del cogote de Júpiter (diosa que si Júpiter fuera corito estuviera por nacer), reportó con halagos a Junon; mas Venus, hecha una sierpe, favoreciendo aquellos celos, daba gritos como una verdolera y puso a Júpiter como un trapo. Cuando Mercurio, saltando la tarabilla, dijo que todo se remediaría y que no turbasen el banquete celestial. Marte, viendo los bucaritos de ambrosía, como deidad de la carda y dios de la vida airada, dijo:

-¿Bucaritos a mí? Bébaselos la luna y estas diosecitas.

Y mezclando a Neptuno con Baco, se sorbió los dos dioses a tragos y chupones, y agarrando de Pan, empezó a sacar dél rebanadas y a trinchar con la daga sus ganados, engulléndose los rebaños, hechos jigote, a hurgonazos. Saturno se merendó media docena de hijos. Mercurio, teniendo sombrerillo, se metió de gorra con Venus, que estaba sepultando debajo de la nariz, a puñados, rosquillas y confites. Plutón, de sus bizazas sacó unas carbonadas que Proserpina le dio para el camino. Y viéndolo Vulcano, que estaba a diente, se llegó andando con mareta y con un mogollón muy cortés, a poder de reverencias, empezó a morder de todo y a mascullar. El Sol, a quien toca el pasatiempo, sacando su lira, cantó un himno de alabanza de Júpiter con muchos pasos de garganta. Enfadados Venus y Marte de la gravedad del tono y de las veras de la letra, él, con dos tejuelas, arrojó fuera de la nuez una jácara aburdelada de quejidos, y Venus, aullando de dedos con castañetones de chasquido, se desgobernó en un rastreado, salpicando de cosquillas con sus bullicios los corazones de los dioses. Tal cizaña derramó en todos el baile, que parecían azogados. Júpiter, que, atendiendo a la travesura de la diosa se le caía la baba, dijo:

-¡Esto es despedir a Ganimedes, y no reprehensiones!

Diolos licencia, y, hartos y contentos, se afufaron, escurriendo la bola a punto el postre, lugar que repartió el coperillo del avechucho.